监察委员会理论溯源及其制度建构

虞浔 著

By YuXun

法律出版社
LAW PRESS·CHINA
北京

图书在版编目(CIP)数据

监察委员会理论溯源及其制度建构 / 虞浔著. -- 北京：法律出版社, 2021
ISBN 978-7-5197-5838-7

Ⅰ. ①监… Ⅱ. ①虞… Ⅲ. ①监察—政治制度—研究—中国 Ⅳ. ①D630.9

中国版本图书馆 CIP 数据核字(2021)第 163215 号

监察委员会理论溯源及其制度建构
JIANCHA WEIYUANHUI LILUN SUYUAN JIQI ZHIDU JIANGOU

虞 浔 著

策划编辑 解 锟
责任编辑 解 锟
装帧设计 汪奇峰

出版发行 法律出版社
编辑统筹 重大项目办公室
责任校对 张 岩
责任印制 张建伟
经　　销 新华书店

开本 710 毫米×1000 毫米 1/16
印张 14.5 **字数** 195 千
版本 2021 年 8 月第 1 版
印次 2021 年 8 月第 1 次印刷
印刷 北京虎彩文化传播有限公司

地址:北京市丰台区莲花池西里 7 号(100073)
网址:www.lawpress.com.cn
投稿邮箱:info@lawpress.com.cn
举报盗版邮箱:jbwq@lawpress.com.cn

销售电话:010-83938349
客服电话:010-83938350
咨询电话:010-63939796

书号:ISBN 978-7-5197-5838-7 **定价**:82.00 元

凡购买本社图书,如有印装错误,我社负责退换。电话:010-83938349

序　一

随着《中华人民共和国监察法》的颁布实施，各级监察委员会的法律地位与职责权限得到确立，监察运行的整体框架得到确认，国家监察体制在法治轨道上运行并日益完善。建立监察委员会是我国监察体制改革的重大成就，是我国政治制度化、法治化进程的标志性事件。这为监察法学理论的繁荣发展提供了源源不断的动力。

作者是我2010级博士生。在读期间，他就勤奋好学，积极科研，努力进取，是一名十分优秀的学生，学位论文以司法改革为主题，得到答辩委员的一致好评，也取得了好成绩。他长期在政法机关工作，积累了大量第一手的资料，这也为他返回高校任教之后从事科研提供了得天独厚的优势，并且已经在司法改革这一领域连续出版了4本专著，取得了可喜的成绩。作者选择在监察法治领域进行探索，推出这本呈现在大家面前的新作，聚焦于监察委员会这一新的国家机构，从理论层面回应保证监察委员会有效运行这一个现实问题，体现出作者的勤奋和努力，并从一个侧面反映出理论界对监察法学理论的极大关注和高度重视。

纵观这本新作，没有简单地对监察制度演进进行回顾，而是注重在历史溯源中挖掘其理论来源，重视论证中国共产党的建党元老、新中国法治事业奠基人董必武同志作出的不可替代的贡献，从多维视角再次凝练、探析了董必武人民监察思想的演进发展与理论价值，为深入剖析监察委员会这一独有的组织结构的运行特征和法律规范等提供了一个崭新的视角。国家监察体制改革的目的，就是要整合腐败治理力量，扩充监察对象范围，丰富监察手段，构建不敢腐、不能腐、不想腐的有效机制。作者立足国家监察体制改革的制度实践，正视监察委员会成立以来带来的各种显现、潜在的变化，尤其是从现行监察委员会制度运行中发现的一些问题入手，提出了一系列契合中国国情、回应现实需求的对策和建议。这是这本新作的理论价值所在。

不忘初心，方得始终。深化国家监察体制改革的初心，就是坚守以人民为中心的根本政治立场，加强监察工作规范化、法治化、正规化建设，完善监察权运行机制。希望作者能够继续在国家监察法治领域深耕，始终坚持集中体现国家监察体制改革理论、实践和制度成果的主线，进一步对监察委员会运行以来的制度进行系统梳理、体系化集成，同时把实践中的好经验好做法进行理论加工，使之能够上升为制度层面的创新举措。

监察法学理论研究只有坚持问题导向，重点针对实践中反映出来的突出问题，才能推出更多的理论研究成果，才能为进一步细化完善监察委员会相关制度提供有益的理论支撑。可以相信，只要理论界、实务界紧密协作，共同致力于推进监察公权力运行法治化，消除权力监督的真空地带，压缩权力行使的任性空间，建立起完善的监督管理机制、有效的权力制约机制、严肃的责任追究机制的研究与实践，相得益彰，一定会打造出一片监察法学理论的新天地。作者可以在这片新天地中大有作为，产出新成果，为繁荣中国法治再添砖加瓦。

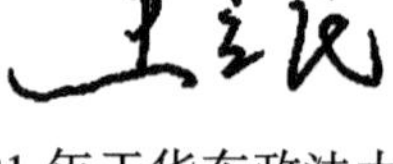

2021 年于华东政法大学

序　二

深化国家监察体制改革，是以习近平总书记为核心的党中央从新时代党的历史使命出发作出的重大决策部署，是事关全局的重大政治体制改革。自2016年12月25日全国人民代表大会常务委员会《关于在北京市、山西省、浙江省开展国家监察体制改革试点工作的决定》颁布实施以来，学术界、实务界均对监察委员会这一新生事物倾注了极大的热情，围绕其性质、地位、组织、职权和体制等学术问题展开学术讨论，涌现了一大批有价值的研究成果。今天呈现在大家面前的这本专著，就是一部专注于探索监察委员会的理论溯源、制度构建的新作。

中国的监察制度古已有之。监察委员会由来已久，党的五大设置中央监察委员会，负责党内监督。自此，党的监察机构职能不断完善、机制不断成熟。作者是我指导的2016级博士后，他在回溯、梳理监察制度演进的过程中，特别关注董必武同志在人民监察事业发展中发挥的重要作用，以董必武人民监察思想为切入点，重点分析了国家监察体制改革的制度实践，从理论层面揭示了人民监察思想与监察委员会制度建设的内在逻辑关系，对监察委员会制度未来的发展进行了多维度的思考，其中提出的一些观点很有见地，可以为进一步创新和完善监察委员会制度提供有益的参考。

为了保持反腐败工作持久的高压态势，关紧制度的“笼子”，实现监督的全覆盖,优化政治生态,创新和发展监察委员会制度势在必行,这就需要理论界持续不断地推陈出新,通过理论创新为制度创新提供支撑。作者尽管在这一领域已经有了初步的成果,但还需要在研究深度、广度上继续下功夫,紧密结合现行监察体制改革实践和《监察法》执行情况,关注监察委员会与纪律检查委员会的高度整合,关注监察委员会与检察机关、审判机关的司法衔接,继续在法治框架内寻求程序完善和制度突破之路。

是为序。

王敬波

2021 年 7 月 30 日

目录

绪　论

党的十八届四中全会后，成立独立的国家监察机构的建议受到了中央的重点关注，人民群众对此也抱有殷切的期盼。十八届中央纪委六次全会首次释放出明确信号，中央正在考虑在反腐领域深化改革，尝试重塑监察体系，为反腐败工作注入持久动力。[1] 正是在本次会议上，中央首次公开提出正在考虑对施行多年的《行政监察法》进行修改，目的就是要实现对国家机关与公职人员的全面覆盖，构建全新的国家监察体系。[2] 2016年10月召开的党的十八届六中全会通过了《中国共产党党内监督条例》，规定各级党委应当为人大、监察机关等部门对政府机关与公务员的监督工作提供支持与保证。11月，中共中央办公厅印发试点方案，部署在北京、浙江、山西三地开展国家监察体制改革试点。试点方案中明确试点省、市的人大负责本地监察委员会的设立，依法监督本地所有行使公权力的公职人员，试点地区围绕体制机制、制度建设进行试点工作，积极探索，以为后期在全国范围内的推广提供经验积累。12月，全国人大常委会审议通过了关于在三个试点地区进行国家监察体制改革试点的决定，明确试点地区所辖的县、市、市辖区设立监察委员会，其主要职能是负责地区

---

〔1〕《习近平在中纪委第六次全体会议上的讲话》，载《人民日报》2016年5月3日，第2版。
〔2〕张国栋：《全会报告传递出的六个信号》，载《中国纪检监察》2016年第2期。

监察，将分散于行政监察机关、检察机关等机构的预防职务犯罪、查办贪污受贿等职能经过整合后全部集中行使。北京等三省、市稳步推进改革试点工作，截至2017年第一季度末，山西省内市、县、区三级监察委员会全部设立。7月底前，另外两个试点省、市也完成了各级监察委员会的组建工作。而后，三省、市开始加强全面融合，在改革的整个过程中始终贯穿着建章立制的工作，首先针对十几项调查措施采取了先行先试、应试全试的方式，使国家监察与党内监督得以逐渐统一；反腐领导机制不断完善；人员之间的融合程度不断增强。同时，推动了工作流程的磨合，建立了规范内部运行和纪法衔接的制度体系，顺利完成试点任务。

面对国家监察体制改革这一重大决策，如何主动顺应全面从严治党的需要，加强党对反腐败的统一领导，形成制度化、法治化成果，引起了实务部门和理论界的高度重视。从先行试点的北京市、山西省、浙江省三地的情况来看，不仅省、市、县三级监察委已经闪亮登场，而且还积累了丰富的经验；坚持以"四个意识"为指导，领导小组的协调、指挥与服务功能得到充分发挥，各级党的纪委充分履行政治责任，抓好专责与主责；坚持思想政治工作先行；司法执法、监察、纪检等部门之间加强合作，实现统筹协调，确保了改革工作的顺利实现。

在全党、全国上下都认识到国家监察体制改革重要性与必要性的基础上，在党的十九大报告中，习近平总书记强调中央将坚定推进国家监察体制改革，在前期试点的基础上，总结经验、完善顶层设计后在全国范围施行，从中央到地方都应当建立各级监察委员会，联合党的纪律检查机关统筹协调，以确保所有行使公权力的公务人员都置于国家监察体系的监察范围中。[1] 党的十九大闭幕后的第五天，党中央就批准了国家监察体制改革试点工作的总结报告，通过了全国范围改革方案，就全国开展国家监察体制改革做出部署。同时，为了进一步落实党的十九大精神，2017年

〔1〕 习近平：《决胜全面建成小康社会　夺取新时代中国特色社会主义伟大胜利——在中国共产党第十九次全国代表大会上的报告》，载《人民日报》2017年10月28日，第1版。

11 月,第十二届全国人民代表大会常务委员会第三十次会议对山西等三个试点地区的改革经验进行了总结分析,固化了如何设立监察委员会、监察对象、监察委员会的职权范围、相关法律适用调整等核心试点成果,通过了在全国范围内进行国家监察体制改革的决定。

2018 年年初,党的十九届二中全会对《宪法》部分内容的修改建议进行了审议,在会议上还提出应当将监察委员会相关内容加入到宪法修正案中,专门列出一节就监察委员会的职能进行说明,以明确监察委员会在我国法律中的重要地位。同年 3 月,经充分讨论和酝酿,我国《宪法修正案》正式被通过,在本次修正案中明确规定,我国应当设立国家与地方各级监察委员会。3 月 13 日国务院机构改革方案公布,存在二十余年的中华人民共和国监察部正式退出国务院序列,整体并入依据宪法而新组建的国家监察委员会,此前担任中央纪委副书记、监察部部长的杨晓渡,于 3 月 18 日当选为国家监察委员会第一任主任。3 月 20 日,《中华人民共和国监察法》经第十三届全国人大第一次会议表决通过。3 月 23 日国家监察委员会正式揭牌。

国家监察体制改革是以习近平同志为核心的党中央长期酝酿和反复斟酌后作出的重大决定,是适应党的纪律检查体制改革和深入开展反腐败斗争的需要。上述颁法、选举、宣誓、挂牌等重大举措的有序逐步完成,标志着国家监察体制改革试点工作圆满完成,取得重大阶段性成就,具有中国特色的国家监察体制已经形成,“堪称改革开放近四十年来政治体制改革和社会主义法治建设的标志性成果之一”。[1] 面临如此重大的监察体制改革的有序推进实施,如何深刻理解中央这一重大决策的目的与本意呢?改革中将会牵涉多方主体,牵涉复杂的国家政治制度变迁和沿革,应当从两个维度来看待这个问题:第一个维度是历史的维度,从党史上去找寻源头,回溯党的领导和完善监察工作的时光片段,找寻监察委员会在过去的痕迹和身影;第二个维度是现实的维度,从监察工作发展的必然规

〔1〕 张保权:《监察体制改革“攥紧”反腐拳头》,载《解放日报》2018 年 5 月 22 日,第 14 版。

律来看，厚积薄发、顺势而为的监察体制改革，自身又带有多少过往实践的元素和影响。

在人民监察事业发展的历史上，老一辈无产阶级革命家既是拓荒者，也是奠基者，更是领导者，在革命斗争和新中国建设征途中围绕着如何把监督落到实处、让人民真正当家作主提出了富有远见卓识的理论和观点，比如完善立法工作，确保实现有法可依，政府部门必须严格遵循法律要求处理相关事务，以确保有法可依得到贯彻落实。随着人民政权的建设完善，诸如此类的光辉思想和睿智观点不仅丰富了马克思主义的法学理论宝库，而且逐渐形成了一脉相传的人民监察思想，指导人民监察事业从无到有、从小到大，乃至发展升级为正在实施的国家监察体制改革。可谓时至今日依旧具有时代价值，散发着耀眼的光芒，在依法治国的实践中具有重要的指导意义，不仅在过去为法治社会的建设提供指导，而且必将推动实现全面建设社会主义现代化国家与全面深化改革、全面依法治国、全面从严治党的有机统一。

第一章　监察制度演进的历史溯源

几千年的人类文明,以无数黑色幽默式的王朝更迭、生灵涂炭反复证明,如果对权力不进行必要的监督,必将带来政治腐败、直至动摇政权基础、导致民众揭竿而起、推翻暴政。法国的思想家孟德斯鸠曾指出,"只要是手中有权力的人都很难避免出现滥用权力的现象,这条经验是自古就有的"。[1] 自从权力出现之后,政治学家就围绕如何避免权力如同决堤的洪水一般不受羁绊被执权者滥用而进行了讨论,认为一旦权力不受约束将会导致权力滥用、政治专横腐败。故此,各国为了有效的监督、制约权力的运行而设置了监督机制,以确保权力能够运行在正常的轨道中。

第一节　启蒙样态:近代监察制度之源头

近代意义上的监察机构最早出现在斯堪的纳维亚地区,其以监察专员的模式自创立起近百年都仅在瑞典实行,直到 1962 年监察专员制度在新西兰设立,终于开启了监察专员模式走出斯堪的纳维亚半岛的大门。监察专员机构的发展大体可以分为两个阶段:第一个阶段是在第二次世界大战前的古典监察专员模式,仅限于斯堪的纳维亚国家——瑞典和芬

---

〔1〕 [法]孟德斯鸠:《论法的精神》,张雁深译,商务印书馆 1982 年版,第 154 页。

兰;第二个阶段是始于20世纪50年代的现代监察专员模式,尤其是丹麦监察制度的确立,成为此后世界多数国家监察专员机构的蓝本和基础。许多国家在20世纪六七十年代纷纷建立起监察制度并且衍生出许多不同的类型,除了议会监察专员外,混合监察机构、人权监察机构、行政监察等新生势力也在蓬勃发展。

一、监察专员模式

1919年芬兰效仿建立的监察专员模式打破了长达百年监察专员仅在瑞典实行的樊篱,使其推广到斯堪的那维亚地区,而此时的监察模式也被称为古典监察专员模式,[1]监察制度最早是瑞典历史上的"大法官"制度,1709年,瑞典在与俄国的战争中战败,导致国内局势动荡不安,官员贪污腐化,1713年为了平息这种混乱的局面,设立了监督百官的"大法官"。后来瑞典议会为了扩大权力,同时限制王权,1766年任命了历史上第一位监察专员,自此以后,围绕着监察专员的任命权,议会和国王之间的斗争愈演愈烈。[2]

最早的监察范围不仅包括行政机关还涵盖了司法机关和军营等,甚至同时兼备了"起诉"个别法官的检察官角色。《议会监察专员指令法》明确规定监察专员对于那些有明显严重错误的、触犯刑法的公职人员有控诉权。[3] 虽然丹麦的监察专员没有审查法官的权力,但是到了20世纪,监察专员实现了从议会控制、管理和监督行政权的"眼睛"到调查个人申诉为主要工作内容的转变。从监察范围的广泛程度我们可以看出,早期的监察机构作为一个独立的机构,其权力之大远远超过当今任何一个国家的监察部门,监察部门的职权范围和权力也呈现了一个逐步公众化、

---

〔1〕 马岭、韩哲:《北欧与我国香港地区监察制度之比较》,载《河南财经政法大学学报》2018年第5期。

〔2〕 黎军:《瑞典议会督察专员制度简介》,载《政治与法律》2002年第4期。

〔3〕 胡金龙、陈溶溶:《检察机关对监察委移诉案件作不起诉决定的条件及程序》,载《理论观察》2018年第2期。

具体化、限制化的趋势。

监察专员模式在第二次世界大战后又有了新的发展。为了强化议会的权力地位和保障大多数人民群众的利益,1954 年丹麦通过了有关行政监察专员的法案,1955 年任命了第一位监察专员。明确监察专员只负责对行政官员的行为进行监察,有权接受、调查公民对有关中央政府的一切申诉,但没有设置权力监察司法机关,因而也被称为现代监察专员制度或议会行政监察专员。[1] 以此为开端,大多数英语国家开始以"丹麦的监察专员制度"为借鉴,建立发展自己国家的监察制度,到 20 世纪 80 年代左右,监察制度已经在世界范围内广泛推广。1978 年成立的国际监察专员协会,促进了监察制度的国际性交流与发展,并在 20 世纪 80 年代提出,监察专员是一个由宪法设定的监督行政的独立、无党派的官员,他专门针对不公正、不作为的行政行为和行政人员的违法行为的申诉进行调查处理,并因此享有调查、建议和报告权;虽然监察专员没有权力撤销相关的行政行为或者对行政机关及其工作人员直接作出命令,但是可以通过调查或者调解程序找到解决问题的办法。[2] 以瑞典和芬兰等国家为典范,在三权分立的框架结构下隶属议会,日常控制和监督政府部门及其工作人员活动的议会监察专员制度,可以说是目前世界范围内的主流监察模式,仅采用这种模式的国家就占了 2/3。

二、人权监察机构

自联合国创立伊始,为了"避免后世再遭今代人类两度身历惨不堪言之战祸,重申基本人权,人格尊严与价值,以及男女与大小各国平等权利之信念",[3]保护和发展人权就成为国际上重要的风向标。1991 年的《巴

---

〔1〕 黄美玲:《监察模式及其权力本质的历史解释》,载《中外法学》2019 年第 4 期。

〔2〕 Roy Gregory and Philip Giddings, *Righting Wrong: The Ombudsman in Six Continent*, IOS Press, 2000, p. 4.

〔3〕《联合国宪章》序言,载联合国网站: https://www.un.org/zh/sections/un-charter/preamble/index.html,2019 年 11 月 15 日最后访问。

黎原则》更是为人权的促进和保护提供了一整套较为完整的建议和原则。以《巴黎原则》为基本工作准则，此后的20年里，各国纷纷建立起相应的人权保障机构，人权委员会就是在这样的时代背景下逐步发展壮大的。顺应时代潮流的需要，有的国家将监察制度也做了相应的调整，让监察机构既具备行政监督又有人权保障的功能，有的国家的监察机构还具有反腐败、环保等职责内容。

西班牙和葡萄牙则成为人权监察机构的发源地。在经历过第二次世界大战的洗礼和康乃馨革命，推翻了长达42年的独裁统治后，葡萄牙亟须建立新的政权，而监察制度则被认为是关键的要素。在革命结束的一年后，葡萄牙就成立了除了监督行政外，还肩负保护与推动人权和自由责任的正义保护官。西班牙的人民在佛朗哥时代饱受摧残，要求变革的声音此起彼伏，到后佛朗哥时代达到了高潮。1978年西班牙进行全民公投。同年，在制定的新宪法中就设立了负责监督新宪法、保障政府机构及其工作人员行政活动中所涉及的人权的“护民官”。中南美洲的绝大部分国家受到被殖民化的影响，也采用了人权监察制度。

监察制度在保护人权方面在法治社会中发挥着重要的作用。在保障、促进人权的实践中，监察专员通过阻止政府及其工作人员滥用权力、不作为而侵害人民基本权利的行为发生，达到践行国际人权法的目的。虽然监察机构是国内独立于司法性机构的职能部门，且在第二次世界大战之前多以监察行政行为为主，但是新兴的民主国家更加强调人权的重要性，监察专员也更多地倾向于为人民发声，其主要体现在：(1)接受、处理民众区别于其他救济途径的相关申诉，并对其进行调查，努力寻找解决问题的途径；(2)主动对政府的行政行为是否合法，是否存在侵犯人权的现象进行调查，并定期进行视察；(3)监督并实施国际人权公约的相关内容，从而促进国家人权状况的改善。[1]

---

〔1〕 李红勃：《人权、善政、民主：欧洲法律与社会发展中的议会监察专员》，载《比较法研究》2014年第1期。

各个国家的监察制度虽然多是源于瑞典的监察专员制度，仿效丹麦的模式，但因各个国家的历史背景、经济文化差异、政治体制的不同而在具体的制度内容和实施方式上呈现多样化的特点。尤其是其中的人权保障思想对于社会主义国家的监察制度乃至我国的人民监察制度都产生了潜移默化的影响。

第二节 变迁样式：我国监察制度之演进

一、古代监察制度的缘起

古代监察制度是伴随封建专制主义中央集权的产生、确定、发展而随之萌芽、发展、强化的。我国古代监察制度的主要内容包括两部分：御史系统与谏官系统。前者的主要职责是整肃纲纪、纠察官邪；后者的主要职责是“讽议左右，以匡人君”。两个系统互相配合、相辅相成，构成了我国古代完整的监察体系。[1]

其一，起源与形成。早在原始社会，舜时就出现了巡狩制，并且规定天子每隔五年就要去地方巡守一次。在春秋战国时期出现了监察制度，这个时期新兴地主阶级兴起，为了加强君主的统治，各国相继建立了中央集权的官僚体制，英明的君主认为，治理的是官吏而不是平民百姓，应该用明确的法律限制大臣们的权势，随之产生了监察御史。御史负责对大臣和地方官吏的行为举止进行监察。除此之外，其他的监察措施也开始出现，比如谏官、定期进行地方巡察、上级对下级的管理考核等。我们从中不难看出在自上而下的监察监督的同时，以谏官为代表的自下而上的监察监督也起着促进作用。不过在这个时候并没有设立专门的监察机构负责监察工作，御史专任监察体制也只是初步建立，监察法律也只有少数的条文予以模糊的规定。从这个角度来讲，还没有建立严格意义上的监察制度。进入秦汉时期，封建的大一统国家形成，高度集中的权力制度催

---

〔1〕 邱永明：《中国封建监察制度运作研究》，上海社会科学院出版社1998年版，第252页。

生了专职监察机构——御史台和言谏官。秦朝的御史大夫为当时的中央监察机构，到东汉时期改立为御史台，古代监察制度正式形成。早在汉武帝时期，为了对各地方进行监察，把全国划分为 13 个监察区，每个监察区设立刺史一职，其主要职责是监察所在州部的郡国，但不负责地方的具体事务。同时制定了第一个专门性的地方监察法规《刺史六条》，初步形成了从中央到地方的封建监察制度格局。

其二，发展与成熟。回顾中国古代历史能够发现，三国两晋南北朝时期社会动荡，经历了大动乱、大分裂，监察制度并未因此被废弃，反而在这种混乱形势下得到了发展，最为明显的就是御史台不再受少府的辖制而直接向皇帝报告，即直接由皇帝领导，成为独立的监察机构，并且监察职权范围也不断扩大，打破了以往无法纠察三公的限制，御史台可对皇太子以下所有官员进行纠察。这一时期出现了专门的言谏机构——门下省、集书省，特别是曹魏设立的监察制度为隋唐监察制度的建立提供了重要基础。在两晋时期，基本建立了尚书、中书、门下三省制，三公九卿不再掌有实权，都成为了闲职。到了西晋惠帝时，"三公"经常被御史中丞弹劾，而且已"蔚然成风"，[1] 御史的地位得到了进一步提高，为隋唐时期中书掌出令、门下掌封驳、尚书掌执行的三省分立体制奠定了基础。进入隋唐时期，封建社会发展进入鼎盛，各项监察制度日臻完备。隋朝除设御史台外，还增设司隶台和谒者台，与御史台并称三台，御史台的主要职责是对中央官吏进行监察，而另外的两台则主要负责地方监察。唐朝废除了司隶台和谒者台，但是保留了御史台，下设台院、殿院、察院，规定了三院各自的职责，其中台院的主要职责为纠举百僚及入阁承诏，察院主要负责尚书省六部及地方官吏的监察；殿院则主掌殿廷供奉之仪式以及案件狱讼等。[2] 地方则分全国为十道，建立了覆盖范围较为全面、较为严密的监察体系，台谏并立的局面初步形成。而后在五代十国时期，后唐明确规定御史六察官监察

---

〔1〕 贾玉英：《宋代监察制度》，河南大学出版社 1996 年版，第 10～11 页。

〔2〕 徐连达、马长林：《唐代监察制度述论》，载《历史研究》1981 年第 5 期。

六部。[1] 总之，随着封建制度的不断成熟，监察制度也随之逐渐成熟。

其三，强化与完备。宋朝在隋唐监察制度的基础上建立监察制度，职权更趋强化，为明清时代的监察制度提供了基础。为了进一步巩固中央集权，在御史台下设立六察司，以类相分，负责对京城统治机构进行监督，制定御史六察法规，御史与谏官呈现出合一趋势。在地方上，采取的是州（府、军、监）、县两级制，州、府、军、监都由中央直接负责管理。而辽朝还设置了门下省，设侍中、常侍等官职。金朝则效仿中原王朝的做法，设立了包含御史、谏官、封驳三大系统的监察制度；对于地方监察，则设监司路使制、监州制，由皇帝直接任命管理监司安抚使、转运史等职位，这些官吏直接向皇帝负责。元朝民族矛盾和阶级矛盾异常尖锐，不再沿用三省制而改为了中书一省制，取消了门下省封驳之职，开始重御史而轻谏官，御史台地位提高，成为与中书、枢密院抗衡的机构，不再单设谏官改由御史兼任，使御史和谏官制度彻底合一。制定我国历史上第一部系统的监察台纲《宪台格例》，在地方上则建立了行御史台以及二十二道肃政廉访司，建立了庞大、严密的监管体系，监察百官的御史制度得到加强。明朝则取消了中书省以及垂相制，六部的独立性得到增强。此前长时间存续的御史台被废除，其职能并入新成立的都察院，谏院则彻底废除，不再设立，新成立了六科给事中这一伴随六部制固化而新设的监察机构，专司对六部的监督，形成了“科道并立”的新格局。在全国各省建立提刑按察使、巡按御史，此外还设立督抚，科道合一，在地方上建立了三重监察网络，目的是强化皇权对地方的控制。清朝建立之后，沿袭了明朝所采取的监察制度，即分别设置了御史以及言谏机构。一直到雍正上位，六科全部都被并入到都察院中，科道合一，台谏分离的局面彻底结束。在地方设置了该地的最高军政长官，即督抚，改变了明朝督抚临时差遣官的地位，在这些措施的推动下，封建君主专制达到了顶峰。

其四，新道路和新发展。清朝末年，闭关锁国的负面影响集中爆发，

---

〔1〕 贾玉英：《唐宋御史六察制度论略》，载《漆侠先生纪念文集》编委会编：《漆侠先生纪念文集》，河北大学出版社 2002 年版，第 131 ~ 142 页。

以慈禧太后为首的封建顽固统治阶级的统治地位,受到国外帝国主义的冲击和国内持续高潮的反压迫的农民运动的破坏。在这种内外交困的情况下,为了维护专制统治,只得违心地接过“新政”的旗帜,而改革监察制度就成为其中具有浓厚时代和民族特点的一项:调整、改革都察院,研究国外的监察制度,培养新式人才;地方设立“咨议局”参议地方政务,改按察使为“提法使”,设立新类型司法机关。虽然这些措施并没有多少实质性的效果,但是从客观来看,开启了学习西方监察制度的道路。第一次西方化改革的尝试发生在中华民国临时政府时期,首创了议会监察制度,这次尝试使我国的监察制度一定程度上脱离了愚昧、落后的封建专制思想的禁锢,开始向民主化、时代化方向发展。至南京国民政府时期,融合了欧美监察思想及监察组织形式的新的监察模式诞生,区别于中国古代的监察体制,监察的对象扩大到国家领导人,监察机构的权力不仅是提出建议,还可以对一些失职和违法的情形按照程序进行纠正和弹劾;建立监察委员行署,通过明确监察人员的免责条款、兼职限制和相关的回避规定确保监察的独立性、中立性和公正性。虽然在这一阶段中国时局动荡不安,但是监察制度吸收了新的血液,得到了全新的发展。

二、革命战争年代监察制度的初生

中国共产党在建党之初,并没有设立党的纪律检查机关,党内监督的职责由中央和各级党组织行使。但中国共产党从建立伊始向来重视党内监督,最初可以追溯到安源路矿工人运动和省港工人大罢工运动。党的第一个地方纪律检查机构于1926年在广东建立,并在全党范围内产生了巨大的影响。[1] 随着党的纲领、政策渐趋成熟,为了适应建党以来党员数量成倍增长,党员质量难免出现泥沙俱下、良莠不齐的情况,结合党在领导革命斗争中的现实需要,党内纪律监察机构率先成立,目的就是克服创立初期自身的不成熟,加强党内监督和执行纪律,并在此后党的建设和

---

〔1〕 文世芳:《五大党章:首创中央纪律检查机构》,载《中国纪检监察》2016年第4期。

革命斗争中发挥了重要作用。

(一)中共五大初创党内监察机构

1927年,中国共产党第五次全国代表大会将党的纯洁性建设的重要性提到一个空前的高度,鉴于党员人数从一大时的50多人发展到四大时的1000多人,再到五大时的57000多人,迅速壮大的队伍内部也隐藏着诸多隐患。正是出于“巩固党的一致及权威”的考虑,本次会议选举产生了中央监察委员会,这也是中共建立的第一个中央级专门负责监察工作的机构,包括委员以及候补委员,第一届监察委员会的主席为王荷波,委员包括张佐臣、许白昊等人。这个时期,由于蒋介石发动了“四一二”反革命政变,革命面临着巨大的危机,此时中央监察委员会的设立也是为了巩固党的统一、维护党的纪律,以实现对全党力量的有效凝聚,采取有效策略应对反动派的背叛和屠杀。同年6月召开的中央政治局会议对党章进行了修正,而这次对修正也是中共历史上唯一一次根据五大授权进行的修正,其他时候都是由党的代表大会负责修正党章。党章中专门就监察委员会进行了规定,包括该机构的设置、职能等内容,即全国代表会议选举产生中央监察委员会,省代表大会确定省监察委员会,党的委员会成员不得兼任监察委员会职务,以保证监察机构的独立性与公正性。中央及省监察委员,应当参加中央及省委的委员会会议,不过在会议上仅有发言权但是并无表决权。如果情况必要,党部的各种会议也需要监察委员参加。根据权力划分格局,中央及省监察委员会作出的决议相对独立,不受中央及省委员会的左右,但其生效却需经过中央及省委员会同意,这也是为了凸显党的集中统一领导。如果一旦双方在某些问题上无法达成一致,需要交由中央及省联席会议进行裁决,假如无法通过联席会议来解决,该问题将会继续移交到本级党的代表会议或者是更高一级监察委员会解决。[1] 由此,纪检机构的地位以党的根本大法的形式进行了明确

---

〔1〕 中央档案馆编:《中共中央文件选集》(第3册·1927),中共中央党校出版社1983年版,第142~155页。

规定。

五大会议建立的党内监察制度借鉴了苏联监察制度。苏共"九大"上做出了建立中央监察委员会的决定,垂直领导地方各级监察机构,监察机构的主要职责是对各级党的领导机构、领导人员实施监督。我们对列宁的思想进行分析发现,他主张建立具有科学性、独立性的党内监察制度。然而,当时的中国共产党还处于幼年时期,自己有关党内监督的理论知识还不够,相关实践经验也较为缺乏,因此建立的监察机构基本上是照搬苏联的模式,而未结合中国当时的实际国情进行探索。故而实践中习惯于将由代表大会选举产生的监察委员会视为与中央委员会并行的机构,且对于同级党的委员会会议,中央及省监察委员会都可以参加会议,也可以在会议上发言。从一定程序上讲,这说明监察委员会可以对同级党委的决策进行监督,有助于平行监督制约功能的实现。然而,由于第一次国共合作的终结,革命形势迅速恶化,各省监察委员会还没来得及成立,中央监委主席王荷波等大部分成员就相继牺牲了,中央监察委员会遭受到严重破坏,因此也未能开展更多的实际工作。但是它的产生表明,党在现实斗争中已认识到党内专门监督机构的重要作用,并且在党内监督制度建设方面已经走出了非常重要的第一步。

(二)大革命失败后调整党内监察机构

"八七会议"上,中共中央对大革命失败的原因进行了深入思考,面对白色恐怖下党内不坚定分子经不起考验的严峻形势,本次会议针对党的组织问题通过议决案,规定为了清除党内不可靠分子,各级党的组织都应当设立组织审查委员会,负责对党员进行审查。本次审查并不是清党,只是为了剔除那些不可靠与可疑的分子。[1] 在这种重要的历史转折关头,鉴于此前仿照苏联模式建立的监察委员会已经无法正常运转,党从新的革命斗争的实际情况出发,开始重新部署调整党内监督工作,包括监督机

---

〔1〕 中央档案馆编:《中共中央文件选集》(第3册·1927),中共中央党校出版社1989年版,第247~306页。

构的设置、职权、功能等都有所变化，其任务主要是维护党的政治纪律。1927年12月31日《中共中央通告第二十六号》指出，整个党都转入地下秘密工作，在这种形势下，受制于选出的中央监察委员会人员散布于各地，有的已经牺牲去世，加之党内各级党委真正设立监察委员会的很少，而导致中央监察委员会及整个监察工作体系的职权并未真正得到行使。故此，基于这一现状分析，中央监察委员会似乎可以放弃，无须存在。[1]

（三）党的六大取消监察委员会、改设审查委员会

1928年6月18日至7月11日在莫斯科召开的党的六大，对党章进行了重大修改，即将党的五大党章中的监察委员会一章删除，加入了审查委员会，仅在第43条对审查委员会的职能、产生等进行了规定。审查委员会由各级代表会议选举产生，其职能是对各级党部进行监督，监督的范围包括财政、机关工作、会计等。[2] 选举产生了中央审查委员会，包括刘少奇、阮啸仙等在内的3名委员，以及2名候补委员，刘少奇被任命为书记。1928年12月1日，中共中央审查委员会正式成立。由此，审查委员会正式取代了监察委员会，其职责权限与工作重点也有所改变。这一机构与俄共六大设立的中央检查委员会十分类似。对比党的五大设置的监察委员会，党的六大产生的审查委员会对应的职权范围相对较小，只履行原来的部分职责，从其工作内容来看，与“八七会议”成立的审查委员会也有所不同，它更强调对党内财务和机关工作的监督，主要是经济监督，并没有全面履行纪律检查的职能。由于该机构的职能范围太小，故在党内政治生活中发挥的作用也受到了很大限制。对于党员违反党纪等行为，首先需要经过党员大会以及各级党部的审定，而后由同级党部负责批准才能生效。对于开除党籍的处分，通常需要由该党员所在支部大会通过该决议，然后由上级党委会对此进行审核批准。此外，各级党的委员会可

---

〔1〕 中共中央组织部、中共中央党史研究室、中央档案馆编：《中国共产党组织史资料》（第8卷），中共党史出版社2000年版，第158页。

〔2〕 《中国共产党章程汇编》编写组：《中国共产党章程汇编——从一大到十七大》，中共党史出版社2007年版，第32～43页。

以直接做出开除党籍的处分。显而易见,维护党的纪律与统一,是战争时期党内监督的重点。

(四)中央苏区首创党内监察与政府监察并行

土地革命战争时期,中国共产党依靠武装斗争反抗国民党镇压,历经浴血奋战创建了中央苏区,在全国政权掌握在国民党手中的情况下,在局部地区建立人民政权。然而,当共产党成为执政党之后,苏区党委与政府内都产生了官僚主义、贪污腐败等问题,严重地损害了革命利益。因此,建立健全党内监察机构,与政府监察机构协作反对官僚腐化现象,成为党的建设的重要任务。

早在1931年11月中华苏维埃共和国临时中央政府在瑞金宣告成立,政府内设立了中央工农检察人民委员部(1933年年底改称为中央工农检查委员会)。根据苏维埃临时中央政府1932年制定的《工农检查部的组织条例》的规定,省、县、区三级苏维埃政府相继设置了工农检查部作为行政监督机关,对在各级政权中工作的干部实行监督。

鉴于党内设立的审查委员会主要承担经济监督,而不负责纪律检查,职能过于狭窄且在党内反腐败工作中发挥的作用相当有限,为了适应中央苏区肃贪反腐的工作需要,进一步巩固新生的苏维埃政权,党中央决定建立专门的党内监督机构。1933年,为了避免贪污腐败、违反党章、不遵守党纪等现象的发生,防止因机构设立滞后带来的工作脱节,在召开全国代表大会的条件还不具备,无法通过正常选举产生中央监察委员会之前,党中央先设立中央党务委员会,负责中央层面反腐工作的领导;在地方层面,则由根据地发展壮大为地域性人民政权,在具备了召开地方各级党的代表大会的条件后,可以选举产生同级监察委员会,负责具体工作。[1]同年《关于惩治贪污浪费行为》的发布为惩腐肃贪提供了规范性武器,虽然名称没有统一,但党对监察机构的期盼是一致的,中央和地方监察机构

〔1〕 中央档案馆编:《中共中央文件选集》(第9册·1933),中共中央党校出版社1991年版,第340~342页。

的主要责任为：维护无产阶级的纪律，确保党内思想与行为是高度一致的；对党的决议的执行情况进行监督；监察是否出现了官僚腐败现象以及偏离党的路线的情况等，并与这些现象坚决斗争到底。中央党务委员会和各省县监察委员会对于下级党组织及党员违反党章、决议及破坏党纪的行为，可以根据党章的有关规定进行处分。但无论是中央还是地方监察机构做出的处分决议，均不是当然地执行，而是需要得到同级党的委员会的批准。如果党员对省县监察委员会做出的处分并不认可，可向中央党务委员会提出申诉。与此同时，以陈云为书记的首届中央党务委员会宣告成立。党的六届五中全会对中央党务委员会进行了改选，李维汉被选举为书记；对中央审查委员会进行了改选，董必武被选举为书记。由此，中共中央党内监察机制正式建立，形成了以中央党务委员会为主、党务委员会与审查委员会分头负责的工作机制。

根据中央决议的指示精神，从1933年冬季时起，中央苏区各省、县委纷纷成立了党的监察委员会，并在实际工作中与同级苏维埃政府监察机构共同行使职权。党内监察机构与政府监察机构虽然分开设立，但党内监察的对象包括了政府机关工作的党员干部，在工作内容上两者又有相当的重合性。因此，适应局部执政的新情况，促进党内监察与政府监察的融合，是摆在党面前的一个新课题。时任临时中央政治局成员、常委的张闻天同志就曾撰文论述苏维埃工作与工农检查委员会，提出我党的部分监察委员应当进入到工农检查委员会中，两个机构的工作应当在很多地方能够打成一片。同级工农检查委员会的名单应当由监察委员会提出到苏维埃大会上通过，同时工农检查委员会的主席也应为监察委员会之当然委员，且两个机构的办事处也应该是完全在一起的。这些规定既明确了党对政府监察工作的领导关系，又确立了党政监察部门之间的密切关系，它们并设并行，重要领导人互相兼任，很多情况下，联合签署文件，为查处各类违纪腐败案件并肩战斗，的确解决了机构臃肿、政出多门、效率低下的弊端，但这一领域党政不分、权限不清的问题也由此产生。

(五)党的七大前后逐步恢复党内监察委员会

第五次反“围剿”失败后,革命根据地遭到重创,党中央及红军不得不开始长征。当时,中共中央处于十分恶劣的环境中,很多党内部门已经难以维持正常的运转,党内监督系统亦是如此。一直到全国性的抗日战争爆发,国共开启第二次合作,中国共产党及其领导的根据地才获得相对稳定的外部环境,恢复党内监督机制,肃清张国焘分裂主义、王明违反党纪等事件带来的恶劣影响摆上了议事日程。1938 年通过了《中共扩大的六中全会关于各级党委暂行组织机构的决定》,规定各中央局决定于区党委下设置监察委员会,[1]规定了机构产生以及职权范围。主要职权包括:(1)对党的机关、干部、工作等是否正确执行了党的章程决议进行监督。(2)对党内机关的账目进行审查。(3)对违反党章党纪的党员的处分进行审查管理。(4)对提出恢复党籍、重新入党者的党籍进行审查、决定。(5)对党员是否有破坏革命道德的行为进行监察。[2] 该决定中还明确规定了监察委员应当具备的任职条件:区党委以下的监察委员会委员,党龄应当在 3 年以上,“但得兼职”,打破了党的五大设立监察委员会时不得兼任的规定。通常来讲,监察委员会是在同级党委领导之下开展工作,作出的决定需经同级党的委员会批准;上一级监察委员会领导下一级监察委员会的工作,有权取消或改变下级监察委员会的决定。即监察委员会需要同时接受来自上级监委以及同级党委的监督领导。与以前的相关规定相比,这些条文更具体明确,也更有可操作性,从而为党内监督系统的恢复、健全与正常运行提供了重要的法规依据。

1945 年 4 月 23 日至 6 月 11 日在延安召开了党的七大,党章修改中涉及监察工作的内容可以概括为“一废一立”。所谓“废”就是取消了党的六大党章中增加的“审查委员会”一章;所谓“立”就是恢复了“党的监

---

[1] 中央档案馆编:《中共中央文件选集》(第 11 册 · 1936—1938),中共中央党校出版社 1991 年版,第 770 ~ 773 页。

[2] 黄志伟:《中国共产党纪检监察机构的历史沿革及启示》,中共北京市委党校 2012 年硕士学位论文。

察机关”一章,规定了监察机关的产生、职能范围以及领导体制。根据党章的规定,中央委员会被赋予了特定情况下的决定权,即可视情况需要直接设立中央监察委员会或是各地方监察委员会。当然,在一般情况下,中央监察委员会还是由中央委员会全体会议选举,地方党委的全体委员会议选举产生本级监察委员会,但是要正式履职还需获得上级组织的批准[1]。此时,由于尚处于根据地分割隔离状态,中央的主要精力在于应对复杂的政治、军事斗争,所以对监察机构给予的关注还不多,仅赋予各级监察机构决定或取消党员处分,处理党员控诉的职权,而且明确必须在同级党委的指导下履行职责。[2] 这次党章修订统一了监察机构的名称,从中央到地方均为“监察委员会”,详细规定了产生的程序、具体职权范围等内容,为各级党的监察委员会提供了活动依据与章程,也使党内监督制度建设进一步走向规范。从这个意义上说,党的七大取得重大进步。但是,在党的七大党章的规定中,监察委员会呈现职能缩小、独立性削弱的导向,而且规定由同级党委会负责选举产生同级监察委员会,不再是各级代表大会,这就说明各级监察委员会无法进行平行监督制约,使其成为了党委的下属机构。这一重大变化的出现,从外部因素看,不能不联系到斯大林时期苏共党内监督机制的演变。1934 年正式将党的监察委员会的产生方式进行了调整,不再是由党的代表大会选出,而改由中央委员会选举产生,这种权力来源模式的变更,使监察委员会失去了与中央委员会的平行地位,其行使职权的独立性也随之丧失。苏共的这种改变显然影响到中国共产党在这个问题上的探索。从内部因素来看,将党的监察工作置于党委的“指导”下是实行党委一元化领导原则的内在要求,也是战争形势急剧变化的环境使然。事实上,因为当时已经进入了抗战尾声,内战阴云密布,党内普遍认为政治斗争与军事斗争更加重要,并不认为当时已具备成立监察委员会的“必要与可能”,党的七大关于监察相关设置的若干

---

〔1〕 于美丽:《中国共产党纪检体制的历史与现状》,中共中央党校 2018 年博士学位论文。

〔2〕 吴美华:《中国共产党纪检机构的历史沿革及其职能演变》,载《中共党史研究》2009 年第 3 期。

规定并未得到及时落实。党的七届一中全会只选举产生了中央政治局、书记处以及军事委员会,并未产生中央监察委员会,也未设立审查委员会。在日常工作中,各级党委依旧延续战争年代一元化的领导模式,包括党纪执行在内的党政军各项工作都一并推进,并没有体现党委与监察机构的分工负责机制。

三、新中国人民监察制度的成型

新中国成立,中国共产党成为执政党,所面临的形势、自身的条件、地位等都发生了很大变化。面对新的环境、新的任务,谦虚谨慎、不骄不躁、艰苦奋斗等党的优良作风是否能够保持,直接关系到党是否能够带领全国人民走向富强、独立。早在 1949 年 3 月,毛泽东主席在党的七届二中全会上就高瞻远瞩地指出:战争的胜利、成功夺取政权的胜利使得我党部分党员开始以功臣自诩,党内开始出现了骄傲、贪图享乐等情绪,而且这种情绪还可能会不断增长。我们的共产党人,面对敌人的炮火并未屈服,也无愧英雄的称号,然而,当取得胜利后,可能会有一些共产党人经受不住糖衣炮弹的攻击,可能会打败仗,对于这种情况我们必须采取有效的预防措施。正是出于这种深刻的忧患意识,新中国成立之初,党就开始了监督体制的重新构建。

(一)新中国成立之初的党政双轨制

夺取全国政权之后,革命战争时期党的一元化领导已经不适应新生人民政权的发展形势,必须在构建新的政权架构中有所调整。因此,创立、健全中央政府及地方政府中的人民监察机构体系,成为新中国成立之初的一个显著特色。根据 1949 年 9 月 27 日通过的《中央人民政府组织法》的规定,人民监察委员会的设立主要是为了对政府机关及公务人员的职责履行情况进行监察,包括:是否存在违法、违规或是损害国家利益、人民利益的行为,纠举那些违法失职的公务人员与机构;指导全国监察机关工作,下发相关决议,对决议执行情况进行检查;负责受理有关公务人员失职、违法的控诉。1949 年 10 月 19 日中央人民政府委员会第三次会议通过谭平山[1]为主任的任命，刘景范为第一副主任兼党组书记，潘震亚为副主任，委员有张秀岩、张慕尧、朱蕴山、韩兆鹗、董鲁安、张难先、何燏时、宁武、郭任之、安子文、许立群、刘达潮、丘金、帅孟奇、萧明。次年 10 月，人民监察委员会确定了各级人民监察委员会通则，将其报告给政务院，政务院批准实施。3 年后，全国共建立监察机构近 4000 个。

1949 年 11 月 9 日，中华人民共和国刚刚成立，为了在新的环境下保持党的先进性和纯洁性，中国共产党通过了在中央和地方成立党的纪律检查委员会的决定，指出中国共产党的地位已经发生了变化，成为中国的执政党，同时，各级民主政府也在逐步建设中，党内与党外人士的沟通和交流也会日益增强。适逢其时，成立党的纪律检查委员会，可以保证党的决议得到充分实施、准确执行，各项政策能够得到充分的落实。中央纪律检查委员会首届成员包括朱德等人。其中朱德任书记，安子文等任副书记。中央政治局负责中央纪委的领导工作，由中央决定纪委书记、副书记等的任免。各级党委确定地方纪委名单，报请上级党委批准之后方能正式组建，并且各级地方纪委直接向同级党委负责。上级纪委可对下级纪委的决定进行更改或是取消。[2] 中央及地方纪委机构，承担的主要任务是，对中央及各级党组织、党员、领导干部等是否有违法违纪行为进行检查；对中央直属部门以及各级党组织、党员的违纪案件进行处理，做出处分决定，此外，还同时负责党内的纪律教育。[3]

显然，在党内专门监督机构重建之初，执政党建设的特征十分明显。

---

〔1〕 谭平山（1886 年至 1956 年 4 月 2 日），是中国近代史上有建树、有影响的民主革命家。辛亥革命时，他追随孙中山加入同盟会，五四运动后，他在陈独秀的帮助下建立了广东中共支部。他在第一次国共合作中，在轰轰烈烈的农民运动中，在著名的南昌起义中，都留下了不可磨灭的历史功绩。他不屈不挠，组建中华革命党、创建三民主义同志联合会、组织中国国民党革命委员会，参加新政协，为追求民族独立和祖国富强，贡献了毕生精力。特别是在响应中共"五一口号"、开展新政协运动中，他的主张和影响为民革和各民主党派接受中国共产党领导、协商新中国成立，起到了积极的作用。

〔2〕 中共中央组织部、中共中央党史研究室、中央档案馆编：《中国共产党组织史资料》（第 9 卷・1933），中共党史出版社 2000 年版，第 4 页。

〔3〕 黄志伟：《中国共产党纪检监察机构的历史沿革及启示》，中共北京市委党校 2012 年硕士学位论文。

总体来看,沿用党的七大党章的相关规定进行领导体制的建设,中央政治局领导中央纪委工作,而地方各级纪委也是如此,需要向同级党委负责。1950年,中共中央针对各级纪委之间的关系做出了指示,再次强调了纪委对党委负责的关系,明确各级纪委为党委的下属部门,上下级纪委之间则是指导关系,即下级纪委需要接受上级纪委的指导。如果上级纪委与下级党委存在意见冲突,则需要由上级纪委诉同级党委来解决。[1] 从这些规定我们能够发现,中华人民共和国成立之后党内领导体制还是存留了很多战争时代形成的惯性和传统,党的集中统一领导是当然的主色调,纪委被置于同级党委的领导之下,其定位"是各级党委在执行党的纪律方面的助手",对同级党委尤其是掌握实权的领导干部无权进行检查处理,对下级纪委的领导也受到很大限制。从职责范围来看,纪委的职权范围有所扩大,覆盖了更多的工作领域。而后,各中央局、分局、省、区、市、地、县等都纷纷成立了纪委。截至当年年底,县以上地方党委普遍成立了纪委。此外,按照该年度中央纪委的规定,全国县以下基层组织只要设立了党委就需要成立纪委。

(二)成立党的中央和地方监察委员会

20世纪50年代中期,党内发生的高岗、饶漱石分裂党的错误,也揭示了此前各级纪委的职权设置以及组织结构,无法满足新时期严肃党内执纪要求的缺陷。为了能够维护党纪、加强党的纪律,有效避免、减少各种违法乱纪行为的发生,尤其是有效防范如高岗等这类对党的利益造成危害的事件的再次发生,[2]党急切需要一个全新的机构替代纪律检查委员会行使监督职责,监察委员会应运而生。1955年召开的全国代表会议通过决议指出,面对现阶段的阶级斗争形势,以及对加强党纪的任务要求,目前我党设置的各级纪委在职权与组织上已经无法满足工作需要,因而

---

〔1〕 中共中央组织部、中共中央党史研究室、中央档案馆编:《中国共产党组织史资料》(第9卷·1933),中共党史出版社2000年版,第19页。

〔2〕 中共中央文献研究室编:《建国以来重要文献选编》(第6册),中央文献出版社1993年版,第133~136页。

成立各级监察委员会,力图避免那些将会对我党利益造成严重危害的事件的发生。[1] 这是中华人民共和国成立后第一次对党内监督制度进行调整,由监察委员会取代中华人民共和国成立初期建立的纪委,对我国人民监察制度的发展具有重要意义。决议规定了监察委员会的领导体制、主要职责以及产生方式等内容,具体而言,中央监察委员会由本次全国党代表会议选举产生,同时还获得了中央委员会的批准;地方监察委员会由地方党的代表会议选举产生,但是需要获得上一级党委的批准。从整个制度设计来看,改变了党的七大以来的制度设计,转而恢复了党的五大党章的规定。这一重大改变,实质是监察机构权力来源的变更,影响深远、意义重大,使监察机关的地位得到了极大提升。[2] 关于监察委员会的领导体制,继续坚持长期以来的一元化领导格局,各级党委依旧牢牢掌握着主动权,负责领导同级监察委员会,监察委员会尽管同样是由党的各级代表会议选举产生,但在实际工作中还是处于同级党委的领导下,这与党的七大党章的规定相符。监察委员会的主要任务是负责党员违反党章、党纪、法规等案件的检查与处理,明确为四个方面,“一是负责对中央党政部门的党员、组织等是否出现违反党纪、党章、触犯法律等案件进行检查、处理;二是对各地方党组织进行检查,直接检查处理各地方党组织党员的违法、违纪等案件;三是指导地方监察委员会的工作;四是受理对党员、党组织的检举以及因为对党员处分不服而提出的申诉”。[3] 这体现了执政党纪律建设和党风建设的特点,与以前相比,监察委员会的职权范围扩大了,不仅超过了中华人民共和国成立初期纪委的权限,而且强调上下级之间的垂直管理,也为后来采取双重领导体制提供了重要基础。

本次会议选举确定了中央监察委员会,共包括 15 名委员以及 6 名候

---

〔1〕 中共中央文献研究室编:《建国以来重要文献选编》(第 6 册),中央文献出版社 1993 年版,第 133 ~ 136 页。

〔2〕 吴美华:《中国共产党纪检机构的历史沿革及其职能演变》,载《中共党史研究》2009 年第 3 期。

〔3〕 于美丽:《中国共产党纪检体制的历史与现状》,中共中央党校 2018 年博士学位论文。

补委员,董必武任书记,王从吾等任副书记。本次成立的监察委员会在人数上较之此前有所增加,设立了专门的常务委员会,这也是中国人民监察史上的重大改革,党的纪检工作机制、领导机制都得到了完善,对党风党纪的建设也具有巨大作用。中央监察委员会第三次全会则统一规定了监察干部的配备职级,强调通常情况为各级监察委员会书记需要兼任同级党委副书记,如果有困难做不到,也要由相当于党委副书记层级的干部专任监察委员会书记,[1]彻底改变了此前在党的地方组织中,纪委书记有些不进党委班子,有些是党委常委或委员,有些又由党委书记或副书记兼任的不统一状况。这一重大变动的意义,在于通过提升监察委员会书记的配备职级而使监督支点不断靠近权力的核心。为了弥补监察干部力量的不足,会议还决定,"各省市自治区及县都可于政府部门、人民团体部门设兼职监察员,且应当从各部门选择合适的干部兼任"。[2] 就中央机关而言,一般是按照司局级规格推荐干部担任中央监察委员会的兼职监察员,通常情况下是由分管干部、廉政工作的部委政治部副部长担任,而人民团体全国总工会、共青团中央、全国妇联则一般推荐相当于书记处成员的副部级干部担任。

党的八大党章肯定了党的全国代表会议在扩大监察委员会职权方面的有关规定,对监察委员会的任务进行了明确规定,具体包含三个方面:对党员违法、违纪、违反共产主义道德、国家法令等的案件进行经常检查与处理;对党员的处分进行管理,主要是取消处分或者是做出处分决定;受理党员的申诉与控告。[3] 可以看出,党内监督的范围进一步扩大,不只是针对党纪进行监督,还涵盖了法律监督以及道德监督。董必武同志继续当选为中央监察委员会书记,中央监察委员会依旧由 21 名委员组

---

[1] 中共中央组织部、中共中央党史研究室、中央档案馆编:《中国共产党组织史资料》(第9卷·1933),中共党史出版社 2000 年版,第 133~136 页。

[2] 中共中央组织部、中共中央党史研究室、中央档案馆编:《中国共产党组织史资料》(第9卷·1933),中共党史出版社 2000 年版,第 133~136 页。

[3] 《中国共产党章程汇编》编写组:《中国共产党章程汇编——从一大到十七大》,中共党史出版社 2007 年版,第 61~82 页。

成。但是，监察委员会的地位并未因监督任务的加重而得到相应的提高，反而规定各级监察委员会需要接受同级党委的领导，由同级党委选举产生，这一调整意味着短短数年之后，党委再次获得了对监察委员会的领导权。在某种层面看来，可以说监察委员会与当今的检察院一样是双重领导体制，虽然党章中并没有明确指出双重领导这一关键词，但事实上如此。

(三)党政监察机构的一体化

新中国成立初期，我国建立起来的监察体制采取的是党政双轨制，指的是此时党的纪委与国家的行政监察机构是同时存在的。两个部门的职权范围有所不同，纪委主要负责对党员违纪案件进行处理；行政监察机构则主要是针对国家机关公务人员的违法渎职行为进行处理。由于政府干部大多是由党员担任的，两个机构在实际工作中会出现交叉，因此对于较为复杂的案件往往需要两个部门互相配合，分别处理。

基于这种情况，1952 年 2 月，中共中央提出："各级党纪委与人民监察委员会可结合实际情况合署办公。"[1] 第一届全国人大会议通过了《宪法》以及《国务院组织法》，国务院正式成立。国务院针对中央与地方国家机关的设立、调整问题发出了通知，明确规定建立监察部，原政务院人民监察委员会即告结束，任命钱瑛为监察部第一任部长，监察部的主要职能是保证国家的政策法令得到贯彻落实、维护国家纪律、保障国家财产安全等，负责监督国务院各部门、地方各国家机关以及国有与私营企业等。随着政治运动渗透入党的监督领域，党的监督机构在国家政治生活中的权力也进一步强化。1956 年，中央监察委员会第三次全会提出，党和政府的监察机关的工作人员可互相兼任，目的是集中力量，便于更好地检查案件。[2] 这从监察部首任部长钱瑛的职务变动上也能看出党政监察机构

〔1〕 中共中央组织部、中共中央党史研究室、中央档案馆编：《中国共产党组织史资料》(第 9 卷・1933)，中共党史出版社 2000 年版，第 114 页。

〔2〕 中共中央组织部、中共中央党史研究室、中央档案馆编：《中国共产党组织史资料》(第 9 卷・1933)，中共党史出版社 2000 年版，第 500～501 页。

互动的清晰意图。1953年时,钱瑛由人民监察委员会副主任调任中纪委工作,出任副书记一职。监察部设立时,钱瑛依旧还兼任中纪委副书记。中央监察委员会成立后,钱瑛还继续担任该机构的副书记。

1958年后,国家政治生活中党的一元化领导趋势凸显,各级党的组织更多地参与到具体的政权运作工作中,国家化、行政化的发展态势日益明显,国家权力开始向着党的系统不断偏移,很多由行政监察机构负责的事务开始转由监察机关负责。1958年在党内极"左"路线盛行的大背景下,国家行政监察机关的工作受到严厉的批评,实行"垂直领导"和推行"事先监督"被指责为"脱离党的领导"。[1] 同年10月,国家监察部党组被迫对这种"脱离党的领导"的错误进行检查,首次提出监察部与中央监察委员会合并,采用"一个机构,两块牌子"的办法。1959年4月,中共八届七中全会就取消监察部的相关问题进行了讨论。4月28日正式作出撤销监察部的决议,由中央监察委员会负责接手原来由监察部负责的事务;同时撤销地方各级行政监察机构,将其合并到同级党的监察机关中。由此,行政监督体系与党的监督体系正式融为一体,党纪、政纪全部都由党的监察机关负责。不管是基于理论层面分析还是结合实际工作来看,两个机构在性质上是完全不同的,因此,以党的监察机构完全替代行政监察机构是不可能的,行政监督的功能也不可能被党的监督职能完全包容。这种看似整合的行为将党与政府的职能混为一谈,默认党可以直接对政府下达命令、做出指示,政府必须服从党的所有指令,已经从实质上破坏了行政监察和党内监察的作用。在这种条件下,假如不对党的监督机关的职能做出相应的调整,并加以科学合理的健全与完善,其监察范围的覆盖性与党内监督功能的有效发挥都会受到影响。

(四)党的监察机构任务加重、职权扩大

1959年监察部被撤销后,各级党的监察机关全权负责党内与行政机

---

[1] 余信红:《建国头十年(1949-1959)行政监察述评》,载《江西财经大学学报》2002年第1期。

关的监察工作。伴随着渐趋繁重的职责和任务,中央又于 1962 年通过了《关于加强党的监察机关的决定》,提出进一步加强党的监察机关建设,目的就是确保党章得到严格执行、确保国家政策、党的路线、方针、决议等能够得到贯彻落实;加强党的集中统一领导,完善党的民主建设,有效防范脱离群众、破坏民主生活的情况,并对这些现象给予严厉打击;强化对党员尤其是党员干部的监督,对于那些违反党纪、违反国家法律法令、破坏共产主义道德的现象坚决斗争到底。

为了确保监察委员会能够承担如此多的职责任务,《关于加强党的监察机关的决定》中重点强调了各级监察委员会的重要地位与作用,并且对其重要性、独立性进行了大力度的探索,核心内容就是加强各级监察机构的建设,重新赋予监察委员会委员列席同级党委会议的权力和越级反映、检举问题的权力,规定如下:(1)各级监察委员会的委员人数应当进一步扩大,候补委员名额也应当扩大,并且要求大部分都为专职的,加强中央与地方各级监察委员会的办事机构。(2)中央及地方各级监察委员会的委员、候补委员都可列席中央及地方各级党委全体会议。(3)各级监察委员会应当加强对国家机关党员的监督,还可在国务院各下属部门派出常驻监察组。任命与国务院部长、司部长一级相当的干部为监察组成员,由中央监察委员会负责领导。监察组长列席所驻部门的党委会议,如果情况需要还应当与所驻部门召开联席会议。地方各级党的监委也可在必要情况下于本级人民委员会下辖部门派遣常驻监察员或监察组开展工作。(4)地方各级监察委员会还可直接向上级党委、监委等就党员违法乱纪为行为进行检举而无须经过同级党委审批。[1]

"文化大革命"的爆发,使党内监察事业遭受了灭顶之灾。长期担任中央监察委员会书记的董必武同志,因为其刚正不阿、德高望重而深为林彪、江青等人嫉恨,他们挥舞手中掌握的大棒,污蔑中央监察委员会是为

---

〔1〕 李光:《当代中国廉政制度的变迁与创新问题研究》,华中师范大学 2003 年博士学位论文。

资本主义复辟的据点与工具,持续的干扰和冲击导致监察系统无法正常运行。1968 年,康生等人编造了《关于中央监察委员会政治情况的报告》,污蔑监察委员会中的部分委员与候补委员都为叛徒、特务,被诬陷的人数占中共八届中央监察委员会委员、候补委员总数的 62%。1969 年 1 月,经康生等人策划,中央监察委员会被撤销,干部全部被下放到"五七"干校。1969 年 4 月,党的九大党章取消了党的监察机关的条款,党内监督机构遭到了严重破坏,几十年的努力被摧毁殆尽。党的十大党章继续沿袭了党的九大党章的做法,没有设置关于党的监察机关的条款。

四、改革开放监察制度的重塑

(一)率先恢复党的监察机构

1977 年召开的党的十一大,通过了新的党章修正案,其中重要内容之一是恢复设立纪律检查委员会。党章规定,中央以及地方各级党委都应当设立纪委,由各级党委经过选举确定本级纪委。各级纪委需要接受同级党委的领导,纪委主要负责党的纪律教育、对党员的纪律执行情况进行检查,对于那些违反党纪的行为坚决斗争到底。[1] 然而,因为当时党的工作还处于摸索前进中,中央领导层的徘徊也影响到纪委作用的发挥,全国政治局面依旧不明朗,直至 1978 年党的十一届三中全会正式拨乱反正,重新确立了党和国家的主要任务。本次会议还选举产生了中央纪委,第一书记由陈云担任,纪委成员有 100 人。次年,中央纪委召开了首次全会,全面部署中央纪委的工作,明确规定纪委的机构设置、主要任务以及职权范围等内容。中纪委与中组部还就地方各级纪委机构的建立健全问题联合下发了意见,全国各省、市、县党委相继建立了纪律检查机构。从此,党的纪检工作重新焕发了生机活力。

经历了"文化大革命"的黑暗十年,我们党更加清醒地认识到,拥有一个独立的党的监察机构的重要性。1980 年,中共中央对中纪委提交的关

---

〔1〕 中国革命博物馆编:《中国共产党党章汇编》,人民出版社 1979 年版,第 315 ~ 325 页。

于改变地方各级党委、纪委领导关系的报告进行了批转，提出各级纪检组织应当同时接受上级纪委以及同级党委的领导，即采取双重领导，发挥主要领导作用的为同级党委。[1]“双重领导”的概念首次出现在中央正式文件中。对于国务院各部、委、局党组织纪检组织同样适用这种双重领导的标准。随着领导关系的调整，各级纪委在任免主要领导干部时还需向上级纪委征求意见。虽然这种变革还是初步的带有恢复性的，但改革探索的基本走向是显而易见的，那就是提高党内监督的效能与力度。在这一时期，相继建立了地方各级纪委以及各部门纪检机构。由此，党的纪检组织获得了全面发展。

党的十二大通过的新党章中专门用两章分别就“党的纪律”和“党的纪律检查机关”作出了规定，这也为双重领导体制的健全完善以及党委、纪委关系的进一步理顺提供了思路。首先，对各级纪委的产生方式进行了改动，不再由同级党委选举产生，而是由同级党的代表大会选举产生，即各级党的代表大会负责领导同级纪委，表明各级纪委与同级党委下属工作部门是不同的，而是同级党的领导机构。其次，继续坚持双重领导机制，但是不再“以同级党委领导为主”，党章规定中央委员会负责领导中央纪委的工作。地方各级党委则需要接受上级纪委以及同级党委的双重领导，但并没有提出以哪方领导为主的问题。这些新变化使纪委机构的独立性与权威性得到了增强。此外，从各级纪委的产生方式来看，各级纪委由同级党代会选举产生，各级纪委组织的政治地位显著提高，从而极大地增强了各级纪委在职权行使中的权威性。双重领导体制较之于同级党委领导，在一定程度上扩大了各级纪委对同级党委的监督职权，对加强上级纪委对下级纪检机关在业务方面的指导，以及纪委对同级党委的监督作用的有效发挥等都具有重要的意义。此后对党章进行的几次修改都是基于该框架的发展完善。

党的十二大上选举产生的中央纪委共有 132 人，陈云为第一书记。

---

〔1〕 孙立坤：《关于纪检监察制度创新的若干思考》，载《河南社会科学》2003 年第 3 期。

之后召开的党的十三大、党的十四大一直到党的十九大也都选举产生了中央纪委，从党的十三大到党的十九大，选举产生的中纪委委员的人数依次为69、108、115、121、127、130、133。从人数上看，党的十四大之后中纪委委员的人数整体上是在不断增加的，这也说明随着改革开放的逐步深化，社会主义市场经济的不断发展，党的纪检机构的作用越来越突出，面临的工作任务也日益繁重。

（二）行政监察机构得到恢复

1975年，我国通过了《宪法修正案》，这也是新中国的第二部《宪法》。1978年，通过了第三部《宪法》，被称为“七八宪法”。这两部宪法均没有考虑恢复国家行政监察机构，而且局限于当时的历史条件，自身也存在诸多缺陷。1982年12月4日，颁布了第四部《宪法》，历经多次修正沿用至今。其中关于国务院职权的规定，涵盖了行政监察的领域。在1986年召开的第六届全国人民代表大会第四次会议上，一些人大代表以及部分政协委员都建议应当在县以上地方各级政府设立专门的行政监察机关。同年11月，国务院提请建立监察部，12月，第六届全国人民代表大会常务委员会第十八次会议作出设立监察部的决定，规定其主要任务是对监察对象对国家政策、法规的贯彻落实情况进行检查；对检举、控告监察对象违反政纪、违反国家法规、政策等案件进行受理；负责处理监察对象因对纪律处分不服而提起的申诉；对由国务院与地方政府任命的人员的纪律处分事项进行审议。次年6月，正式设立了监察部，任命尉健行为本届部长。经过一年的发展，全国县以上各级地方政府都组建了行政监察机关。1990年，国务院通过了《行政监察条例》，为行政监察工作提供了法规支撑。

（三）党政监察机构实现合署办公

监察部所具有的相对独立性并未持续较长的时间，从1993年开始中纪委、监察部合署办公，即一个工作机构同时负责行政监督与党纪检查。1997年，第八届全国人民代表大会常务委员会第二十五次会议通过的《行政监察法》规定，各级行政监察机构对国家行政机关、国家公务员和国家行政机关任命的其他人员实施监察。这种格局一直延续到之后召开的党的十九届三中全会,本次会议就党和国家机构改革的进一步深化制定了方案,决定组建国家监察委员会,同中央纪律检查委员会合署办公,将监察部并入到新设立的国家监察委员会中,即取消监察部、国家预防腐败局。第十三届全国人民代表大会第一次会议通过的《宪法修正案》增加了"监察委员会",并对其性质和产生、组成和组成人员的产生方式、领导体制、工作原则、法律地位、与其他国家机关的关系提供了宪法依据。在会上还通过了成文的《监察法》,选举产生了国家监察委员会,监察法制化发展开始进入新时代。

五、小结

必须看到,我国虽然是个单一制国家,却有实行"一国两制"香港、澳门这类特别行政区的存在,这也在客观上增加了我国监察制度多元化的因素。1997 年香港回归祖国后,廉政公署作为肃贪倡廉的独立机构继续保留,并正式更名为"香港特别行政区廉政公署"。《香港特别行政区基本法》第 57 条明确规定,廉政公署对特区行政长官负责,且不在公务员体系中。

通过对我国监察制度从其历史到特性到机制的梳理,可以发现近现代以来,尤其是中国共产党成立以来的这么多年,党在实践中反复总结,清晰地认识到建立独立的机构进行专门监督是加强自身建设的应有之义。在政治上,在一个执政党掌控了执政资源后,就会感受到权力的力量。因此,必须要有他律,否则便有可能滋生腐败。他律包括司法监督、行政监督、舆论监督、党派监督。除了他律之外,自律更是不可或缺的,全面从严治党进一步要求我们加强党内监督,而党内监督早在第一次建立中央监察委员会之前就出现了。一方面,专门监督机构能够遵循党章以及相关法规的要求进行例行监督检查,进而实现对违法乱纪行为的及早发现与惩治;另一方面,专门监督机构具有较强的相对独立性,可以减少受其他方面的影响,借此增强监督的力度和效果。因此加大党内监督力度，是长久以来党在实践中总结出的真理。经过多年实践可以看到，党内监察双重领导体制与以往由同级党委领导体制相比，发挥着更加积极的作用，上级纪委可为下级纪委提供业务指导，并且各级纪委对同级党委的监督力度也大大增强。从这个角度来讲，双重领导机制的积极意义更加显著，在很长一段时间内将影响我国的监察制度。

现如今，我国进入了中国特色社会主义建设的新时期，加强党风廉政建设，全面从严治党，已经成为从上到下全国人民的共识，这非常值得人欣慰。但是，由于各级监察机关建立时间不长，之前的监察机构相关制度起步比较晚，虽然已经取得了不容忽视的成绩，但仍然存在一些不足，无论是实务界还是理论界都呼吁深化国家监察体制改革。

第三节　考察样本：域外监察制度之比较

监察机构是国家为了贯彻执行法律，针对国家公职人员的腐败行为进行预防、侦破及制裁，而设立的专门或者兼职机构。我国本轮深化国家监察体制改革，标志着反腐败斗争已经形成了压倒性态势并且在不断巩固发展。然而，整体上来讲，这个态势尚不稳定。我们面临的反腐败斗争形势依旧十分严峻。当务之急，就是整合现有的反腐败资源力量，发挥好国家监察机关的作用。因此，学习、参考、借鉴域外监察机构的经验和做法，也是丰富和发展中国家监察体制的一条可行之路。

目前域外监察机构大体可以分为以下几种类型：一是独立超然的反腐败机构，如新加坡的贪污腐败调查局和我国香港特区的廉政公署等。二是监察机构，主要负责监督、监控国家行政系统，以确保整个国家机器处于高效、有序的运行状态。三是审计机构，基本职能是对国家年度财政收入、支出的决算，国家机关和法定团体的经济活动进行会计检查。四是检察机关，作为国家法律监督机关，检察机关是一国反腐败的重要职能部门，对国家公职人员利用职权犯罪案件进行侦查，并依法审查批捕，提起公诉，以惩治各类职务犯罪。五是行政申诉处理机关，其职能是依照法律要求对公民、法人或其他组织提起申诉进行审查、调查并提出解决问题的办法。六是公务员人事管理机构，很多国家在公务员人事管理机构下设置管理公务员行为规范的部门和公务员惩戒部门。由于世界各国及地区的特点不同，廉政机构的设置也不尽相同，但尽可能确保其独立性是廉政建设的重要目标。

一、美国的监察制度

美国是一个联邦制国家，联邦与各州在各自权限之内设立廉政监察机构，呈现出立法、司法、行政各系统各自负责、交叉监督的多元监督格局。比如全国司法会议就是负责司法系统的廉政机构。除了这些系统内部设立的廉政监察机构外，还存在很多跨系统廉政机构，比如司法部门。按照机构职能可将此类机构划分为两大类：第一类是如政府道德署这类廉政机构，主要负责廉政准则、廉政计划的制定与实施；第二类是负责腐败案件的调查、处理的专门机构，如独立监察官。前者注重事前预防，后者着眼事后惩治，两者在反腐败斗争中相辅相成，彼此的组织体系和人员配置上有很大的不同。

审计机构。1921 年，美国出台《预算和会计法》，决定成立直接向国会负责的审计总署，以加强对公共资金的收支管理，强化资金使用的审计监督，增强对官员的约束，减少滥用职权等现象的发生。这个机构在国会领导下独立开展工作，直接对国会负责并向国会报告工作。原隶属于财政部的审计机构和职权被吸收合并为审计总署，设审计长 1 人，掌管全面工作；副审计长 1 人，审计长助理 4 人，协助总审计长工作，需经参议院提名和同意，由总统任命。其职能就是协助国会履行立法和监察之责；对联邦政府的计划和国会的有关财务控制提出建议，使联邦政府的计划项目和国会的工作更有效率，也被称为行政机构的“监察者”。

监察机构。1978 年，卡特总统签署《监察长法案》决定成立联邦“监察处”，该机构的主要职责是负责联邦行政机关内部的防贪肃贪工作，该机构的最高领导为“监察长”，由总统任命监察长，且该任命需通过参议院的同意,即该机构是直接向总统与国会报告的。如果总统决定罢免监察长也必须向国会说明理由并加以证明。监察长负责全面工作,有权任命下属工作人员,并向国会、总统提交工作报告,主要是对监察工作中发现的各种违法违规公共资金支付行为展开调查分析,并且就如何改进给出相应意见;对财政的公共计划支出进行审核,防止发生侵吞、讹骗及浪费的现象。在联邦政府各部门设有监察处,下设稽核部和调查部,根据联邦政府各部门规模的不同,监察处工作人员的编制也有所差异。

独立检察官。1978 年制定的《政府道德法》规定了特别检察官的任免以及具体的职权范围,由此开创了美国的独立检察官制度。该职位是专门针对舞弊案设立的。一旦爆发涉及政府的舞弊大案,基于发达的社会舆论监督,在政府监察廉政系统受到质疑的情况下,美国司法部部长可以依法提出任命一名独立检察官负责该案件的调查审理,但是司法部部长无权决定这位独立检察官的人选,而是由 3 名资深联邦法官组成的委任小组进行选择,以审慎确保这位独立检察官在整个案件调查中没有任何利益纠葛,态度中立,不持任何党派倾向,以此避免调查程序受到政府高级官员及执政党的干涉。独立检察官的责任重大,工作中必须保持客观公正,其权限很大,有权任命工作人员、咨询人员,当然这些人员在政治上不存在竞争关系,以保证其司法公正性。此外,独立检察官还可以对下属人员进行授权,保证他们不受干扰地工作。只要独立检察官没有明显的重大过失,任何人无权罢免。

二、瑞典的廉政机构

瑞典是一个闻名遐迩的高福利国家,更是一个成熟的法治国家。根据 2017 年国际反贪污组织“透明国际”公布的廉洁指数排行榜,瑞典是世界上 6 个最清廉国家之一。[1] 之所以能够在世界范围内享有盛誉,得益

---

〔1〕《2017 年全球“清廉指数”》,载搜狐网:https://www.sohu.com/a/224705772_550244html,2018 年 7 月 18 日最后访问。

于瑞典已经形成的多层次、多渠道的监督机制和一系列廉政与反腐法律制度,从全方位和多角度对国家机关及其工作人员进行严格、有效的监督制约。

监察专员。瑞典的专职监察机关为监察专员公署,设置在议会,独立于行政机关,负责人称为议会监察专员,这一制度已有近200年的历史。[1] 在创设之初,监察专员作为法律的护卫者,专门负责接受公民对政府官员违法乱纪行为的控诉。在19世纪,监察专员主要监督法院和警察的行为。但到了20世纪由于行政权力的扩张,监察专员渐渐转向针对行政机关的官僚主义作风和行政官员的违法乱纪行为。监察专员制度能够在行政权力扩张的现代,有力地抑制贪腐现象的发生,实现公平正义,真正保障人民的民主自由权利,因此监察专员又被称为"人民的代理人"或"法律的保护人"。从1809年瑞典建立这一制度以来,其影响越来越大,芬兰于1919年、丹麦于1955年、挪威于1962年、新西兰于1962年、西德于1957年、美国联邦和各州分别于1963年和1967年、瑞士于1971年、法国于1973年、葡萄牙于1975年、奥地利于1977年、荷兰于1982年、爱尔兰于1980年、西班牙于1981年分别以不同方式在不同程度上引进和移植监察专员制度,迄今为止全球范围内有超过80个国家和地区采用这一制度。《瑞典宪法》规定,议会监察专员是由议会选举产生的,可以为一人也可以为多人,其主要职责是依照议会的训令,对公共事务中法律、法令等的执行情况进行监督。建立监察专员公署的目的在于监督法律、法律的执行,限制国家工作人员的不合法、不公正行为,以完善行政管理,保证公民的合法权益。目前,瑞典议会常设4名监察专员,均由议会两院投票产生,人选都是具有丰富的法律知识、秉性正直、社会威望较高的人士。4名监察专员推选一人为首席监察专员。首席监察专员主持公署的日常行政事务,任命工作人员并负责处理税收、人事、政府与公共关系等方面

[1] 张扬:《我国行政监察人事制度浅析——兼谈国外行政监察人事制度的成功经验》,载《中共乐山市委党校学报》2007年第3期。

案件;第二名监察专员为司法监察专员,负责检察、司法和监狱方面的案件;第三名监察专员为军事监察专员,负责军职人员的苦情申诉案件;第四名监察专员为民政监察专员,负责处理企业、公共机构涉及社会福利案件。[1] 每年监察专员须向议会提交有关案件处理情况的年度报告,由议会专设常委会审核,根据监察专员的建议采取相应的措施。监察专员产生于议会但又相对独立于议会,其法律依据来源于宪法,立法机关不得随意干涉监察专员的工作,只能在一定程度上进行监督。每届监察专员任期为 4 年,可以连选连任。监察专员在政治上独立,所以各党派对于监察专员的连任一般没有异议。

审计机关。瑞典设立专门的审计机关,负责政府部门的审计工作,其中地方审计机关与国家审计局在各自政府级别中的地位与隶属关系不同,国家审计局属于中央政府行政部门,而地方审计机关则是独立于地方政府的行政部门,直接向地方立法机构负责并报告工作。就国家审计局而言,其被置于领导委员会的管理、指挥之下,领导委员会主席为国家审计局局长,任期 6 年,无连任限制;副主席为开发部部长,委员为 9 名国会议员,任期均为 4 年,由中央政府任命。

三、韩国的廉政机构

韩国的廉政机构主要有腐败防止委员会和监查院等。具体的分工是:腐败防止委员会作为综合反腐机构,承担制定和修改廉政政策、协调和整合各级反腐力量等业务;监查院负责行政监察和会计检查。

腐败防止委员会。根据《腐败防治法》的规定,腐败防止委员会成立于 2002 年 1 月 25 日,直接隶属于总统,由 9 名委员组成,委员长和 2 名常任委员由总统直接任命,属政务职官员,其中委员长相当于正部级,常任委员相当于副部级;非常任委员中 3 名委员必须是由国会推荐的人员,另外 3 名委员则必须是由大法院院长推荐的人员;委员任期为 3 年,可以连

---

〔1〕 史克诚:《瑞典议会监察专员制度运行机制研究》,西南政法大学 2016 年硕士学位论文。

任一次,为了确保委员会的中立性,法律规定政党党员不能担任委员。作为具有独立性的合议制反腐综合机构,委员会下设分科委员会,委员长可以根据实际需要,邀请学界和社会团体及其他相关领域的专家担任委员会的专门委员,以保证委员会工作的专业水平。基于委员会工作的重要性及委员所履行职责的特殊性,韩国政府采取措施保障委员的身份,法律规定除身心健康严重影响职务履行的情况之外,委员会不得在违背自己意志的情况下被免职或解聘。[1]

监查院。根据韩国《宪法》和《监查院法》的规定,监查院属于国家元首(总统)直属的行政机构,施行合议制,最高决策机构是监查委员会。[2]监查委员会由监查院院长和 5～11 人的监查委员组成,做出的决议须由过半数的监查委员同意通过;首长为经国会同意由总统任命的院长;监查委员经监查院院长提名由总统任命,任期 4 年。为保持监查工作的公正性和独立性,监查院相对独立于国家权力机构的活动,以一个中立和第三方的视角审视国家的权力运行,其所有的监查委员均不能在国家机关中兼职,更不能介入政党的活动,以免立场偏颇,失去公正性和中立性。当然,与之相配套的是保障机制健全,所有监查委员非因被弹劾或者精神失常不得免职。表面上看,监查院属于国家元首(总统)直属的行政机构,但这只是权力来源上的制度设计,一旦获权到任,监查院的活动就不再完全被置于总统的监管之下,尤其是执行职务时,其相当独立和不受任何外来压力、干涉或者诱导。

四、小结

世界各地监察机构的具体情况有所不同,但是对于寻求以问责性的方式治理腐败的方法或模式而言,其"廉政支柱"一般包括行政机关、议会、司法机关、公务员系统、监督机构(公共账目委员会、审计总署、监察特

---

〔1〕 李秀峰:《廉政体系的国际比较》,社会科学文献出版社 2007 年版,第 223～227 页。

〔2〕 余澄:《韩国反腐进程中国家廉政治理体系研究》,华中师范大学 2017 年博士学位论文。

使等)。经过多年的制度构建和实践检验可以看到,廉政机构能否发挥作用,达到预期目的,其核心还是"规则与实践",其为国家廉政体系中的每一个制度性支柱都起到了支撑作用。西方国家多数赋予监察机构以独立地位,区别于政府序列,如瑞典议会监察专员制度由议会产生对议会负责,其普遍的特点是机构独立,即监察机构由立法机构产生对立法机构负责,不受任何其他部门制约;人员独立,即监察机构内部拥有自主的人事任免权,职员采用聘用制或单独考核制度,与普通公职人员区别开来;财政独立,即预算由立法机关批准后在国家财政预算中单列拨付,不受其他政府部门的限制;办案独立,即拥有宪法及法律赋予的独立调查权,包括搜查、扣押、拘捕、审讯等,在一定条件下可以使用国家暴力,将拒绝配合或是反抗调查抓捕的嫌疑人员予以强制抓捕。

当前,我国的反腐倡廉建设已经从标本兼治、综合治理以及逐步加大治本力度的时期到了系统集成、协同高效的新阶段,其他国家的成熟经验,是反腐取得成效的有效启示和重要参考。就我国目前推进的国家监察体制改革而言,改革的最大变化是由监察委员会负责反贪、反渎、对职务犯罪进行侦查,而不再由检察机关负责。不可否认的是,这种调整对我国检察机关的影响非常明显,将以往由司法机关负责行使的职权顺利转移到非司法机关,这个过程是较为复杂的,尤其是本次调整的法规条款主要是有关检察机关的自侦权以及反贪、反渎等职权,[1]引起了社会各界的广泛关注,在各种职权的整合中面临的一大难点是如何妥善处理好改革导向与检察机关的宪法地位之间的关系。2018 年 3 月通过的《宪法修正案》,明确了监察机关的宪法地位,对该机构与其他国家机关的关系也作出了详细规定。据此规定,监察机关与权力机关是"产生、负责和监督"的关系,与司法机关是"互相配合,互相制约"的关系,与行政机关则为"不受干涉,且互相配合,互相制约"的关系,上下级监察机关间则是"领导与被领导"的关系,纪委监委合署办公,共同筹划相关工作人员的配置,

---

〔1〕 韩大元:《论国家监察体制改革中的若干宪法问题》,载《法学评论》2017 年第 3 期。

共同设立内设机构，将力量配备重点向监督检查和审查调查一线转移。[1] 2019年十九届中央纪委三次全会提出将持续深化监察体制改革，创新发展监察体制机制，深入贯彻落实《监察法》规定的内容，把法定的监察对象真正纳入监督监察的范围内，将监察工作落实到基层。

[1]《深化国家监察体制改革　健全党和国家监督体系——反腐倡廉》，载人民网：http://fanfu.people.com.cn/n1/2019/1029/c64371-31426418.html，2019年11月22日最后访问。

第二章　董必武人民监察思想的多维探析

人民解放事业的希望，始于中国共产党的诞生，历经28年的革命斗争，中国共产党才取得全国胜利。在这一历史进程中，中国共产党作为民主革命的领导核心，其关于加强党内监督和权力监督的思想及实践，一直就领先于夺取全国胜利后的行政监察探索，并始终指引着新中国人民监察工作的发展。相比于世界其他国家，中国监察事业发展和完善的最重要特征，就是党内监察与行政监察的深度融合，彼此交织，共同促进了社会主义监察制度的建立健全。在中国近现代革命的大历史中，尽管个人显得渺小，但在监察历史的长轨上，以董必武同志为代表的老一辈无产阶级革命家，提出了很多关于党内监督和人民监察的意见和设想，有的已经在政权建设过程中得到实践，有的则由于复杂的政治形势而停留在纸面上，没有落地。但无论是否付诸实践，这些思想和设想都是中国共产党第一代领导集体治国理政思想的组成部分，都是我国监察制度创设和发展的理论源头。这些在不同历史时期、奋斗在人民监察战线上的共产党人，其身上共同的铭牌就是投身人民监察工作，其所思所想都是如何让监察工作真正为人民服务。这些指导人民监察工作实践，又来源于人民监察事业的思想和观点，可以称为“人民监察思想”，蕴含着党领导人民筚路蓝缕、创建政权的经验和教训，非常值得我们进行回顾和挖掘，从历史经验和教训中，我们又可以找到新时代下监察制度发展的新方法和新启示。

第一节　董必武的人民监察思想

很多中国共产党的早期革命家很关注和支持我国的法制建设工作，结合马克思有关国家与法的经典思想和辩证唯物主义和历史唯物主义的思考模式，扎根我国当时的实际情况，对我国的法制建设提出了很多独特的见解，并在人民政权的建立和发展中发挥了积极作用。人民监察思想并不是一蹴而就的，以董必武同志为例，他是在漫长的探索中，经历了中国近现代翻天覆地的人民革命运动，接受了来自马克思列宁主义监察思想及西方资产阶级民主监督思想的洗礼，经过不断实践，立足于中国自古以来的监察体系和各个发展阶段的特殊国情，逐步发展完善了人民监察思想。人民监察思想的内容是用权力制约监督政治权力，即以权力制约理论、人民主权理论和请愿权理论为前提，重视和尊重公民的民主权利。当然，任何思想都脱离不了所处的时代条件，董必武同志所倡导践行的人民监察思想正是植根于波澜壮阔的革命征途，在多个领域、多个岗位的实践中逐渐被人们认识、归纳、总结，进而形成相对完善的理论体系，引导着新中国人民监察事业的发展。

从历史的角度看，所谓“人民监察思想”，就是老一辈无产阶级革命家提出的以人民为中心的监察工作的相关思考和设想，其中既有系统性的理论观点，也有付诸实践的制度设计。主要涵盖两个领域：一是强调党对监察机构的领导地位以及应当如何进行有效的领导。董必武同志在《更好地领导政府工作》报告中第一次科学而辩证地论述了党和政府之间的关系，认为党需要发挥在政府工作中的领导作用，要使政府真正有权，党绝不能越权包办政府的工作。“党在政府中实现它的政策，是经过和依靠着在政府内工作的党员和团员。党只能直接命令它的党员和党团在政府中作某种活动，起某种作用，绝不能凌驾于政府之上来直接指挥和命令政府,这是我们同志应当清楚了解的。"[1]中国共产党坚持的原则是通过党组织与党员的模范带头作用对国家机关的工作做出指示、领导,而不是完全替代国家机关行使职权。二是对监管方式进行了改革,监管方式关系到各监管机构应当如何进行监管。鉴于党的历史上出现的监察机构地位尴尬、作用发挥有限的情况,要对全党和行使公权力者不论尊卑,一律实行监督。考虑此前监察机构产生的特殊时代背景,之所以在当代依旧具有时代价值,是因为在早期的人民监察思想中体现了马克思执政党建设的基本规律,这不仅是中国共产党人不断丰富马克思主义党内监督理论的体现,其自身也在革命和政权的建设实践中不断发展和创新。

一、董必武人民监察思想的形成

(一)中国古代监察制度的基础

董必武同志的少年就是在清朝晚期腐败无能的专制政权压迫的黑暗中度过的,虽然他的家庭赋予他艰苦朴素、刚正不阿的高尚品行,但在思想上他依旧深受封建思想影响,与很多有志青年一样都希望进入官场后可以凭借一己之力改变专制政权摇摇欲坠的统治,梦想通过成为清官造福一方百姓,解救人民摆脱水深火热的生活。

此时的很多改良思想者都认为政权应当由清政府继续掌握,只有清政府本身对内部行政系统进行整治才能从根本上改变社会现状,人民必须服从清政府的统治,皇帝的命令高于一切。虽然董必武同志已经有了"改"的思想,但这一时期,他的"改"不是革命,不是推翻清政府的统治,而是改变官场的风气和官员的做派。改良主义者认为百姓的一切苦难并不是源于封建君主专制本身存在的问题,导致所有问题的罪魁祸首是官官相护、不懂民生疾苦的贪官污吏。只要肃清官场风气,严惩欺弱怕硬、欺民霸市、搜刮民脂民膏的恶官就可以消除一切问题。

改良主义的观点与我国古代的监察思想密不可分。中国古代的监察

---

[1] 《董必武传》撰写组:《董必武传:1886-1975》,中央文献出版社2006年版,第183页。

制度有品级低、有特权、重视选任、管理严格、厚赏重罚、相对独立性等突出特点，[1]上可谏君主，下可参百官，监察范围几乎全覆盖，从一定程度上维持了国家运行机制的正常运转，制衡了国家各个部门之间的权力关系，是皇帝专制权力的延伸，同时通过中央与地方的垂直管理，地方监察体系巩固了中央对于地方官员的控制。历史上的封建监察系统以常驻监察为主、巡回监察为辅，增强了地方监察的力度，反过来由于监察严格分工，管理设置合理，体制相对成熟，在一定程度上对于皇权也有一定的制衡作用。在闭关锁国之前，西方的意识形态和制度体系没有传入，很多知识分子看不到君主专制、中央集权这一制度的根源问题，往往只能从表象上把内忧外患、生灵涂炭、民不聊生、社会动荡不安、民族危机日益深重的原因，归结于只懂剥削普通百姓、官官相护、独断专行的官僚主义作风，认为只要肃清官场上的邪风歪气，对当权者加以规谏，固有的国家制度完全可以解决中国社会面临的所有问题。1898 年康有为、梁启超高举维新变法以救国的大旗推行新政，但最终以失败告终；1900 年，义和团发展到京津地区，同年，八国联军攻陷北京；1903 年，董必武在参加科举考试时发生"黄州考场风潮"，同年参加乡试时被诬告"窥探官衙"。至此，董必武同志对于清政府统治的腐朽厌恶达到了顶峰，甘愿放弃考试也不愿进入官场与他们同流合污。

董必武同志在 20 岁之前，他一直信奉传统儒家思想，而没有认清古代监察制度更多的是为了管控政府官员的行为，服务于肃清贪官污吏、加强中央的集权和威慑力、建立廉洁高效的官僚内部系统，在"政"的作用外还兼具"教"的功能。不可否认中国古代的监察体系确实有其独特的魅力和成熟的运行机制，这也是董必武监察思想的基础认知。但是不可避免的，任何制度的产生和实施都是为了特定统治阶级政权的巩固和稳定，监察制度也不例外。君主专制中央集权制度的落后性、封闭性、独裁性等特点已经不能适应时代和社会发展的需要，反而成为阻碍发展的绊脚石，而

---

〔1〕 张锐、葛滨：《中国古代监察官制度的背景、沿革及特点》，载《中国机构改革与管理》2019 年第 9 期。

附生于这一制度的监察制度势必带有封建性、独裁性等特点。同时,监察系统作为皇权延伸的工具,反而阻碍了民生状况和民意从下至上的传达,将人民群众与统治阶层的间隙进一步拉大,很多维护统治的政策多是以牺牲普通百姓的利益为代价,清朝末年的君主专制并没有对民生有过多的关注,人民的不满情绪加剧,为揭竿暴动的发生埋下了隐患。虽然在发展过程中,监察制度呈现出相对独立性的态势,但其同样不能适应发展的需要,更妄论能挽回被淘汰的趋势。监察制度需要根据时代的发展不断创新,任何无法跟上时代步伐的制度都将卷入历史的洪流一去不返,但这并不意味着对于之前监察思想的完全摒弃,制度的发展成熟都有必经的历史阶段,都需要历史的检验。董必武同志也深谙这个道理,他的人民监察思想就是在他对于监察的基础认知,以及对于中国古代监察思想的新理解基础上逐步发展的,特别是继承了中国古代监察相对独立性等特点,将监察独立平行于其他行政机构。他认为只有这样才能保证监察机构职能的充分发挥,不会被滥用和流于形式主义,而且监察人员的个人素质品质极为重要,直接影响到监察工作的质量和水平。在以后的实践中,他逐渐认识到应该把人民群众作为监察的主要力量,充分发挥人民群众的主观能动性,拓宽监察的途径,扩大监察的对象范围,对监察工作提出了新的看法。

(二)西方资产阶级监察的借鉴

自1905年进入湖北普通中学堂学习,董必武同志得以脱离传统儒学,开始有机会接触到社会新潮思想和观念。在学习期间他经常到日知会[1]

---

〔1〕 日知会,清末湖北革命团体。1905年(光绪三十一年)2月,由刘静庵、曹亚伯等发起,次年2月在武昌正式成立,以利用美国基督教中华圣公会所设的日知会阅报室而得名,会内设干事、评议两部,推刘静庵为总干事,辜天保、李亚东等为干事,冯特民、陆费逵等为评议员。会员人数有姓名可考者100余人,分军界、学界、新闻界、宗教界四类,以军界为最多。主要在新军、学生与会党中开展革命活动。1906年冬,萍浏醴起义爆发,孙中山派胡瑛、朱子龙、梁钟汉赴武汉,拟依靠日知会的力量响应起义。事泄,刘静庵、胡瑛、朱子龙、梁钟汉、李亚东、张难先、季雨霖、吴贡三、殷子衡等被湖广总督张之洞逮捕下狱,成为当时轰动全国的“丙午日知会谋反案”。日知会活动即告终止,会员遂化整为零,组成其他革命小团体。武昌起义前夕的1911年6月12日,刘静庵在狱中被折磨致死,时年36岁。日知会为辛亥革命作了思想和人才方面的准备,对武昌起义发挥了积极的促进作用。

开阔眼界,接触到了资产阶级改良主义的思想,对这种自上而下建立君主立宪制变革的维新派思想颇有触动,为他此前拘泥于传统监察制度的思维桎梏带来了新的启发。

1906 年,以孙中山、章太炎为代表的推翻清朝统治、建立资产阶级民主共和国的革命派思想与改良派进行论战,在这场思想的博弈中,董必武同志积极汲取西方资产阶级的民主思想和保障民权的原则,结合 1904 年的日俄战争结果,深度剖析为什么沙皇俄国竟败给日本这个岛国,开始考虑从政体上论证专制与立宪何者更加有利于我国的发展。他越来越看清了封建君主专制中央集权制度的落后以及制度本身带来的弊端,革命迫在眉睫,他的思想也渐渐向革命派转移。1907 年,刘静庵受诬入狱,刺激了董必武的革命决心;1909 年,作为优秀学生的代表,董必武同志第一次尝试由自己领导学生反抗不公正对待的运动。在这次运动中,他充分发挥群众的力量,将"团结大多数"真正地落实到实践中。经过这次的成功,他越来越重视人民群众在革命运动的重要作用,同时这也为以人民为主体的监察思想理论提供了重要依据。

从 26 岁到 33 岁,董必武同志一直积极为辛亥革命贡献自己的力量。在这期间,他认真分析议会制民主共和国模式的弊端,提出参议院在行使立法权的同时很难兼顾行使监察权,对孙中山先生在"三权分立"基础上提出的增加考试权和监察权建议表示认同,考试权和监察权确保了选拔具有资格的官员,对于没有达到要求、有违法或者不良行为的官员予以罢免,从而提高政府部门的办事效率和公信力,保障国民的合法权益不被侵害。董必武同志在对比中外政治制度的差异后提出,人民是国家的主人,政府的权力来自人民,是人民把自己治理社会的权力授予政府,人民应该有权选举或罢免官员,有权创制、复决国家颁布的法律规范,从而实现国民利益的最大化。因而,政府的行为需要把人民的利益作为重中之重,一切行为都是服务于人民,要对人民负责,接受人民的监督和管理。自此,"民主"概念深深植入董必武的思想之中。

(三)无产阶级政权监察思想的冲击

1917年,董必武同志东渡日本留学期间,开始接触关于马克思主义和无政府主义的书籍;[1]同年,布尔什维克党领导的俄国十月革命胜利,世界上第一个社会主义国家宣告创立。1918年,董必武同志在得知十月革命胜利的消息后,四处打探有关十月革命的相关资料,这场属于人民的胜利给了他极大的鼓舞,新的思想正在中国革命者们的心中激荡。1919年,护法军政府鄂军总司令蔡济民被害,资产阶级革命派的力量被瓦解。董必武同志预见到了辛亥革命的不彻底性,这次革命并没有重建社会结构,理想中的民主共和国成为水中月镜中花,他开始重新思考新的革命方法和道路。

与朋友共同总结了辛亥革命与十月革命的经验教训后,他们一致认为中国如果想要成为一个独立的国家,继续走辛亥革命的道路是行不通的,必须要向列宁学习,走无产阶级革命的道路。五四爱国运动爆发,董必武同志从学生运动中感受到了巨大的革命力量,让他深受鼓舞。以陈独秀为代表的具有早期共产主义思想的先进知识分子,开始到工人、学生、农民中宣传马克思列宁的思想,把发动工人运动作为最重要的一项任务。董必武同志开始大力宣传无产阶级思想,创办学校、报刊,从思想上开展一场"大革命",培养有生力量。1922年,他以学校作为主战场,领导发动了多次学潮运动并取得初步胜利。随后,又领导组织多场工人运动反抗剥削压迫并获得胜利,这使马克思列宁主义思想得到进一步传播。

1929年,董必武同志被共产国际保送到列宁学院英语班开始深入学习马列主义思想,总结中国革命成功与失败的教训,对于革命中的"左"倾机会主义和右倾机会主义可能造成的危害有了更深刻的认识。虽然其时已是斯大林执政时期,但是列宁关于监察制度的实践和理论深深影响着董必武同志,与斯大林厌弃监察制度形成了鲜明对比,而此后苏联解体更

[1] 《董必武年谱》编纂组:《董必武年谱》,中央文献出版社2007年版,第33页。

加说明了监察制度存在的必要性和重要性。这段在苏联学习深造的经历，对此后董必武同志的法制化改革产生了深远的影响。1934 年，学成归国的董必武同志来到中央苏区，被委任为中央工农检查委员会委员，正式开展监察工作。通过对马克思列宁主义的进一步学习，他认为必须制约监督国家权力的行使，列宁时期实行的年会制的党的代表大会、专门设置的监察机关、相互制约的三大机构都是充分发挥监察作用的重要手段。

董必武人民监察思想借鉴了列宁时期的模式构建以及人民群众的重要地位作用，明确了监察是人民的监察，监察以人民的利益为根本标准，借用人民群众的力量对行政机关工作人员进行监察，监察机关的权力来自人民的理念。监察的目的就是针对行政机关及其工作人员中侵害公民合法权益、滥用职权以及产生不良影响的行为进行检举、投诉，肃清党内和行政系统内部的贪污腐败行为，避免权力失衡，让政府工作人员做到审慎行使权力，真正为人民服务，对人民负责。在中国共产党领导下的根据地政权建设中，董必武同志开始从中国的特殊情况出发，对自己的人民监察思想进行实践检验，在监察实践中纳入新民主主义和社会主义民主思想，在实践中不断发现问题，解决问题，创新发展，使其更具有中国特色。

（四）中国近现代革命运动的不断淬炼

辛亥革命成功之后，中华民国临时政府决定借鉴西方资产阶级国家的政权结构，采用三权分立式的建制，大总统及各部门行使行政权，参议院行使立法权，司法权则授予临时中央审判所行使。这三者相互制约、共同合作，维持了权力运行的基本平衡。《修正中华民国临时政府组织大纲》规定：参议院行使监察权，有权对国家元首及各个部长在内的国家机关工作人员进行质问、弹劾、查办和建议，既没有建立专门的监察机构，也没有与之相配合的惩戒机关，只是在参照西方模式的基础上简单地建立了议会监察制，[1]因而这一制度并没有发挥其应有的监察功能，而是流

〔1〕 朱应平：《论建立全国人大常委会一体化免职和撤职制度》，载《华东政法大学学报》2019 年第 5 期。

于形式。虽然议会监察模式并没有发挥作用,但其中融合的西方民主思想是我国监察制度的一大进步,是中西方监察思想融合的一次伟大尝试,为以后人民监察思想的发展打下了良好的基础。

1914年袁世凯建立起保证国家机构正常运转和监管官员的监察系统——肃政厅,肃政厅独立于平政院并直接隶属大总统,对大总统负责。北洋政府时期从法律上明确规定了行使监察权的机构有参议院、平政院、文官高等惩戒委员会和审计院,同时严格划分各个监察机构的监察对象范围,虽然并没有赋予监察机关完全的独立性,但已开始对监察内容严格分工,提高了监察的效率,是我国监察制度的又一进步。由于国内局势紧张,各方势力一触即发,政治上各种明争暗斗层出不穷。为了弥补制度上的漏洞和弊端,孙中山、董必武等人进行了积极的探索,1925年广州、武汉国民政府组建了独立的监察机构——监察院,负责监督政府机关工作人员,同时设置专门负责惩戒失职官员的惩吏院。机构设置及职能划分虽然较为简单,可它也使中国监察制度得到了新的发展,成为南京国民政府时期监察体制的蓝本。

1928年《中华民国国民政府组织法》明确了监察院的法律地位、人员构成和具体职责;1931年,监察院正式成立。此后多年虽然监察制度有所调整和修改,但是并没有背离监察建制的基本模式。

中国共产党十分重视监察制度对于保持党的纯洁性和党内的纪律性的作用。1926年,中共中央首次提出了党内的严峻任务就是反腐败,这为日后建立专门的监察机构创造了前提条件。1927年,在董必武同志的支持下,第五次全国人民代表大会通过成立中央监察委员会的决议,同年,在中国共产党修正章程中新设有关监察委员会的内容,这是我党历史上第一次对监察委员会的相关内容作出如此详细的规定。1928年的党章修订中又将监察有关的内容予以删除,用规格较低的"审查委员会"取代中央监察委员会。这种小幅度的"退步"暗示在党内监察机制已经发生实质性的变化。[1] 1931

---

〔1〕 吴珏:《论民主革命时期党内监察机制及其启示》,载《学术界》2009年第2期。

年中央执行委员会第一次全体会议明确规定设立工农检察部，此外还规定可组织工农群众突袭检查机关工作，以达到暴露官僚主义和腐败伪善分子的效果。[1] 这一时期的监察部门的主要任务就是监察中国共产党领导下的各个队伍、企业是否能遵循苏维埃政权的指示、命令进行相关工作，对于违反命令、消极怠工、违反民意的不良行为进行建议和监督，从而使苏维埃政治纲领、法令达到统一化、系统化的执行。

工农检察委员会作为苏区的监察机关，既隶属于同级执行委员会，又接受上一级工农检察委员会的领导，这种"双重领导"的模式保障了监察机关的地位、独立性和较大的权威性，方便排除工作中的各种干扰，便于更好得行使监察权，切实有效地发挥监察的作用。1934 年董必武同志接任临时最高法院主席，后被委任为最高法院院长。在工作中，董必武同志对熊仙壁的玩忽职守、贪污腐败的案件依法进行了严格的调查审判，对于违法犯罪分子绝不心慈手软，大力宣传检举对于党风、党内纪律的重要作用，发动群众进行积极检举，在清除党内异己分子的同时，提高党的凝聚力和工作效率。他在实践中已经认识到监察在党内的重要作用，要想保持党的纯洁性和纪律性，提高共产党在人民群众中的公信力，加强共产党与人民群众的联系，就要通过监察制衡干部滥用权力、徇私舞弊的行为，通过人民群众参与对政府工作人员的监察实现人民监察，人民群众是监察的主体，监察必须依靠人民的力量，通过人民监察实现人民政权的目标。

董必武同志在中国传统监察思想的基础上，融合了西方资产阶级民主思想和列宁的监察思想，重点吸收借鉴无产阶级监察体系中适应中国特殊革命时期需要的内容，通过制度建设致力于保持共产党先进性和人民政权的性质。在苏维埃政权革命根据地建立监察机构的实践中，董必武同志的人民监察思想已经初步成型。

---

〔1〕 韩延龙、常兆儒：《中国新民主主义革命时期根据地法制文献选编》，中国社会科学出版社 1981 年版，第 50 页。

二、革命和建设实践中的思想

(一)坚持法制建设

中国的“法”发展极为迅速,在封建社会结束之后,近现代的中国都在努力发展“法”,并让这一社会秩序之根本更加适应中国发展的新需要,更具有中国特色。从民国时期的法律到新中国成立后的法制再到现如今的法治,中国“法”在中国特色道路上越走越远,越走越稳定。人民监察思想脱胎于人民政权建设的思想,其中很突出的部分就是党内元老、法制倡导者董必武同志的法制思想。董必武同志从参加革命之初,就重点对中国的法制建设下功夫。大革命时期主持湖北党委工作时,在董必武同志的组织下通过了一些已经初具雏形的革命法规,如《惩罚土豪劣绅暂行条例》,为政府打击土豪劣绅提供了法律依据,让革命的暴力在法律的规制下成为合法的行为,这也为以后在革命政权建设中继续制定出台监察和具体反贪工作相关条例提供了借鉴。在解放战争时期,董必武同志曾任华北人民政府主席,第一个工作就是主持制定了《华北人民政府组织大纲》,使政府不仅在执行上有合法的依据,恢复并大力建设司法体系和审判制度,更使政府的构建形式也由法律规定。华北人民政府是在向建立全国政权过渡阶段建立的,是对建立新中国人民政府具有重大影响力的“试点”。其中对于监察院的详细规定,反映了在新中国即将建立的关键时期,政府的行为和政权的巩固都离不开监察作用的发挥。

以董必武同志为代表的一大批革命元老,都来自旧社会,有着丰富的革命斗争经验。他们来自人民,深深体会到人民受到的压迫,故而矢志于建设一个为人民谋福利的新中国。在他们眼中,中国的革命是全面的革命,社会制度要变革,法律制度也要变革。中国社会要向着社会主义民主前进,同样法律制度也要适应变革后的中国社会,中国的法律制度需要跟随革命的步伐。这些开国元勋们的革命经历使他们深知独裁统治对于人民的毒害,更加深入地体会到人民力量的擎天撼地,因此对于新中国建设十分严谨,异常谨慎地对待权力的行使。如董必武同志法制思想中反复提及保障人民的权利,[1]其中主要思想包括政府依法办事和司法审判要建立防错和纠错机制。依法办事即为当代中国依法治国理念的原型,董必武同志主张政府办事要严格按照法律规定。为杜绝国家机关人员利用职权为非作恶,政府办事要接受人民的监督,监察部门也要对党内人员实行监督,对于国家机关人员和党员干部违反法律规定的,要严肃处理。审判防错纠错机制即要求人民法院、人民检察院建立对于案件审理之前的防错以及审判之后的纠错程序,人民法院、人民检察院要把人民的疑惑和不满处理好,不能让冤假错案成为历史,要通过多种途径检测案件的真实情况,发现错误了就要尽力纠正,做到有法可依、让人民满意。这些思想和观点反映出人民的迫切心声,指导了新中国的人民政权建设,为新中国的法治发展和人民监察事业作出了巨大贡献,使国家政权和政府部门真正地贴近人民,体现出以人民为本的原则和人民才是国家主人的本质特征。

(二)促进人民信访

信访制度是逐渐发展而来的具有中国特色的人民监督方式,这种方式也是中国打击腐败贪污的重要信息来源,具有表达民意、权利救济和监督司法的多重功能。新中国成立之初,党和国家领导人就十分重视信访制度的建立,毛泽东、朱德、周恩来等领导人多次强调政府机关应重视人民群众的来信来访,并把搞好群众信访工作看作建设人民民主法制的重要部分。董必武同志长期在政法战线担任领导职务,他提出:"处理人民来信、来访,这项工作是非常重要的,人民法院应当将这项工作视为一项重要的、经常性的政治任务。"[2]在董必武同志的眼中,以人为本一直是他的奋斗目标。在中国的监察制度建设中,要充分调动人民的积极性,引导人民积极通过信访行使自己的合法权利,把信访作为维护自己合法权益的救济途径。人民是国家的主人,政府是为人民群众提供服务的,董必武同志曾经提出,应当使民众敢于对政府进行批评、监督,敢于撤换那些

---

〔1〕 尚琤:《董必武法治思想与当代司法体制改革》,载孙琬钟、杨瑞广编:《董必武法学思想研究文集》(第14辑),人民法院出版社2015年版,第75~82页。

〔2〕 《董必武选集》,人民出版社1985年版,第413页。

无法令他们满意的政府机关的公务人员。

对国家机关的监督，可以分为内外两部分，在外部分即为人民群众的积极监督，针对此种监督方式，相关部门必须认真对待，对于人民群众的来信要仔细研读，总结出人民群众所反映的问题，并及时有效地做出处理；对于人民群众的来访，受访部门要耐心接待，仔细询问，了解人民群众遭遇的实际情况，做出能让来访群众安心的回应。人民监督的好处就是信息来源广泛，较为贴近人民生活的真实情况，但不足就是对于某些职位较高的政府人员，人民接触不到，不了解真实情况，做不到有效的监督。在内监督即为党内监督，党内监督体制的建立可对所有的公职人员的行为予以监督，这能很好地弥补人民群众接触高层党政领导不够的缺陷，而且党内监督更为隐蔽和具有威慑力，使那些思想将要走偏的公职工作人员能够警醒。

（三）厉行反腐肃贪

老一辈无产阶级革命家不管出身于哪个阶级，都是因为对旧制度的憎恨，以及对新社会的憧憬而聚在一起，尽管遭遇了无数的艰难困苦，但始终不忘革命初心，为人民的事业鞠躬尽瘁死而后已。以董必武同志为例，大革命失败后，他受党派遣赴苏联学习，始终心系祖国。1932 年 3 月，远在苏联列宁学院学习刚刚毕业的董必武同志，为了国内革命的需要，毅然婉辞了列宁学院请他留校任教的挽留，踏上了归国的征途。同年 6 月抵达上海后，他向党中央请求到最艰苦的中央苏区工作，并于同年秋天历尽坎坷进入中央苏区瑞金。1933 年 3 月，董必武同志正式兼任中央工农检查委员会委员，同年年底，调任中共中央审查委员会书记等重要职务。[1] 担任党的最高监察机关的领导职务之后，董必武同志经常对工作人员说："作为党的监察干部，应当敢说敢做，要敢于坚持原则。"[2] 他是

---

〔1〕 周大仁、蒋陆萍：《董必武：我国人民代表大会制度的奠基人之一》，载《学习月刊》2011 年第 7 期。

〔2〕 钟家伟主编，中共瑞金市委、瑞金市人民政府编：《从瑞金走出的共和国元勋》，江西人民出版社 2001 年版，第 103 页。

这样说的，也是这样做的。1934 年 1 月，董必武同志兼任中华苏维埃共和国中央工农检查委员会副主席以及苏维埃最高法庭主席，主要工作是负责苏区的反腐斗争，此前这一重要职务是由何叔衡同志担任的。对于这两位党内的资深同志，毛泽东主席给予了充分的信任和很高的评价。同年 2 月，毛泽东主席提出，“查办官僚主义和贪污浪费是中央政府决定的，如果不把官僚作风、贪污浪费，甚至欺压群众的坏作风清除掉，我们的根据地就保不住，我们党的事业就有被夭折的危险。何叔衡同志开了一个好头，董必武同志也很坚决。反贪污浪费，你们两人都过硬。”[1]

1933 年，中共苏区为了保持革命队伍的纯洁性进行了大规模的、大力度的反贪污浪费、反官僚的检举活动。在这一过程中，各级党政机关都被要求严格监督和检查党纪国法的实施。面对艰巨复杂的反腐形势，各级工农检查委员会不徇私情，依法严惩苏维埃的贪官、蛀虫，抽调人员组成临时检举委员会，对财政部、总务处、国民经济部及其所属的经济机关、其他各部及前后方军事机关一切经手款项的人员进行检查。在这次工农的检举活动中，以董必武同志为代表的监察人员一直以理智清醒的头脑组织活动，尤其是严格遵守政策界限，在工作中始终坚持实事求是的原则，没有被声势浩大的运动冲昏头脑，以清醒的头脑进行判断避免了很多错案的发生。董必武同志时常对监察工作人员说，身为监察干部需要明白自己的定位、自己的任务，我们手里握着无产阶级的铁拳，每次挥动铁拳打下去要做到有力、准确，即必须打中敌人的要害，切记不可打偏，一旦打偏将会导致自己受到伤害。[2] 次年对本次活动进行了统计，结果显示：在被检查的单位中存在不同程度的问题。对有问题的人员，分别作了处理：29 名贪污分子被送到最高法庭审判，有 3 人被开除；还有 1 人因为包庇贪污与官僚主义而接受法庭审判，建议对 2 人给予严重警告、4 人给予警告、撤职 7 人。这些数据结果都说明了中央反贪污浪费斗争的决心。

---

〔1〕 刘良：《何叔衡董必武瑞金肃贪》，载《湘潮》2008 年第 3 期。

〔2〕 叶永烈：《走近华国锋（三）》，载《时代文学（上半月）》2012 年第 5 期。

苏区检举运动的开展,推动了中央苏区各地的廉政建设,消除了隐患,整顿了各级党政领导机关,使其更适合于战争环境的需要,促进了第五次反“围剿”战争期间中央根据地的扩大红军、粮食收集、发放公债等工作任务的完成。

三、革命建设形势任务的思想生成

回顾中国共产党的革命历程,早在土地革命根据地时期,中国共产党就有了自己的政权。在这样的政权诞生初期,监察工作也是必不可少的。为了有效杜绝部分共产党员做出违反中央、组织规定,违背人民群众意志的行为,达到清除党内异己分子的目的,最早是共产国际向上海远东局寄发电文要求成立党的监察机关,中国共产党经研究决定接受意见,选举产生了中央监察委员会,此后随着革命进入低潮,监察委员会为审查委员会取代。同时,在中央苏区苏维埃政权中也设立了中央工农检察人民委员部(1933年年底改称为中央工农检查委员会),苏维埃政权的监察机关应运而生。之后中央苏区于1933年增设了中央党务委员会,协同中央审查委员会共同负责党内监察工作。

在经历了艰苦卓绝的抗战之后,中国共产党领导人民坚持中国革命的前进道路,在打倒反动派、解放全中国的斗争历程中,为了推动华北地区建设和支援解放战争的进行,党中央指导启动华北联合行政委员会的工作,主要任务是将华北解放区建设成为我党巩固的根据地,以为全国解放提供人力、物力上的支持;[1]探索、积累经济建设、政权建设的经验,以为全国解放后的新国家的建设提供经验支持。国民党蒋介石的反动统治让党内有识之士认识到国民政府的腐败危害,因此在法制建设上投入了充分的精力,严格规范政府的工作范围,特别是针对党员的要求更严格。1948年8月7日,董必武同志在华北临时人民代表大会上致开幕词,指出

---

〔1〕 刘英茹、陈宗良、卓倩:《西柏坡时期党对政府构建的设想和探索》,载《党的文献》2003年第3期。

这个人民代表大会说明20世纪是为人民当家作主的世纪、解放区的政权是人民的政权、革命党的政权、新民主主义的政权。[1] 本次大会选举产生华北人民政府，董必武同志当选为华北人民政府主席。为了处理好人民与政府的关系，新生的人民政权颁布了《华北人民政府组织大纲》，规定了政府的组织构架和职能规范，设置了华北人民法院和华北人民监察院，其中将监察机关的职责概括为：一是对国家机构执行政策的情况进行监督；二是为经济建设的顺利推进提供保障；三是确保群众来信能够处理好。[2] 这些部门不仅要履行政府部门职能更要接受人民群众的反馈，政府的工作不仅要经得起党内的监督，更要经得起人民的监督。这是人民监察思想在中国监察工作中的第一次完全地实践，强调以人民群众为根本出发点的，与中国共产党"为人民服务"的宗旨相契合，是党的思想在人民监察工作中的具体体现，同时也是人民监察思想的精髓。这样做的目的，既是为了使某些政府行为有法律的依据，也使民众能看清民主政府的形式，认清民主确实是改变中国人的正确道路。

为了确保政府及工作人员的行为都能够符合当时的法律法规，监察监督是一项必不可少的举措。在新中国成立之前，华北人民政府时期推行了监察通讯员制度，义务性地从事以通讯的方式检举官员、企业负责人。新中国成立之后，在中央到地方政权体系中均设立人民监察委员会、人民法院和人民检察院，分别承担人民监督、司法和检察的工作。当时监察工作的重点就是让政府部门办事禁得起人民的监督，既然人民是国家的主人，那么人民就有权利对国家的决定提出意见，对错误决定有权予以否认，对政府职员贪污腐败现象有权要求国家机关予以惩治。董必武同志曾提出政府办事也要依照法律，政府是人民的政府，政府执法要为党和人民负责。审理案件要严格依据法律的规定，不能冤枉没有罪行的人，人民感到有任何的不公都可以向那个监察部门投诉，监察部门必须严格审

[1] 胡传章、哈经雄：《董必武传记》，湖北人民出版社2006年版，第268～269页。
[2] 杨建顺：《国家监察体制改革十大课题》，载《中国法律评论》2017年第6期。

查人民所遇到的问题,认真负责解决问题;若真有不依法办事的行为发生,必须严肃处理,还人民一个公道;政府办事要让人民信服,不能做违背大多数群众意愿的决定,要广泛听取人民的意见和建议。这也是人民监察思想中一直沿用到当今的内容之一。

四、监察工作实践探索的思想渊源

思想建设一直是我们党不断取得胜利的基本保障之一,也是中国特色社会主义建设的重要组成部分。适逢国家监察体制改革深化推进,重新找寻法制发展道路上凝聚而成的人民监察思想,旨在梳理漫长革命征途中人民监察工作的思考和实践,回溯我国法制建设的初衷,探源从严治党思想的初始,加深了解人民监察思想的本质,学习革命先辈的伟大精神,能够为进一步深化推进国家监察体制改革提供精神动力。中国已进入社会主义建设新时代,习近平总书记提出了"四个全面"的要求,其中之一就是全面从严治党,这是在党中央厉行反腐,回应人民关切的背景下提出来的。在任何一个国家,如果执政党和政府得不到监督,权力就必然会被滥用,进而滋生腐败。中国共产党在领导人民开展革命斗争之初,就清晰地意识到这个问题,并在人民监察机构的设立和发展中进行了不懈尝试,在当前全面从严治党的新历史阶段,深化改革国家监察体制,监察委员会制度应运而生。"改革和法治如鸟之两翼、车之两轮,国家监察体制改革是宪法工程纵深发展的体现。随着改革进入攻坚期和深水区,更需要在全过程中体现法治的引领和保障,用法治的利剑为改革披荆斩棘。"[1]如今在党的十九大上,习近平总书记提出了我国进入新时代中国特色社会主义的命题,监察工作也面临着新的改革和挑战。我们梳理人民监察思想与人民监察事业相互促进、曲折前进的历史,其实就是为了更好地以史为鉴,吸取经验,在明确的工作思想下主导进行改革探索,把握好当代监察委员会制度的发展走向,长期以来作为我国监察工作的指导

---

〔1〕 戴芳:《国家监察体制改革的法治推进》,载《学习时报》2018 年 4 月 16 日,第 3 版。

思想的人民监察思想，就必须在新时代的监察工作中得以重视和运用。

自土地革命战争时期党开始开展监察工作以来，人民监察工作历经了根据地、解放区等多个时期的发展变化，伴随着革命斗争的需要涌现出了中共中央监察委员会、审查委员会、中华苏维埃共和国工农检查委员会、人民监察院、中共中央党务委员会等多种形式，从无到有、从小到大，为在全国夺取政权后建立国家监察制度打下了重要基础。新中国成立前夕，全国政协首届会议通过了《中国人民政治协商会议共同纲领》，共同纲领中明确规定，在政务院下设人民监察委员会以及财政经济、政治法律、文化教育等委员会，以及各部、会、院、署、行，负责对各部门国家行政事务进行管理。全国县以上地方人民政府设立人民监察机关，负责对各级机关以及公务人员的职责履行情况进行监督，并且对其中的违法失职人员、机关进行纠正。由此，从中央人民政府政务院人民监察委员会，到县级政府人民监察委员会，覆盖中央、省（自治区、直辖市）、地区（省管市）、县的四级监察组织网络初步形成，人民监察工作开始进入制度化、规范化的发展轨道。周恩来曾在《中央人民政府组织法（草案）》中就人民监察委员会的设立目的进行了解释，他提出不可能在政务院下设立30多个单位，故此，仅设立了4个委员会负责协助。人民监察委员会承担的主要职责是制定监察制度、对行政部门进行监督，包括公务人员执行政策的水平，是否存在贪污浪费等问题。[1] 与此同时，党内的监察机构也同步建立健全，目的就是进一步织密公权力行使的监督制约网络。1949年11月，中央决定设立纪律检查委员会作为党内监督机构，同时在各地方也建立了各级党委。

1953年，时任政务院副总理的邓小平在主持政务院会议时，听取了上一年度政府监察机构重点工作执行情况的报告，明确指出在国家机关体系中监察机关的权威性是毋庸置疑的，如果没有监察机关那么将无法在

---

〔1〕 刘政等主编：《人民代表大会工作全书》，中国法制出版社1999年版，第213页。

新社会树立良好的社会风气。[1] 1954 年《宪法》第 48 条第 2 款规定政务院改组为国务院,原隶属于政务院的人民监察委员会改组为中华人民共和国监察部,作为行政监察主管部门,开始统筹指导全国范围内的行政监察工作。为了适应新中国建设事业的发展需要,1955 年 3 月,中共中央决定将中纪委改名为中央监察委员会,在地方成立监察委员会,构筑从上到下,覆盖全国的监察工作体系。[2] 此后,出于加强党的一元化领导的考量,1959 年 4 月,国务院通过关于撤销监察部的议案,这对于行政监察工作是一个很大的打击,由于没有中央政府主管部门的推动,整个行政监察工作趋于弱化,党内监察机构成为监察工作的主体。1956 年 9 月中国共产党第八次全国代表大会通过新的党章,其中第七章即为"党的监察机关",再次确认了党内监察机构的地位和职能,规定党中央以及地方各级党委都要设立监察委员会。监察委员会的主要职责为:对党员违反党纪、党章、国家法规、共产主义道德的案件进行检查、处理;决定党员处分,也可取消处分;受理党员申诉、控诉。可惜,随着 1966 年"文化大革命"的到来,监察机构被冲击,工作陷入瘫痪,良好的人民监察事业发展陷入困顿,造成了无可挽回的巨大损失。

在革命和建设的不同历史时期,党领导下的监察工作承担着不同的历史使命,其制度设计往往与形势发展变化息息相关,形成了诸多丰富生动的实践经验,从某种程度上折射出人民监察事业曲折发展的历史缩影。早在新中国成立之初,董必武同志就曾经就此进行了说明,他指出政务院部门与委员会应当建立明确的指导关系,以保证各部门同时接受来自政

---

[1] 韩大元:《论国家监察体制改革中的若干宪法问题》,载《法学评论》2017 年第 3 期。

[2] 在中国共产党历史上,只有 1955 年、1985 年召开过两次全国性质的代表大会,召开的目的是解决重大问题。1955 年 3 月 21 日,中国共产党全国代表会议在北京举行。毛泽东致开幕词和总结发言。陈云代表中央委员会作《关于发展国民经济的第一个五年计划的报告》,邓小平代表中央委员会作《关于高岗、饶漱石反党问题的报告》。刘少奇、周恩来、朱德、陈云、彭真、董必武、林伯渠、张闻天、彭德怀等作了发言。会议一致通过《关于中华人民共和国发展国民经济的第一个五年计划草案的决议》《关于高岗、饶漱石反党联盟的决议》《关于成立党的中央和地方监察委员会的决议》,选出了以董必武为书记,刘澜涛、谭政、王从吾、钱英、刘锡武为副书记的中央监察委员会。

务院以及所属指导委员会的双重领导。[1] 董必武同志还专门就人民监察委员会的重要作用进行了解释说明，他强调该机构和检察署并不相同，该机构的主要职责是对行政人员履行责任的情况进行监督。结合董必武同志的前述言论能够发现，新中国成立之初，百废待兴，党和政府非常注重公权力的行使及监督，其重点是对行政权的控制，也正是基于加强政权建设的目的才会决定建立人民监察机构。所以，系统梳理人民监察思想，重温党和国家监察机构的演进历程，有利于更全面地认识国家监察体制改革的各项举措，挖掘监察机关的演变与不同时期宪法功能的密切联系，从而真正把握当前正在实施中的国家监察体制改革，本质上是中国宪法体制下监察制度的回归，也是对权力制约形式进行了新探索、得出的新发现。

五、当前监察体制改革的思想基础

人民监察思想是蕴含在社会主义民主法制思想中的，是属于毛泽东思想的一部分，是结合中国法制建设的实际情况对马列主义的发展，是马列主义与中国国情结合得到的产物。人民监察思想对于我国维护人民民主专政的政权、保护社会主义制度、建设社会主义经济、构筑社会主义和谐社会都具有现实的指导意义。国家监察委员会及各级地方监察委员会的设立，是我国监察体制改革的一大产物，是在国家落实“四个全面”战略布局的形势下出现的适应国家治理能力现代化的重要国家机关。它产生的基础是党和国家监察工作的历史积淀，是对人民监察思想的继承和发展，是党中央对当前反腐败形势抉择后的政治决断。透彻研究监察委员会这一制度，必须结合国家制度、中央政府文件、法律法规等方面的资料，运用历史分析法、比较法、马克思主义科学原理等研究方法进行研究剖析，追本溯源，对其赖以产生的思想基础之一——人民监察思想——进行

[1] 董必武：《中华人民共和国中央人民政府组织法的草拟经过及其基本内容》，载刘政等主编：《人民代表大会工作全书》，中国法制出版社 1999 年版，第 210 ~ 212 页。

深入透彻分析和研究，从而揭示人民监察思想的价值内涵以及其对今日监察委员会发展的指导意义。

（一）贯彻落实十九大精神，完善党和国家监督体制的重要决策部署

党的十九大就国家监察体制的改革深化问题进行了战略部署，确定新的改革要求，部署在全国范围内进行监察体制改革试点工作，建立省、市、县三级监察委员会。同时，党的十九大重新对监察对象的范围作了规定，解决了过去党内监督和行政监督不协调，监督范围过窄，部分有权行使公权力的人员没有被监管的问题。针对人民监察思想与监察委员会的理论基础研究，可以尝试从历史的角度审视这一重大政治体制改革决策，这对于党和国家监督体制的完善，实现依法治国与依规治国、国家监督与党内监督、行政监察与党纪检查的有机统一，以及自我革新、自我净化等能力的提升都具有非常重要的现实指导意义。

（二）推动全面从严治党向纵深发展，巩固反腐斗争压倒性态势的必然要求

党的十八大召开之后，习近平总书记厉行反腐，带领全党打响了剑指腐败的攻坚战，形成了反腐斗争的压倒性态势并持续保持高压态势，全党上下的精神风貌焕然一新，为党执政打造了更加牢固的政治基础。在认识到已经取得的成绩的同时，还需要保持客观冷静的头脑认真分析党所面临的工作形势，全面从严治党永远在路上，反腐斗争的形势依旧十分严峻，在任何时候都不能懈怠、放松对自己的要求。开展人民监察思想与监察委员会理论研究，其实就是围绕国家监察体制改革试点而进行的基础性理论研究，有助于服务和促进在全国各地推开国家监察体制改革试点工作。

（三）填补主要依托试点工作经验、弘扬人民监察传统有待加强的欠缺

先行试点，积累经验后再全面推开，这是党的十八大以来党中央全面深化改革的惯常做法和成功经验。比如自 2014 年起中央选择上海、广

东、吉林、湖北、海南、青海、贵州7个省、市开展首批司法体制改革试点，到2016年再在全国各省、市推开。鉴于国家监察体制改革的高度敏感性和关注度，党中央依旧是在2016年下半年选取北京市、山西省、浙江省三地开展监察委试点，为全面推开改革试点积累了可复制可推广的经验。这种模式的好处就是稳扎稳打，遇到问题也控制在局部范围内，不会拖累影响全局。但仅有实践基础是远远不够的，没有历史传统的接续和科学理论的支撑，实然的制度设计仍然迫切需要应然的理论论证。如果国家监察体制要顺利实现顶层设计与地方实践的融合，必须注重理论指导体系的健全和完善，这也是审议通过国家监察法、设立国家监察委员会、监察工作顺利开展的一项基础性工作，有利于为深化国家监察体制改革打下思想基础。

法制战线上，以董必武同志为代表的老一辈无产阶级革命家，在中国的革命斗争和法制发展中发挥了重要的作用，对他们的思想的研究是众多法律专家和思想学者的工作。就监察制度而言，脱胎于根据地政权建设实践，伴随着人民解放事业而逐步完善的人民监察思想，毫无疑问是新时期国家监察制度存在和发展的基础性推力之一。人民政权的最根本特征之一，就是把权力交给人民，而不是放纵权力滥用，依托人民代表大会制度，将权力平衡地分配在广大人民群众之中。我们再次重温革命征途中人民监察发展历程中迸发的闪光思想和论述，就能清晰地体会到党领导下的人民政权，不管是在根据地局部执政，还是在全国解放后建设新中国，其根本宗旨就是管好党员干部，全力建设新中国，造福人民，造福社会，给人民一个幸福安康的生活。尽管社会主义前进道路上必定充满了荆棘与坎坷，但正因为有无数像董必武同志一样的先驱前仆后继，国家实现了巨大的发展，形成了独特的能适应中国国情的社会主义制度。我们钻研和阐述人民监察思想，必将更加清晰地还原那些革命前辈的楷模形象，更加缅怀和铭记无数在中国法制发展史上的功臣。

第二节 人民监察思想的价值解读

开国元勋在我国法制发展中做出的巨大贡献,就有一部分体现在新中国的人民监察体制中,这是由当时中国所处的特定历史阶段决定的。很多党内有识之士在新中国成立之初,就强调法律制度是评价一个国家发展程度的标准,封建制度解体后,中国社会开始向着现代社会前进,无数智者始终担心建立的国家再次出现政权大于人权、个人独裁的现象,不停在革命中探索如何从制度上破解人治的痼疾。

研究中搜集整理了许多开国元勋关于法学思想的研究文献,如《董必武法学思想研究文集》,经过对这些文献的阅读和整理,可以初步勾勒出这些先辈在毕生革命生涯中关于党内监督和人民监察工作的工作思考和实践经验,其核心组成要素可以概括为"主体、方式、完善"等几个方面。主体是指监察工作的主体是人民群众,但同时在实际监察工作中国家工作人员的作用也是不可替代的——监察工作人员在监察活动中发挥着主导作用;方式是处理好群众反映的信息以及监察机关的积极调查核实,同时在监察工作中不能脱离人民群众,也不能片面地搞扩大化,要有凭有据,从而最终做出符合广大人民群众利益的处理决定;完善是指人民监察思想在伴随我国政治、经济、社会等各方各面发展进步的同时,也不断汲取营养、丰富充实,乃至完善自身的这样一个过程,这是人民监察思想得以长期运用于实践的主要因素之一。

一、丰富中国法治的理论内涵

共产党人关于政权建设和民主法制的思想是从马克思列宁主义思想开始发展而来的,其思想源泉很大一部分是以马克思列宁主义思想为原型的,对于新中国的法治发展具有巨大的理论价值。在马列主义思想的基础上坚持民主的路线,就必须注重中国的国情,主张民主法制,坚持以人为本的思想。既然人民是国家的主人,那么人民就有监督国家的权力,政府是为人民服务的,国家机关要受人民的监督。人民是国家的监督者,有权利监督国家的一切行为。董必武同志在当时的中央领导层中率先提出了依法办事的思想,这也是依法治国的理论基础之一。依法治国是当代中国的基本方针之一,要求加快完善中国法制,依法治理国家,对国家机关的行为都要做到有法可依、有法必依和违法必究。人民对于国家机关和政府人员的行为有任何不满,或认为国家机关和政府人员的行为没有依照法律进行的,都可以向国家监察、检察机关反映,有关机关必须做出合理有效的回应。可以说,人民监察思想为中央纪委和国家监察委的成立奠定了理论基础,为中国法制和监督制度提供了思想根基。董必武同志等中国革命的功臣,在监察工作岗位上尽职履责,披荆斩棘,扎根于祖国大地和建设实践,萌发的人民监察思想在很早就已经形成,为当代监察体制的改革留下了必不可少的理论基础和实践指导。

无数中国革命的先驱者和马克思主义思想者,在新中国的法制建设和发展道路上奋发前行,为当代中国的法治道路奠定理论基础和指明发展方向。如早在解放战争后期,董必武同志就在奉命进行组建华北人民政府的试点工作中,探索实行监察通讯员制度。然而在这样的一种监察制度中却存在不小的缺陷。1949 年 6 月公布的《华北人民政府聘用监察通讯员实施办法》第 3 条规定:“经其所属领导审查后,向本院通讯报告,必要时得来院面报。”这就意味着,人民监察通讯员在监察工作中若检举自己单位的领导人员的贪污、贿赂或者其他失职行为时,必须经过本单位的领导审查才能报上监察院。这种规定在当时对监察工作可以说是毫无用处。领导人员本就有违法违纪行为,人民监察通讯员进行检举揭发还必须经单位领导审核才能上报监察院,这很容易造成单位负责人压下检举揭发文件,导致人民群众的切身利益得不到有效的保护问题。虽然这一制度设计有这样的缺陷,但是这受限于当时处于战争状态,经济、政治等方面都需要不断地发展、完善,而单位负责人在单位作用的权威性必须得到有效的支持,工作才能顺利地开展。可以说,这一点在当时并非是我们所谓的缺陷。同时也反映出在新中国成立初期,包括监察工作在内的大部分活动都必须服从于国家的经济、政治、社会等各方面的综合发展，国家经济复苏和民族振兴在当时是第一位的。人民监察思想主张将监察工作的主动权交给人民群众，这样的一种想法在当时是难能可贵的，因此薄一波评价："面对群众运动接连发生的时代，董必武同志对法制建设的认识达到了很高的境界，这是十分难得的。"[1]

二、促进监察事业曲折中发展

考虑到革命需要，同时受到当时革命条件的限制，在建立党内监督制度之初，其主要任务为保证党的统一，突出强调在党的发展与建设中，钢铁般的纪律以及集权精神的重要作用。故此，该阶段的党内监督工作的重点是纪律监督，本质上是上级对下级进行的纪律监督、党组织对党员进行的纪律监督，目的是确保党的决议能够得到有效的贯彻执行。并且，中央与地方监察委员会的相关规定也涉及横向监督机制的孕育，尽管受限于当时所处的历史条件，党内监督作用并未得到充分发挥，然而，这一探索依旧发挥了十分积极的作用，尤其是在完善党内监督制度方面具有积极的意义，提供了良好的开端。随着中央苏区的发展壮大，在 1934 年 1 月召开的党的六届五中全会上，董必武同志当选为中央审查委员会书记。此后虽然由于抗日战争的爆发，董必武同志受党的委派转而从事统战工作，但其仍然一直心系党的监察事业。直至新中国成立，他作为政务院副总理，继续主管人民监察委员会的工作，并在 1955 年当选为新设立的中共中央监察委员会书记，再次直接领导党和国家的监察工作，并为之倾注了大量的心血，在长期革命和建设的实践中形成的人民监察思想得以在新中国建立后的监察工作实践中沿用，并不断地完善，时至今日，已经成为我国纪检监察工作的基本工作方式之一。具体到纪检机构的建设与职能转变方面，主要在如下四个方面取得了重大突破。

---

[1] 陈春龙：《董必武法学思想的时代光辉与历史局限——纪念董必武诞辰 126 周年》，载《哈尔滨工业大学学报》（社会科学版）2012 年第 1 期。

一是关于纪检机构的领导体制。结合前述分析能够发现,中国共产党就纪检机构应当采取何种领导机制进行了很多的探索,在这一过程中曾经出现过反复,也经常出现认识不统一的情况。在前述分析中对此也进行了较为详细的说明,如在中共七大党章中明确各级党委负责各级监察委员会的领导工作,即各级监察委员会处于各级党委的管理之下。1949 年,党中央决定成立中央与地方各级纪委,在该决定中明确中央政治局负责领导中纪委,地方各级党委负责指导同级纪委的工作。而后,为了避免发生因为对“指导”一词的内涵界定不清而导致不必要的麻烦,党中央对此进行了调整,即调整纪委为同级党委的工作部门,纪委接受上级纪委在工作上的指导。如果上级纪委与本级党委在意见上达不成一致,则由上级单位决定。1955 年,党的全国代表会议作出规定,各级党委负责指导对各级监委的工作,各级监委同时还接受上级监委的领导。党的八大党章规定,由各级党委负责领导各级监委的工作。

结合前述说明能够发现,在上述规定中并未明确党委与纪委之间的关系、上下级纪委之间的关系以及在整个党的领导体制中纪委的地位,并且相关规定还经常调整,这就导致很难理顺纪检工作体制,也使实际工作中经常会遇到各种问题。新中国成立后毛泽东等老一辈革命家在忙于政务之余,对于如何处理好党的领导与发挥政府监察机构的作用,也有着自己的思考,其中固然有坚持党的一元化领导的惯性思维,也有引入法制、适度规范的新观点。改革开放初期,刚刚恢复的各级纪委适用的依旧是党的八大党章规定的领导机制,即在这个阶段,各级纪委需要接受同级党委的领导。采取这种领导机制在实际工作中也出现了很多问题,暴露了很多矛盾,无法适应新时期纪检工作的任务。比如,部分党委不理解、不支持纪检的工作,尤其是那些党风建设问题突出的党委,使纪检工作的开展受到了较大影响。中纪委根据实践中反映出来的突出问题,建议地方各级纪委除了受同级党委领导之外,还需接受上级纪委的指导,以便突破制度困境。该建议得到了党中央的批准,1982 年,中共十二大通过的党章作出了更加明确的规定,地方各级纪委应当同时接受上级纪委以及同级党委的领导,即各级纪委采取双重管理体制。[1] 1992 年,党的十四大通过的党章针对有关基层纪委的内容予以明确规定,而后历次党的全国代表大会通过的党章都延续了这种做法,即一直延续使用双重领导体制。

二是关于纪检机构的产生方式。纪检机构在历史上的产生方式主要有两种,第一种是由同级党委产生;第二种则是由的党代表大会或党的代表会议产生。结合历史实际情况可以发现,党的纪检机构的产生方式多处于这种不确定状态之中,党的五大党章规定的选举方式为党的全国代表大会选举产生,在党的七大,中央监察委员会的产生方式为中央全体会议选举。在新中国刚刚成立的时期,中央负责决定中纪委的产生。进入到 20 世纪 50 年代,随着国家政治生活的常态化,改由全国代表会议选举产生。此后,又在党的八大党章中做出改变,改由党的中央委员全体会议产生,在党的八届一中全会上选举出中央监察委员会。此后,党为健全党内监督体制展开了一系列探索和研究,针对如何完善组织机构、如何健全制度规范等进行了很多有意义的探索,也提出了很多新规定,这些规定对党内监督制度的完善、党内监督工作的顺利开展以及监委职能作用的充分发挥都具有非常积极的作用。

中央纪委是在党的十一届三中全会获得重建;随着民主法治建设的进步,在党的十二大上中央纪委确定由党的全国代表大会选举产生。虽然仅从表面分析,这两种方式似乎没有十分明显的区别,但实际上两者的区别非常明显,机构产生的方式直接决定了机构的性质以及其在国家行政体系中的地位。如果是由同级党的代表大会产生同级纪委机构,则其权力来源于全体党员的授予,等同于同样方式被选举出来的党的委员会的一部分,政治地位更高,独立性更强。这与为了保证党的委员会履行职责而设立的组织部、宣传部等单位工作部门是截然不同的。如果是由同级党委产生同级纪委,则此时的纪检机构与一般党委工作部门处于等同

---

〔1〕《中国共产党章程汇编》编写组:《中国共产党章程汇编——从一大到十七大》,中共党史出版社 2007 年版,第 93 ~ 94 页。

位阶。通过对改革开放以来纪委产生方式的分析,能够发现纪委的地位获得了显著提高。

三是关于纪检机构的职能。不同的时期,党的地位以及所处的环境都会有所变化。纪检机构的职能也在随着党所面临形势的变化而变化、拓展。新中国成立后,董必武同志作为中央政治局委员,长期主管政法监察工作,在法治领域有着很大的发言权,这在他参与制定的党的八大党章中得到了充分体现。党的八大党章肯定了党的全国代表会议在扩大监委职权方面的有关规定,不难看出,新中国成立后建立起来的党内监督体制,与全面执政前的党内监督模式并不存在十分明显的区别,原因在于新中国成立后,党内权力机构的走向与新中国成立之前并无十分明显的区别,都是集中统一的一元化领导,在选择监督体制时,自然会将强化各级党委的领导作为重要的政策导向。因此,基于这种导向而建立的监督框架,必然侧重于强化中央对地方各级党委的集中领导。尽管党中央以下的权力主体都会接受中央监委的监督制约,然而,党中央未处于监督范围中。对于地方各级监委而言,也无法监督同级党委,在对下级党委进行监督时也必须建立在同级党委的同意上,更加无法对各级党委最高领导实施监督,这方面的监督基本为空白。这种模式主要归因于建党以来斗争形势、连续不断的战争状态,为了保证各级党委的集中统一领导,将各级监委置于各级党委的直接领导下开展工作。如果说,革命年代强大的敌对势力围剿追杀,对党的领导活动与权力运行客观上起到了一种"监督"作用,在一定程度上弥补了这一监督体制存在的不足,那么在中国共产党成为执政党之后,与党生死存亡息息相关的外在"监督"因素消失了,致使党内监督体制中的不足与弊端日益在实践中显现出来。

改革开放以来,解放思想、实事求是的正确思想路线得以确立。由此,党的纪检工作开始更加顺利地开展。党的十二大通过的党章,更加清晰地界定了纪检机构的三大任务以及主要的经常性工作。首先,关于三大任务,指的是维护党章以及其他重要规章,协助党委进行党风建设,对党的方针、路线等的执行情况进行检查。经常性工作主要包括三项,一是针对党员开展经常性的党纪教育；二是检查处理党组织、党员违反党纪、国家法令法律的复杂案件，决定或取消对这些案件中的党员的处分；三是处理党员控告与申诉。随着形势的发展变化，党的十六大又加入了新的内容，在具体任务中新增了协助党委开展反腐工作；经常性工作由原来的三项增加为五项，新增的两项为：保障党员权利、监督党员干部的权力行使情况。党的十七大把完善惩治和预防腐败体系为重点的反腐倡廉建设作为中国共产党加强执政能力建设的重要举措，确立了标本兼治、综合治理、惩防并举、注重预防的战略方针。党的十八大更是把反腐败问题提到了亡党亡国的高度，要求坚持中国特色反腐倡廉道路，全面推进惩治和预防腐败体系建设。党的十九大则规定了“严、稳、进”的纪检监察工作要求。这些新变化也说明面对新的发展形势，党中央重新规定了纪检机构的职能与作用，明确了纪检机构的新定位，这对于纪检机构组织协调与监督等作用的更好发挥具有重要意义。

四是关于对犯错误党员的处分。“八七会议”针对党的组织问题通过的议决案中明确提出，必修严格遵守党纪，尤其是严守党的秘密。对于党的机关制定的所有决议、调遣要求必须绝对服从，不管是处于何种地位的党员都必须做到这一点。任何党员的违反党纪的行为都需要受到严惩。1927 年召开的中央临时政治局扩大会议中再次强调，必须严惩那些违反党组织政治纪律的人员。[1] 不可否认，面对恶劣的革命环境，为了能够坚持革命斗争、取得最终的革命胜利，必须保证党在政治、组织等各方面铁的纪律，这不仅是党保持战斗力和领导力的关键，而且对党的生存和发展具有决定性意义。但是也应当看到，只是依靠这种自上而下的纪律监督，而没有形成自下而上的监督体制，会使纪律监督的作用大打折扣，还容易成为实施家长制统治和“左”、右倾错误路线的工具。在这次中央临时政治局扩大会议上通过了《政治纪律决议案》，该文件的出台就是一个

---

〔1〕 中央档案馆编：《中共中央文件选集》（第 3 册 · 1927），中共中央党校出版社 1989 年版，第 437 页。

通过政治纪律来推行"左"倾错误路线的例子。会议采取过分追究个人责任的惩办政策，没有结合实际情况对大革命失败的原因在深层次上进行分析，而是滥用组织手段。例如，指责南昌起义前敌委员会执行的是"机会主义旧政策"，是"军事投机"，给予周恩来为书记的前委全体成员以"警告"处分；毛泽东领导秋收起义部队走上了开辟井冈山革命根据地的道路，却被指责为"偏离了中央策略"，并且以此为理由取消了毛泽东当时在党中央的职位。特别是在中央被"左"倾错误路线统治的时期，那些凡是对错误主张表示不赞同的党内同志都遭受了无情的打击，致使许多优秀干部被戴上"右倾机会主义""调和路线"等帽子，受到错误的处理，造成党内极为惨痛的损失。

鉴于"左"倾错误路线下出现惩办主义和"残酷斗争、无情打击"的沉痛教训，以毛泽东同志为核心的党的第一代领导集体，对建党以来的经验教训做了梳理和总结。在抗日战争即将迎来胜利曙光，国家究竟如何走向，中国共产党在民族命运中扮演何种角色的关键时刻，党的七大党章明确提出，党对于犯错误的党员进行处分和批评，不是实行党内的惩办主义，而是为着惩前毖后，治病救人。在对党的组织、党员进行处分时，应同时告知对其做出处分的理由，假如被处分者对该理由不认同或者是不服，则可进行辩护或者是要求复议、申诉。各级党委必须迅速传递，不得扣压。各级党组织对党内的最严厉的处分——开除党籍，应保持高度的谨慎，仔细听取本人的申述并分析其犯错误的情况。刘少奇在修改党章报告中，还提出了一个十分重要的原则，即"党内在对党员进行处分时，最后手段为开除党籍，而不可使用其他的手段"。党的十九大通过的《中国共产党章程（修正案）》对有错误的党员的处分分为一般性规定和特殊规定，但是都需要根据情况的严重程度上报给对应层级的纪律检查委员会审查批准。这些规定不仅严格区分了党内监督与法律制裁的界限，为依法依规进行处理提供了法规保障，而且突出强调了纪律处分中的民主程序和民主原则，这对正确执行党的纪律，促进党内监督制度的健康发展具有极为重要的深远意义。

第三章　国家监察体制改革的制度实践

对权力的监督是人类政治社会发展中一个永恒不变的主题。党的十八大以来，中央强力反腐，以零容忍的姿态重拳出击，“打虎”“拍蝇”“猎狐”，取得了前所未有的反腐败斗争成效，深得民心民意。在全面深化改革进入“深水区”“攻坚期”之际，原有制度层面的小修小补已无法满足改革的需要，想要大刀阔斧地推行改革，巩固已经取得的改革尤其是反腐败成果，必须从现有体制层面打开缺口。

实践证明，惩治是最好的预防，制度是最大的保障。[1] 党的十八大以来，改革逐渐进入“深水区”，为维护政权稳定、为经济发展保驾护航，党中央决定破局应变。反腐离不开专门的反腐机构，要形成“不敢腐、不能腐、不想腐”的长效机制，就必须织密反腐败法律体系，建设强力反腐败机构，从而实现法网覆盖无死角、机构反腐有利剑。在认真总结回顾党内监督和人民监察历史的基础上，中央决策层重温人民监察思想的丰富内涵，结合新时代反腐倡廉事业的新要求、新挑战，决定重建一个独立、权威的监察机构，真正使反腐败力量形成合力，从而有效预防和惩治腐败。在此背景下，国家监察体制改革轰轰烈烈拉开帷幕，承载着亿万民众的殷切期

---

〔1〕 马怀德：《国家监察体制改革的重要意义和主要任务》，载《国家行政学院学报》2016 年第 6 期。

盼，整个顶层设计蓝图逐渐付诸实施，构建国家层面统一的反腐倡廉机构——监察委员会——成为时代必然。

第一节　国家监察体制改革的必然性

制度的困境呼唤着党中央的破局决定。2014 年，习近平总书记在庆祝全国人大成立 60 周年大会上强调："要加强并改进监督工作，拓宽人民监督权力的渠道，抓紧形成不想腐、不能腐、不敢腐的有效机制，让权力在阳光下运行。"[1] 习近平总书记提出的"不想腐、不能腐、不敢腐"标志着我们党正式启动了反腐败全方位、立体化的长效机制建设工程。建立反腐长效机制，需要打破原有制度僵局，从更高更长远的视角进行顶层设计，由此国家监察体制改革拉开序幕。

一、原有监督体系的困境

对于权力的制约，离不开特定权力配置的格局。长期以来，我国奉行人民代表大会制度这一政体，人大产生"一府两院"即人民政府和人民法院、人民检察院，其自身既是权力机关也是监督机关，成为整个监督体系的核心；政府权力中包含行政监察、行政复议监督及审计监督；人民法院专司司法审判，人民检察院是宪法赋权的法律监督机关，同时检察权派生出职务犯罪侦查权、公诉权。基于在我国是中国共产党作为执政党长期执政的国情，中国共产党的纪律检查委员会承担党纪监督职能，而人民政协进行民主监督；此外还包含着主体广泛的社会监督。"这套体系可以概括为'三驾马车'模式：党的纪委为主导、检察院为保障、政府监察机关为补充，三轨并行、相对独立，分工运作、协作配合。"[2] 随着国家经济进入

---

〔1〕 习近平：《在庆祝全国人民代表大会成立 60 周年大会上的讲话》，载《人民日报》2014 年 9 月 6 日，第 2 版。

〔2〕 秦前红：《困境、改革与出路：从"三驾马车"到国家监察——我国监察体系的宪制思考》，载《中国法律评论》2017 年第 1 期。

新常态、社会公众民主意识逐步增强、腐败等一系列社会问题日益凸显，原有监督体系已经陷入困境，显得日趋乏力，与制度设计伊始所追求的社会效果逐渐分崩离析。

一是行政同体监察流于形式。改革前的行政监察机关隶属于同级人民政府及上级监察部门，属于典型的“条块结合”管辖模式，在该模式之下，其监察权由同级人民政府和上级监察部门共同分配授予。《监察法》虽规定在监察工作开展中，监察部门的主要业务工作由上级领导机关主导，但在具体监察实践中，监察部门的人事安排、财政经费、业绩考核等均处处受制于地方政府，使在实践中由同级监察部门监督同级人民政府主要领导的情况很少出现。但党的十八大以来，党中央、各省市纪委巡视组在巡视时发现大量的一把手腐败、小官巨贪，甚至塌方式腐败问题，彻底暴露出目前政治生态的种种乱象，贪腐并非不存在，而是时下的行政监察存在诸多问题。

行政监察的本质属性属于同体监察、内部监察、自我监督，其最大的缺陷在于，在行政系统内部，决策权、执行权、监督权集于一体，违背了权力之间相互制衡的基本原理，因此稍有不慎便容易异化、变质，使监督流于形式。党的十八大以来高压反腐下取得的丰硕成果便是行政系统内部权力异化变质的最好佐证，且这种同级监督，甚至下级监督上级的方式，难以保障监督力度。对权力的制约不能靠监察人员个人高尚的品行操守，在政治环境恶劣的情况下，领导干部自身都难以维系本心，更勿论身为下级的监察人员。此外，行政监察权所能及的范围仅在行政系统内部，行政权尽管庞杂强势，但也只能在行政系统内部运行，若扩增至行政系统之外，无疑将与限制及压缩行政权空间的大势相悖。因此，势必需要创设一项可以突破行政系统的监督权力，撇开政府掣肘，独立于行政系统之外，使监督真正发挥实效。

二是检察机关同体监督缺乏公信。检察机关既是司法机关，也是宪法唯一指定的法律监督机关，在刑事诉讼中，对侦查、起诉、审判活动依法行使法律监督权。但长期以来，其存在的同体监督问题亦饱受争议：检察机关作为司法机关,享有对职务犯罪案件的侦查权、刑事案件起诉权等多项权能;但作为法律监督机关,其必须对自身的侦查、起诉行为进行法律监督;其"既作为运动员,也作为裁判"的身份无法自证自我监督的有效性,导致司法公信力缺失。

为应对"检察机关自己监督自己,谁来监督检察机关"的质疑,检察系统内部也曾试图作出过改革尝试,其中较为典型的就是创设了具有中国特色的人民监督员制度。人民监督员制度通过引入社会力量,对检察机关自侦案件的侦查过程进行监督,称得上是一项堪与人民陪审员制度相媲美的改革创举,彰显了人民司法的人民性。但在具体运行中,还是暴露出诸多问题,其中最为突出的问题在于由人民监督员对检察机关的侦查活动展开监督,是一种对国家侦查活动规律的违背:侦查工作(尤其是对于职务犯罪的侦查)是一项极具专业性、秘密性与高效性的刑事司法活动,只有依法享有职权的特定主体才能参与其中,且必须严格保守各项侦查秘密。侦查活动的特点决定了在行使侦查权的过程中,不宜也不便接受作为普通民众的人民监督员的监督。且就我国当前的人民监督员选任条件而言,伴随着司法体制改革的推进,人民监督员选任、管理改由司法行政机关负责,实践中的准入门槛一直在降低,[1]此举虽一方面有效降低了普通民众监督司法的门槛,使人民参与司法监督更加广泛便利,履行反腐职能的机关听取人民意见、接受监督更加直接;另一方面也使人民监督员在高度专业化的侦查活动面前显得更加"外行",无法通过表面的侦查现象看清内在本质,监督工作流于形式。

除人民监督员制度外,学界多年来还存在另一种呼声:将职务犯罪侦查权从检察机关中分离出去。检察机关作为法律监督机关的宪法地位不

---

[1] 2017年上海市司法局启动首届人民监督员公开选任工作,当选的人民监督员年纪最大的66岁,最小的23岁,既有博士,也有高中毕业生,既有专家学者、记者、律师,也有社工、综治协管员,还有在校学生、外来务工人员和全职妈妈等,这些都体现了上海市人民监督员广泛的代表性。参见屠知力:《150名人民监督员宣誓履职》,载新华网:http://www.xinhuanet.com/politics/2017-02/17/c_129482871.htm,2021年5月20日最后访问。

可撼动,但在原有的宪法体制下集司法监督与刑事侦查于一体的职权分配模式,从制度创设到理论支撑上看均有违司法中立的基本原则。司法不中立,则司法公信力将难以维系,故而将侦查权从检察机关中分离出去是学界长期以来的呼吁。但从权力的派生根源来看,检察机关享有部分侦查权是检察机关逮捕批准权、起诉权、补充侦查权的应有之义。因此,将全部的侦查权从检察机关剥离显然是不现实的,有违检察权的自身运行规律,但检察机关享有的反贪污、渎职及职务犯罪预防的权力,是对国家机关工作人员职务腐败犯罪问题进行侦查的权能,其直接与检察机关的法律监督权能相冲突,为提高司法公信力,将该部分权力从检察机关中分离出去已经势在必行。

三是少量异体监察收效甚微。在原有以人大为核心的监督体系中,并非不存在异体监督,人大本身享有最广泛的监督权,检察机关享有非自侦案件的逮捕决定权、起诉权以及人民法院在以审判为中心的诉讼制度改革背景下逐渐加强的司法监督权,均是较为典型的异体监督权力,但从监督权实际运行的效果来看,却收效甚微。人大监督本身属于效力最高的监督形式,但从其本身的运行机制来看,人民代表大会一年只开一次会,以听取各机构部门负责人汇报工作的方式行使监督权,人大常委会亦存在任期限制,经费供给受制于政府,无法行使有效监督。各级人民检察院、人民法院作为司法机关,本身具有被动性,依据自身职权所能主动监督乃至被动监督的范围非常有限。事实上在腐败犯罪中,每年仍存在大量的犯罪黑数,各级人民检察院、人民法院能够发挥的司法监督效果实属甚微,并不能达到预期的效果。

四是监察力量分散难以周延。长期以来,我国反腐监督执法的主体并不是十分明确,党的纪检、行政监察、检察侦查、腐败预防、行政审计甚至公安、税务、海关、工商等行政执法机构都负有反腐职责。《行政监察法》规定的行政监察职能,只能对行政机关公职人员进行监督,未将立法机关、司法机关等其他国家机关及其公务员纳入监察之列,监督范围窄且独立性以及监督手段不足。检察机关的反贪部门查处的对象是构成犯罪的腐败分子，而职务违规违法行为不在查处之列。其他行政执法机关的主业是维护经济、安全等社会秩序，反腐职责是其主业派生出来的。仔细推敲不难发现，在“三驾马车”三轨并行的模式下，看似各司其职、分工明确，但将反腐败的资源分散于三个不同的系统，三机关之间各自为政、职能边界模糊，且在三机关之上并无共同的统一协调机制，导致工作中反腐机制和职能分散，难以集中发力，影响了反腐职能的有效发挥。[1] 此外，监察力量过于分散，在原有监察体制之下“九龙治水”“铁路警察、各管一段”，客观上存在监察监管的空隙和漏洞，使理想状态的严密法网在现实中出现了盲区，只能通过制度重构予以弥补。

二、应对改革深化的窘境

党的十八届三中全会吹响了全面深化改革的号角。在新的形势下顺应人民群众的呼声，切实“把权力关进制度的笼子”，是完善监督制度、做好监督体系顶层设计的现实动力。在强化坚持党要管党、从严治党的大背景下，“行政监察机关作为政府的组成部门，只负责监察行政机关的工作人员，以及政府任命的工作人员，不可能覆盖到政府以外的机构和人员，由此便形成了‘一条腿长一条腿短’的尴尬局面”。[2] 为弥补现实监督缺漏，党的十八届中央纪委六次全会上，习近平总书记指出：“要坚持党对党风廉政建设和反腐败工作的统一领导，扩大监察范围，整合监察力量，健全国家监督组织架构，形成全面覆盖国家机关及其公务员的国家监察体系。”[3] 全面深化改革进入深水区，必须保证改革之后新的监察机构能够切实扭转此前的窘境，覆盖延伸到所有的公职人员，通过制度创新实现反腐败事业的法治化、常态化、系统化。

---

〔1〕 白皓、杨强强：《国家监察体制改革进路研究》，载《河北法学》2017 年第 5 期。

〔2〕 马怀德：《国家监察体制改革的重要意义和主要任务》，载《国家行政学院学报》2016 年第 6 期。

〔3〕 习近平：《坚持全面从严治党依规治党　创新体制机制强化党内监督》，载《人民日报》2016 年 1 月 13 日，第 1 版。

首先,监察体制改革是实现治理体系和治理能力现代化的需要。2017年10月18日,党的十九大报告指出,推进国家治理体系和治理能力现代化是全面深化改革的总目标。“此次监察体制改革,总的指导思想就是要构建权威高效的国家监察体系,推进国家治理体系和治理能力现代化。”[1]国家治理体系和治理能力现代化包括治理体系和治理能力现代化两方面,衡量一个国家治理体系是否现代化,至少有5个标准:公共权力运行是否制度化和规范化;是否体现民主;是否符合法治;是否有利于提高效率;体系是否协调。[2] 对照这5个标准,可以发现,本轮监察体制改革的导向非常明确,就是问题导向,就是顶层设计,其核心设计就是重塑权力监督制约的体制化、规范化,借助法律的立改废,用法律来强化治理体系,控制约束权力。

其次,监察体制改革是全面依法治国的需要。我们党高度重视法治建设,在长期的民主法制建设征途中,逐渐形成了“三个统一、四个善于”的规律性认识,即在治国大政上强调依法治国基本方略同依法执政基本方式统一,在党的领导上强调党总览全局、协调各方同人大、政府、政协、审判机关、检察机关依法履行职能、开展工作统一,在尊法守法上强调党领导人民制定和实施宪法法律同党坚持在宪法法律范围内活动统一。党的十八大之后,中央提出全面建成小康社会、全面深化改革、全面依法治国、全面从严治党“四个全面”的战略布局,其中全面依法治国发挥压舱石、保险丝的重要作用。如何确保宪法和法律得到切实贯彻和执行,如何让法律成为人民群众手中的维护自身合法权益的武器,都需要公职人员廉洁奉公、依法履职。故而,以鞭策和制约公职人员为对象的监察体制改革适逢其时,其长远价值就在于各个方面善于把党的意图转变为国家的意志、人民的共识,从而团结带领全国人民走向小康社会。唯有如此,改革才有生命力,才能得到群众的拥护。

---

[1] 卓力雄:《论监察体制改革的目标和原则》,载《江苏警官学院学报》2018年第1期。
[2] 俞可平:《推进国家治理体系和治理能力现代化》,载《前线》2014年第1期。

最后,监察体制改革是构建国家层面全覆盖反腐体系的需要。在“三驾马车”模式的监察体系下,监察权力分散,监察对象难以周延,长期以来同体监督、监察行政化、监督效力低下等问题,难以实现长期压倒性态势的反腐败形势。只有通过构建国家统一层面的监督体系,才能实现各方面矛盾的融合,充分发挥制度优势,更好地服务反腐倡廉大计。国家监察体制改革,将党纪调查、行政监察及职务犯罪侦查权有效整合,实现了监察对象的全覆盖,独立于政府、司法机关之外,摆脱了同体监督诟病,是走出先前监督体系种种困境的最佳选择。本轮改革经过宪法修正案确认之后,监察委员会被赋予全新的宪法地位,成为人民代表大会之下与“一府两院”并列的独立部门,地位与之前隶属于政府序列的行政监察部门不可同日而语。

第二节　国家监察体制改革的理论支撑

在当今反腐倡廉的新形势下,对国家监察体制的改革势在必行。改革,是带有强烈的政治目标的,是政治活动参与者的意志表达。而制度设计需要充足的理论储备、经验提升和动力支持,它们凸显了改革的复杂性和系统性,这种改革也一定要是有序的、合理的。然而,应该如何推动和建构我国的国家监察体制呢?首先,在我国宪制结构模式和特色政党制度下,国家监察制度改革在理论支撑上应尽快得到阐释,即我国监察体制改革在理论上为什么能够成立?最先要厘清的问题是,国家监察体制改革的主要内容和主要理论争议在哪些地方?因此,从国家监察体制改革的法治基础、我国新时代监察体制改革的思想政治理论基础、监察委员会设立的合法性基础、国家监察权的理论构建到党政合设合署办公的法理内涵等多个方面的理论问题,就需要我们进一步加以探讨。

一、新时代中国特色社会主义反腐倡廉思想

自党的十八大以来,党中央深刻洞察党面临的执政考验、改革开放考

验、市场经济考验、外部环境考验的长期性与复杂性，深刻认识到党面临的精神懈怠危险、能力不足危险、脱离群众危险、消极腐败危险的尖锐性和严峻性，要求把加强党对反腐败工作的统一领导作为根本政治原则。党政军民学，东西南北中，党是领导一切的。基于对新形势下的世情、党情、国情、民情和社情的深刻分析与把握，以习近平同志为总书记的党中央从治国理政现代化的战略高度出发，在继承和发扬马克思列宁主义经典作家与中国共产党历届领导人关于权力监督和廉政建设的思想基础上，结合人民监察思想，着眼于“四个全面”战略布局，对于新时期我国反腐倡廉工作提出了一系列立意高远、内涵丰富、思想深刻的重要论述，形成了新时代社会主义反腐倡廉思想，科学地解答了一系列重大理论和现实问题，丰富和发展了中国特色社会主义反腐倡廉理论，对开展纪检监察工作提供了重要的指导作用，为我国深化监察体制改革奠定了关键的思想基础。同时，其对于探索新时代党风廉政建设和反腐败斗争规律、推动全面从严治党向纵深发展具有重大意义。

第一，新时代社会主义反腐倡廉思想在目标把握上，坚决营造“干部清正、政府清廉、政治清明”的良好政治生态，注重党风廉政建设。习近平总书记关于党风廉政建设的一系列论述鲜明地体现了马克思主义的政治立场、观点和方法，彰显了习近平总书记巨大的政治勇气、卓越的政治智慧和强烈的责任担当。习近平总书记在河北正定工作期间强调，“党风的好坏，决定人心的向背；人心的向背，不但决定着社会主义建设的命运，也决定着党的命运”。在福建工作的时候，他进一步指出，“我们共产党人的权力无论大小，都是人民给的，也只能受命于人民，为人民谋利益”。这里就一定程度上体现了人民监察的思想。习近平总书记还强调，“当干部的宗旨就是奉献，就是服务，要立足于理想，不要光图自己实惠”，提出共产党员要过好“自我关”和“人情关”。党的十八大以后，他再一次指出，“为政清廉才能取信于民，秉公用权才能赢你的人心”，告诫全党“执政党如果不注重作风建设，听任不正之风侵蚀党的肌体，就有失去民心、丧失政权的危险”。在党的十九大报告中，习近平总书记深刻指出，“我们党来自人民、植根人民、服务人民，一旦脱离群众，就会失去生命力”。重温这些重要论述，彰显了中国共产党党建理论根基和中华优秀传统文化思想根源，闪耀着马克思主义的理论光辉；同时，也可以看出习近平同志始终坚持反腐倡廉思想，坚决营造“干部清正、政府清廉、政治清明”的良好政治生态，注重党风廉政建设。

第二，新时代社会主义反腐倡廉思想在任务部署上，采取一系列措施以高压态势强力惩治反腐，注重标本兼治。2012 年 11 月 8 日党的十八大以来，中央以“壮士断腕”的决心进行反腐，针对“职位高权力大的大贪官”以及“小官巨贪”的问题提出“老虎”“苍蝇”一起打的响亮口号。2012 年 12 月 4 日，中共中央政治局会议审议通过了《关于改进工作作风、密切联系群众的八项规定》，此后，自 2013 年下半年开始，中央政治局率先开展党的群众路线教育活动。2014 年 10 月，党的十八届四中全会正式提出构建“不敢腐、不能腐、不想腐的有效机制”。2015 年起开展“三严三实”专题教育，聚焦县级以上领导干部。2016 年 10 月，中共中央十八届六中全会修订并通过《中国共产党党内监督条例》，并在会议公报中释放出即将启动改革的强烈信号，“各级党委应当支持和保证同级人大、政府、监察机关、司法机关等对国家机关及公职人员依法进行监督，人民政协依章程进行民主监督，审计机关依法进行审计监督”。[1] 不难看出，监察机关的地位被提到了前所未有的高度，已被放置于政府和司法机关之间。之后，中共中央办公厅 2016 年 11 月印发《关于在北京市、山西省、浙江省开展国家监察体制改革试点方案》，部署在三省、市设立各级监察委员会，从体制机制、制度建设上先行先试、探索实践，为在全国推开积累经验。2017 年 10 月，党的十九大报告着眼于新时代实现我们党的历史使命，对反腐形势作出判断并明确目标：“当前，反腐败斗争形势依然严峻复杂，巩固压倒性态势、夺取压倒性胜利的决心必须坚若磐石。”同时提出要坚持无禁

〔1〕《国家监察体制改革试点进行时》，载新华网：http://www.xinhuanet.com/legal/2017-12/13/c_129765181.htm，2017 年 11 月 29 最后访问。

区、全覆盖、零容忍,坚持重遏制、强高压、长震慑,要强化不敢腐的震慑,扎牢不能腐的笼子,增强不想腐的自觉。这次全会还审议通过了《中国共产党纪律检查机关监督执纪工作规则(试行)》,要求把纪委的自我监督同接受党内监督、社会监督等有机结合,给监督执纪戴上了"紧箍",扎紧了制度的"笼子",有效防止"灯下黑",确保人民赋予的权力不被滥用。2017 年 11 月 4 日,第十二届全国人民代表大会常务委员会第三十次会议审议通过《关于在全国各地推开国家监察体制改革试点工作的决定》,要求建立国家、省、市、县四级的监察委员会,行使监察职权,并同党的纪律检查机关合署办公,实现对所有行使公权力的公职人员监察全覆盖。2018 年 3 月,第十三届全国人民代表大会第一次会议表决通过了《中华人民共和国宪法修正案》,21 条修改中有 11 条关于监察委员会的内容。2012 年以来,以习近平同志为核心的党中央在反腐败工作上大胆创新、开拓进取,反腐倡廉理论与实践体现出鲜明的特色:抓热点,加强和改进党的作风建设;抓难点,对腐败分子发现一个查处一个,抓早抓小;抓"关键少数",破解一把手监督难题;抓纪律,自觉遵循国家法律法规和党的规矩;抓"顶层设计",强调党内监督机制与国家权力监督体制的改革创新,推动形成全面覆盖国家机关及其公务人员的国家监察体系。

二、监察委员会制度的合法性基础

人民群众最痛恨腐败现象,腐败是我们党面临的最大威胁。当前,反腐败斗争压倒性态势已经形成并巩固发展,但是形势依然非常严峻。习近平总书记指出,增强党的自我净化能力,根本靠党的自我监督和群众监督;自我监督是世界性的难题,是国家治理的"哥德巴赫猜想",中国共产党要下定决心,练就"绝世武功",建设廉洁政治。[1] 国家监察体制改革是全面从严治党、实现党内自我监督与群众监督的有机结合。从党的十

---

〔1〕《新华网评:赋予监察委员会宪法地位》,载中国经济网:http://www.ce.cn/xwzx/gnsz/gdxw/201802/26/t20180226_28259954.shtml,2018 年 2 月 26 日最后访问。

八大以来的实践经验来看,只有坚持全面从严治党,集中有效的反腐败力量,才能从根本上解决腐败问题,才能更有效地预防腐败问题。推进国家监察体制改革,尤其是设置国家监察委员会,是加强党对反腐败统一领导,形成制度化、法制化成果的需要,是全面从严治党的需要,有利于党内监督与群众监督的有机结合,重建政治生态,打造廉洁政治。

党的十九大报告中提出要坚定不移从严治党,健全党和国家的权力监督体系,其中尤为重要的举措就是深化国家监察体制改革,将试点工作在全国范围内展开,组建国家、省、市、县四级的监察委员会,同党的纪律检查机关合署办公,实现对所有行使公权力的公职人员实现监察全覆盖。然而,一个前置问题是,国家监察体制改革是建立中国特色监察体系的创制之举,监察委员会作为制度改革的载体,可以说也将是一个全新的、统一的反腐败机构,其权力的配置与运行应得到宪法和法律的认可。根据我国当前的宪法,监察委员会还只是党中央提出的一个概念,并不具备宪法地位。那么,从宪法理论上如何给予其存在的正当性,这是我们需要厘清并解决的问题。

第一,修改《宪法》,将党的意志上升为国家意志,赋予监察委员会以《宪法》地位。1982 年《宪法》第 3 条第 3 款规定:"国家行政机关、审判机关、检察机关都由人民代表大会产生,对它负责、受它监督。"可见,我国宪法只规定了国家机构中的两级权力结构,即第一级为全国人大及其常委会,第二级权力机构则为国务院、人民法院、人民检察院(以及中央军事委员会)。[1] 事实上,自 1978 年改革开放以来,一方面,宪法的地位逐渐提升,人民代表大会在党的领导下整体有序运作;另一方面,《中国共产党章程》也朝着法治的方向改革发展,在实践中创造了诸多的政治惯例,逐渐在很多方面与 1982 年《宪法》的规定形成了有效的对接,从而确保了中国共产党在政治体制中的一党执政地位。此种宪制的形成,使中国的权力结构,包括立法权、司法权及行政权,整体上呈现出"双轨性",如党的全国

---

〔1〕 秦前红、叶海波等:《国家监察制度改革研究》,法律出版社 2018 年版,第 11 页。

及地方人民代表大会与全国及地方人民代表大会。由此看来，深化国家监察体制改革提出的纪委监委合署办公以及随之而来的“监察权”概念已然无法适应1982年《宪法》的规定，从而无法解决其宪制正当性问题。那么，如何从宪制层面解决这一问题呢？秦前红、叶海波等著的《国家监察体制改革研究》一书中提出这样的观点，即要从宪制层面解决权力法定运行程序这个问题，合理的路径为：通过修改宪法，制定《监察法》以及修订《刑事诉讼法》等相关法律法规，在人大之下设立监察委员会，将其与人民法院、人民检察院等同列为二级权力结构，规定其行使监察权，从而赋予其宪制正当性。[1] 宪法修改是对宪法规范的某种内容和形式上的变动，从一开始就存在宪法修改是否成立的争论。施密特认为，“宪法修改”一词并不准确，因为它并非是对宪法的修改，而只是涉及对宪法法规的修改。现代宪法基本上都已经接受了修改的必要性和程序性，因为宪法面临的最大压力和困境在于凝固的智慧也有有限性、不完整性和滞后性，所以修宪往往成为政治参与者的一种重要选择。[2] 结合我国实际，党的主张转变为国家意志，是一个严肃的法律化过程。党的十八大、十八届三中全会、四中全会明确了法治是我国治国理政的根本方式，在具体工作中，遇到重大问题要向中央请示，中央有了原则性的意见，全国人大常委会将通过严格的法律程序，经过充分的审议，听取各方意见，最终变成国家意志。社会主义法治的本质与核心就是人民当家作主，中国共产党在国家和生活中起领导作用。党的领导与人民当家作主，党的领导与社会主义法治是完全一致、高度一致的。

换句话说，国家监察体制的改革与监察委员会的设立，乃是关乎全局的重大政治变革，是国家监察制度的顶层设计。如此重大的政治变革，如果没有宪法的参与、不受宪法的约束、无法遵循宪制而推动，其正当性就会存疑，改革也会因此而面临更多的风险和变数。坚持依法治国首先要

---

〔1〕 秦前红、叶海波等：《国家监察制度改革研究》，法律出版社2018年版，第12页。

〔2〕 李少文：《国家监察体制改革的修宪工程》，载《开放时代》2018年特刊。

依宪治国，坚持依法执政首先要依宪执政。《宪法》是我国的根本大法，当国家的重大事项发生变化时，宪法也应该作出相应的修改。“凡属重大改革皆需于法有据”“有法可依”“有法必依”是现如今进行改革必须遵守的基本准则。这些准则要求改革者在推动改革之时要依法而为之，同样，立法者也应该结合当前社会的政治、经济发展需要适时地进行法律修改，以达到立法和改革的有效衔接。

第二，开展试点，并取得重要阶段性成效，使改革实践成果成为宪法规定。理论来源于实践，国家监察体制改革作为我国的一项重大政治变革，需要坚实的实践基础和理论基础。我国《宪法》第 2 条第 1、2 款规定：“中华人民共和国的一切权力属于人民。人民行使国家权力的机关是全国人民代表大会和地方各级人民代表大会。”这是我国人民主权原则在宪法中的体现。国家监察体制改革要遵循人民主权原则，在改革开展前必须要经过最高国家权力机关的授权。党的十八届四中全会指出：“实践条件还不成熟，需要先行先试的，需要按照法定程序作出授权。”于是，中共中央办公厅和全国人大常委会分别作出并通过了《关于在北京市、山西省、浙江省开展国家监察体制改革试点方案》以及《全国人民代表大会常务委员会关于在全国各地推开国家监察体制改革试点工作的决定》。针对监察委员会的宪法地位，方案和决定确定了省（市）的监察委员会由本级人民代表大会产生。也就是说，若将来试点成果在全国范围内展开，则监察委员会将由同级人大产生，届时，传统的人大制度下的“一府两院”将转变为“一府一委两院”的格局。可以看出其中的逻辑顺序为，党中央提出先行试点改革方案，而后全国人大常委会根据方案通过了决定，这在一定程度上为国家监察体制改革提供了法律正当性。

三、国家监察权的理论基础

我国长期反腐败斗争的经验证明，现有的监督体系很难适应社会发展的需要，因此，完善权力制约和监督机制是对权力正确运行的根本保证。监察是特定历史时期的国家统治阶级通过在其政权内部设立相关机构或相应官职,对国家公权力行使者进行监督,以防止其失职、渎职或滥用权力,从而提高行政效率,维护政权统治。现代监察权的诞生,主要是针对国家权力的扩张,是对权力腐败的一种回应。在此基础上,我国探索出了一条具有中国特色的独创的权力监督模式,即通过监察委员会及其所属的国家监察权实现对国家公权力的全面覆盖。因此,国家监察权的本质是一种新型的国家权力,那么国家监察委员会的实质就是国家反腐败工作机构,其职能必定围绕着反腐工作展开。在现代政治理念中,反腐败的本质是反对公权力的异化和腐败,因此,监察委员会必然以监督和制约公权力的腐败为根本使命。[1]

第一,腐败形成机理促进监察权的产生。有权力就会有腐败,这是自古以来亘古不变的规律。我国设立监察委员会行使监察权是为了防治腐败,要研究和防治腐败问题必须从根源上分析其形成机理。首先,人性的本能与贪欲机理。有学者主张腐败源于人的自体恶,认为"人性的恶是腐败产生的根源"。[2] 人类天生就有趋利避害的本能,因此在人们意志薄弱的时候其就会成为腐败犯罪的原动力。但是,单纯地以善恶这一品质问题解释还过于粗浅。人性本能理论包括欲望本能和占有本能。欲望是人类最原始的本能之一,人人都会有欲望,正如黑格尔所说,"私欲是推动人类社会进步的巨大杠杆",但是这种欲望一旦超过必要的限度就很有可能导致违法犯罪。腐败行为的产生大多源于行使公务的公职人员基于一己私利侵吞国家公共资源来满足个人欲望。这些都是人的贪欲。贪欲生物理论指出,贪欲是生物固有的、不可避免的一种先天的动物性特征。[3] 然而,不能因为贪欲是人类本性而听之任之。在大多数国家目前的反腐实践中,制度反腐占有重要位置,制度的好坏确实对于遏制人的贪欲有重要影响,但无法彻底解决这一根源性问题。从腐败行为发生的逻辑上来

---

〔1〕 秦强主编:《监督权力　国家监察委员会的文化传承与制度创新》,人民日报出版社 2017 年版,第 77 页。

〔2〕 张明主编:《新时期预防职务犯罪理论与实践》,新华出版社 2007 年版,第 70 页。

〔3〕 李晓明、芮国强主编:《国家监察学原理》,法律出版社 2019 年版,第 66 页。

看,人是实施该行为的主体,任何制度的建立、执行都是通过人来完成的,因此再良好的制度和完美的法律体系,在推行该制度的人心存贪念、三观不时,就有可能使制度本身的目的偏离正常的轨道。因此,这也是各个国家下大力度进行反腐打击的原因。我国深化国家监察体制改革,赋予监察委员会以监察权,行使监督、调查、处置三项职权,采取谈话、讯问、询问、查询、冻结、调取、查封、扣押、搜查、勘验检查、鉴定、留置12项具体措施,在对于腐败人员的打击力度上不断加强。其次,"破窗理论"在腐败犯罪中的效应是巨大的,同时也促进了监察权的产生。"破窗理论"是西方犯罪学的经典理论。1982年,美国预防犯罪学家乔治·凯琳与詹姆斯·威尔逊提出了著名的"破窗理论"。一座大楼有几个窗户破了,如果无人修复,有犯罪意图的人就会打破更多的窗户,最终冲进大楼,使大楼成为无序的场所。[1] 因此,这揭示了示范行为对他人行为具有强烈的暗示和引导作用。如果在一个环境被严密控制或严格监督的情况下,人们无论做任何事情都会想到有人在"监视"着自己,那么他作出违法犯罪的行为的可能性就很小,周围遵守秩序的人多了,整个生活环境也就会变好,类似于中国的一句古语"近墨者黑,近朱者赤"。将该理论运用于腐败犯罪中,如果国家赋予一群人或一个机构以监察权,专门行使反腐败职能,它的存在就是让所有已经腐败的人无处遁形,让将要腐败的人悬崖勒马,让没有腐败的人毫无念想。

第二,我国监察权设立的合法性与人民性。"权力法定"是现代法治的基本理念,其背后深刻体现了人民主权原则与权力运行规律。因此,任何一种国家权力的行使都需要法律的明确授权,国家监察权的行使也不例外。作为一种新型国家权力,国家监察权也需要国家最高权力机关的授权。党中央制定的《关于在北京市、山西省、浙江省开展国家监察体制改革试点方案》,2016年12月25日,第十二届全国人民代表大会常务委员会第二十五次会议通过的《关于在北京市、山西省、浙江省开展国家监

---

[1] 李晓明、芮国强主编:《国家监察学原理》,法律出版社2019年版,第71页。

察体制改革试点工作的决定》,实质上表明了全国人大常委会对国家监察权的行使进行了明确授权并提供了合法性说明,也为监察委员会的试点设立提供了权威依据。此外,合法性和有效性是国家权力最为重要的本质性规定。国家权力的合法性并不仅仅指国家权力的产生和行使合乎法律规定,而且是指国家权力必须得到公民的认同。[1] 根据马克思主义理论,社会主义国家的政治权力来源于人民。我国《宪法》也规定,中华人民共和国的一切权力属于人民。根据改革方案,我国各级监察委员会由同级人民代表大会产生,对它负责并受它监督,体现了监察权作为我国重要权力之一是来源于人民的。同时,监察权在设立过程中,始终坚持人民至上,充分听取各方意见和建议,形成人民群众广泛参与的良好局面。在监察权的设权过程中,党和国家非常重视民意,通过召开专家会议、听取人大代表的意见和建议以及在《监察法》制定过程中向社会公众公开进行意见征集等,均体现了监察权的人民性。

第三节　监察委员会制度的创设之路

监察委员会制度从提出构想至今,历经政策制定、三省改革试点、改革全面铺开、相关法律的制定与修改等诸多环节,从草创未就到落地生根仅用两年之久,足见党中央进行大刀阔斧改革的决心。在监察委员会制度迈上正常运行轨道的今天,有必要对改革的实践演变之路进行回顾梳理,形成可供借鉴的改革经验,固定监察体制改革取得的系列成果。

一、制度构建的基本轮廓

我国的监察体制经历了一个发展过程,从党的十四大到党的十八大,虽然历经改良,原有监察体制面临的结构性、功能性压力越来越大,已成

〔1〕 陈光中主编:《中国司法制度的基础理论专题研究》,北京大学出版社 2005 年版,第 18 页。

为制约我国反腐败斗争进一步深入开展的“瓶颈”，亟待加以改善。党的十八大以来，随着打击腐败问题的不断深入，越来越多的有识之士在考虑如何防止“野火烧不尽、春风吹又生”，从源头上预防和遏制腐败现象的滋生，切实防止反腐败陷入打不胜打、防不胜防的“运动式怪圈”。

在加强反腐的背景下，国家监察体制改革启动试点，先在山西、浙江、北京三地先行先试。2017 年 6 月 23 日，监察法草案首次亮相，提交第十二届全国人大常委会第二十八次会议审议，至此，整个监察体制改革的清晰轮廓才正式展现在世人面前。

2017 年 10 月 18 日，党的十九大报告提出：“深化国家监察体制改革，将试点工作在全国推开，组建国家、省、市、县监察委员会，同党的纪律检查机关合署办公，实现对所有行使公权力的公职人员监察全覆盖。”正式吹响了国家监察体制改革的号角，将此前一年多改革先行试点凝聚的共识和经验，先在党内纲领性文件中予以固化，为随后开展的改革部署提供了基本遵循。

2017 年 10 月 24 日，党的十九大党章修正案规定：“党必须保证国家的立法、司法、行政、监察机关，经济、文化组织和人民团体积极主动地、独立负责地、协调一致地工作。”在党内的基本法中明确了监察机关的地位，强调了监察机关与众不同的政治属性，引导全党上下正确认识和看待监察机关将在国家政治生活中扮演的角色。

2017 年 10 月，中共中央办公厅印发《关于在全国各地推开国家监察体制改革试点方案》，依托党内已经形成严密体系的纪检系统，参照先行试点之后固化的制度经验，加快与之对应的各级监察委员会的组建，在规定的时间内完成全国范围内省、市、县三级监察委员会组建工作，为贯通全国监察体制奠定最坚实的基础，形成国家、省、市、县四级监察组织体系的连通衔接。

2017 年 10 月 31 日，第十二届全国人大常委会第三十次会议审议了关于在全国各地推开国家监察体制改革试点工作的决定草案。草案对监察委员会的设立及其产生、监察对象及监察委员会的职权和措施、暂时调整或者暂时停止适用有关法律的规定等事项作出规定。因为所有的重大改革必须于法有据,在党内部署全国范围之内依托纪委组建监察委之后,如何让新生事物有着法律上的支撑,从而获得法理上的正当性,离不开国家立法机关的支持和引导。2017 年 11 月 3 日,第十二届全国人大常委会举行委员长会议,听取关于在全国各地推开国家监察体制改革试点工作的决定草案审议结果的报告等,张德江委员长主持会议。2017 年 11 月 4 日,第十二届全国人大常委会第三十次会议通过了《关于在全国各地推开国家监察体制改革试点工作的决定》。[1]

2017 年年底至 2018 年年初,全国范围内未纳入试点范围的其他 28 个省级区域内的省、市、县三级监察委密集组建,截至 2018 年 2 月初,全国 31 个省份的全部省级监察委主任均由省级人大选举产生,2 月底,全国范围内的省、市、县三级监察委主任全部由本级人大选举产生,并根据监察委主任的提名,由人大任命组建了监察委组成人员。2018 年 3 月 11 日,第十三届全国人民代表大会第一次会议通过了《监察法》《宪法修正案》,赋予国家监察委宪法地位,原来由人民代表大会领导下的"一府两院制度"被"一府两院一委制度"取代。

监察委员会制度的构建自三省试点始,到正式推行,修改《宪法》、制定《监察法》、国家监察委员会正式揭牌,历时不到两年,监察委员会制度的重要性及党中央的重视程度可见一斑。尽管时间紧,改革任务重,但为稳妥起见,党中央还是选择了先在三省试点,检验制度运行的可行性,再立法并向全国推广的模式,显示了党和国家处事的高瞻远瞩,也为监察委员会制度的优化运行提供了坚实保障。

二、制度试点情况考察

党的十八届六中全会通过的《中国共产党党内监督条例》是在中央强力反腐的背景下,出台的又一项重要的党内法规,其目的就是推进全面从

---

〔1〕《国家监察体制改革大事记》,载《先锋队》2017 年第 36 期。

严治党,坚持思想建党和制度治党紧密结合。在该条例的第 37 条明确规定:“各级党委应当支持和保证同级人大、政府、监察机关、司法机关等对国家机关及公职人员依法进行监督……”这也释放出了一个积极信号,监察机关作为新生事物,即将登上历史的舞台,并且以其与人大、政府、司法机关并列的独特地位,显现出其在国家政治生活中的独特作用。此后,2016 年 11 月中共中央办公厅印发《关于在北京市、山西省、浙江省开展国家监察体制改革试点方案》,历经一年的试点,中央决定自 2017 年 11 月起正式向全国推广,在不到 4 个月的时间里,全国各省、市、县三级监察委员会相继组建完成。从中央到地方,实行监委与党的纪委合署办公、“两块牌子,一套人马”模式。

一是试点地区选择的高瞻远瞩。监察委员会制度试点选择了北京、山西、浙江三个省、市,足以体现党中央在改革中的高瞻远瞩:一是三地之前有着很好的反腐败基础;二是地域的广泛性,代表了不同区域特点、不同经济发展水平,一旦取得经验,能够保证在全国各个区域都可以复制、推广。

二是试点工作经验梳理。一年的改革试点,取得了突出的成绩。试点工作的实践充分证明,党中央关于深化国家监察体制改革的决策部署是完全英明正确的,释放了全面从严治党一刻不能松、夺取反腐败斗争压倒性胜利的强烈信号,给全党全国人民以坚定信心。在试点过程中,积累了一些宝贵经验。实践证明,试点地区改革后的案件处置质量和效率明显提高,监察机关和检察机关实现案件移送的顺畅衔接。

三、及时获得立法支撑

党的十八届四中全会明确要求“重大改革于法有据”,这也为推进国家监察体制改革提供了基本遵循。综观整个监察体制改革进程,严格按照现行法律框架进行,改革始终在一定的法律界限之内,符合合法性、合宪性的要求。

一是修改宪法。根据监察体制改革方案,监察委员会在组织机构上独立于经人民代表大会选举产生的人民政府、人民法院和人民检察院，前者是行政机关，后两者是司法机关，新组建的监察委员会作为政治机关，成为新形成的人民代表大会之下“四足鼎立”新格局的一极。第十三届全国人大第一次会议表决通过了《宪法修正案》，及时因应了政治体制改革的重大变革，承认并固化了国家监察体制改革的成果，使我国宪法又一次得到重大完善，其中的重要内容就是增加有关监察委员会的各项规定。此次修宪，对我国《宪法》作出 21 条修改，其中 11 条同设立监察委员会有关。具体来说，《宪法修正案》在《宪法》第三章“国家机构”第六节后增加一节，作为第七节“监察委员会”，就国家监察委员会和地方各级监察委员会的性质、地位、名称、人员组成、任期任届、领导体制、工作机制等作出规定。与此相适应，还对《宪法》第一章“总纲”、《宪法》第三章“国家机构”的相应条款作出了修改。这些具体条款的修改，集中回应了社会各界对于涉及政治体制改革的关切和关注，旗帜鲜明地反映了党的十八大以来深化国家监察体制改革的成果，贯彻了党的十九大关于健全党和国家监督体系的部署。正如全国人大常委会法工委副主任郑淑娜所说：“设立监察委员会涉及国家机构职权的重大调整和完善，所以需要做好顶层设计，在宪法中作出规定。这次《宪法修正案》对监察委员会的规定，为设立监察委员会并为其依法行使职权开展工作提供了宪法依据，也为制定监察法提供了宪法依据。”〔1〕

二是制定国家监察法。第十三届全国人大第一次会议表决通过了《监察法》，共计 9 章，69 条，内容涵盖监察机关的职责、监察范围、监察权限及监察程序等各个方面。概括起来，可以归纳为十大亮点：一是规定了监察的对象范围，包括全部行使公权力的公职人员。二是具体列举了公职人员的范围，国家机关公务员、参公管理人员、国有企业管理人员、公办事业单位的管理人员、基层群众性自治组织中从事管理的人员以及其他。三是规定了监察委员会的工作方式包含监督、调查、处置等。四是规定了

〔1〕《宪法修正案，你读懂了吗?》，载《半月谈》2018 年第 6 期。

监察的权限和措施等,实际上相当于赋予了监察委刑事侦查权及侦查手段和措施。五是规定留置措施时间一般为3个月,特殊情况经审批可以延长3个月。监察机关认为存在“有碍调查”情形的可以不通知家属。六是处置,监察机关根据调查结果,分别做出处理,包括行政处分、提出问责或者监察建议、移送检察机关审查起诉等。七是对违法或者涉嫌犯罪所得财产的处理,违法所得的,可以依法直接没收、追缴或者责令退赔,对于涉嫌犯罪取得的,需随案移送。八是检察院审查起诉与退回补充调查,其中,在检察院审查起诉期间,退回补充调查每次不超一个月,最多不超过二次,这与刑事诉讼审查起诉中退回补充侦查的规定相同。九是被调查人死亡不必然终止调查。十是加强反腐败国际合作。

制定监察法,使党的主张通过法定程序成为国家意志,是以习近平同志为核心的党中央做出的重大决策部署,目的是坚持和加强党对反腐败工作集中统一领导,以法治思维和法治方式惩治腐败。这是我国政治制度、法律制度建设中的一件大事,意义重大,影响深远。[1] 从长远来看,《监察法》的出台,既使党的主张通过法定程序成为国家意志,也有利于构建集中统一、权威高效的国家监察体系,把制度优势转化为治理效能。

三是修改《刑事诉讼法》。《监察法》的制定实施,导致了部分《刑事诉讼法》条文的暂停适用。因此,2018年10月26日,第十三届全国人大常委会第六次会议以170票赞成、2票弃权,表决通过了关于修改刑事诉讼法的决定,这也是该法的第三次修改,其中着重完善了与《监察法》的衔接机制,以保障监察体制改革的顺利进行。具体有两方面内容。

一是对人民检察院侦查职权进行了调整。修改前的《刑事诉讼法》规定:“贪污贿赂犯罪,国家工作人员的渎职犯罪,国家机关工作人员利用职权实施的非法拘禁、刑讯逼供、报复陷害、非法搜查的侵犯公民人身权利的犯罪以及侵犯公民民主权利的犯罪,由人民检察院立案侦查。对于国

---

〔1〕 马森述:《深刻认识监察法的重大意义和科学内涵》,载《中国纪检监察》2018年第6期。

家机关工作人员利用职权实施的其他重大的犯罪案件,需要由人民检察院直接受理的时候,经省级以上人民检察院决定,可以由人民检察院立案侦查。"概言之,通常学理意义上的职务犯罪侦查权归属于检察机关。但是修改后的《刑事诉讼法》规定:"人民检察院在对诉讼活动实行法律监督中发现的司法工作人员利用职权实施的非法拘禁、刑讯逼供、非法搜查等侵犯公民权利、损害司法公正的犯罪,可以由人民检察院立案侦查。对于公安机关管辖的国家机关工作人员利用职权实施的重大犯罪案件,需要由人民检察院直接受理的时候,经省级以上人民检察院决定,可以由人民检察院立案侦查。"这样,检察机关管辖的职务犯罪数量大幅减少,依法仅对非法拘禁罪,刑讯逼供罪,非法搜查罪,暴力取证罪,虐待被监管人罪,滥用职权罪,玩忽职守罪,徇私枉法罪,民事、行政枉法裁判罪,执行判决、裁定失职罪,执行判决、裁定滥用职权、私放在押人员罪,失职致使在押人员脱逃罪,徇私舞弊减刑、假释、暂予监外执行罪 14 个罪名享有管辖权,其原先享有的职务犯罪管辖权绝大多数移交给了监察机关。

二是对监察机关与刑事司法机关的衔接予以明确。主要是规定检察机关对监察机关移送的案件进行审查起诉或者退回补充调查、自行补充侦查的细节。修改后的《刑事诉讼法》规定:"人民检察院对于监察机关移送起诉的案件,依照本法和监察法的有关规定进行审查。人民检察院经审查,认为需要补充核实的,应当退回监察机关补充调查,必要时可以自行补充侦查。""人民检察院对于监察机关、公安机关移送起诉的案件,应当在一个月以内作出决定,重大、复杂的案件,可以延长十五日;犯罪嫌疑人认罪认罚,符合速裁程序适用条件的,应当在十日以内作出决定,对可能判处的有期徒刑超过一年的,可以延长至十五日。"为了坚决杜绝"未审即定""先定后审""以会代审"等问题的发生,中央纪委国家监委明确提出对追究党纪政务责任的案件实行查审分开,绝不能违背工作实际和办案规律,坚决防止设定"零延期""零退查""零不诉""零无罪""零上诉”等不切实际的工作目标。[1] 同时，明确了留置与刑事诉讼强制措施的衔接。修改后的《刑事诉讼法》规定：“对于监察机关移送起诉的已采取留置措施的案件，人民检察院应当对犯罪嫌疑人先行拘留，留置措施自动解除。人民检察院应当在拘留后的十日以内作出是否逮捕、取保候审或者监视居住的决定。在特殊情况下，决定的时间可以延长一日至四日。人民检察院决定采取强制措施的期间不计入审查起诉期限。”

第四节　监察委员会与相关部门的关系

国家监察委员会横空出世，既不同于以往的中央纪律检查委员会，也不同于国家监察部，更不同于最高人民检察院反贪污贿赂总局，而是党和国家基于加强反腐败的考虑，对现有政治权力格局的一次大调整，涉及面广，触动体制机制问题，影响极其深远。

一、监察机构与纪律检查委员会的关系

监察委员会与党纪律检查委员会合署办公，可视为是现行纪检监察合署办公的“升级版”，说明纪检监察开始由单轨运行模式转向双轨运行模式。[2] 这也是本次国家监察体制改革的一大亮点，凸显了党的集中统一领导的基本原则。此前一直采取的是单轨运行模式，侧重于党内执纪问责监督，而未能充分发挥行政监察职能，常常被诟病为党内执纪的附庸，没有自身工作的独立性。党的十四大上确定了两机关合署办公的体制。[3] 表面上看是找到了一条解决矛盾的道路，然而，因为我国采取的是党政分开的格局，故此，行政监察与党的纪检两种监督机制是截然不同

〔1〕 陈国猛：《职务犯罪案件移送审查禁设“零退查、零不诉、零无罪”目标》，载《中国纪检监察报》2019年4月11日。

〔2〕 谢超：《〈监察法〉对中国特色的反腐败工作的法治影响》，载《法学杂志》2018年第5期。

〔3〕 张杨：《论我国行政监察领导体制的完善》，载《中共杭州市委党校学报》2007年第5期。

的，不能由于采取了合署办公制度而忽视两者之间的差异。[1] 党的十八大召开之后，我国开展了大力度反腐败工作，纪委发挥的作用日益明显，而同时行政监察机关的职能则呈现出泡沫化倾向。由于采取这种合署办公的制度使得无法明确界定行政违法责任以及违纪责任，导致两者混同，经常发生以纪律处分代替行政责任处分的问题；具体到监督绩效上，对比两个机关，发现纪检机关立案数量畸高。这说明，由于纪检机关权力边界的不断扩张使行政监察权被湮没了，使行政监察权的权威性受到影响。

十八届中央纪委六次全会上，习近平总书记提出，目前在我国的公务员队伍中，超过80%的都是党员，县处级以上的领导干部中该比例在95%以上，这就决定了国家监察与党内监督之间具有的密切关联性，也为国家机器监督与党自身监督的合并运行提供了现实基础。基于该角度分析，新型的纪检监察合署办公体制是适应党作为执政党的政权运行机理的内在要求。合署后，可对两机构进行合理分工，两机构应当明确自身的重点工作，具体来讲，要求纪委执纪要强，执法要弱；而监察委则相反，主要负责官员违法犯罪的查处与管理，而纪委则主管违纪问题。采取这种双轨运行的模式是对既有合署办公体制的优化，也充分体现了纪委应当坚持纪在法前，充分发挥其党内监督职能；还能够充分发挥监察机关惩处违法犯罪案件的理念，强化执法力量，丰富执法手段。

二、监察机构与人民检察院的关系

监察委员会经过调查，认为某些案件责任人需要承担刑事责任，则要求其及时将相关材料转交给相应检察机关，由检察机关负责审查，若决定提起公诉，则需要及时将审查情况反馈给监察机关，如果不起诉，检察机关也需要及时将不起诉决定、理由通报监察机构。并且，两个机关还应建

---

〔1〕 徐理响：《现代国家治理中的合署办公体制探析——以纪检监察合署办公为例》，载《求索》2015年第8期。

立联席会议制度。为了提高工作衔接效率，针对新问题、新任务，两机构应当形成定期会议制度或者是不定期召开会议，在会议上双方应当就办案情况、工作经验等进行及时、充分的沟通。[1] 同时，考虑到两个机构都有自己的执法流程、司法流程，故此，为了能够提高执法与司法效率，便于查询相关数据，应当在两机构之间搭建信息共享平台，以避免出现信息孤岛的现象。并且，监察与检察两机构通过共享专业技术资源，能够使两个机构更加容易就执法与司法衔接中的专业性问题达成共识，提高工作效率，节约工作成本。

在案件查处过程中，两机关还可以根据对方的提请提前介入，帮助进行案件分析，以便于更快地对侦查与起诉证据进行审查。因此除了加快建立信息共享机制，提高办案效率外，还要同步建立介入支持机制，提高办案质量，这也是反腐执法实践中的一条经验。主要的介入支持方式包括：监察人员在监察违法违纪行为时，对于那些可能涉嫌犯罪的，可邀请检察机关提前介入，就该行为有无达到刑事追诉的标准共同进行讨论，检察机关认为涉嫌犯罪的，则可结合实际情况决定提前介入，为监察人员在证据收集、保全等方面进行指导。针对职务犯罪案件，在将其调查结果转交至检察机关时，还可考虑建立由监察机构案件审理部门进行统一审核、出口的工作体系，由该部门与检察机关职务犯罪检察部门对接，以此方式使监察机关对职务犯罪案件的处置标准能够实现统一。[2]

三、监察机构与其派出机构的关系

目前，依据宪法和监察法，已经从法律层面界定了监察委员会的基本组织架构和权力边界。就组织体系而言，主体是国家和地方监察委员会，其中各级监察委员会分别向对应的人大及其常委会负责。地方各级监委同时接受上级监委以及本级人大及其常委会的领导、监督。下级监委需

---

〔1〕 孟子寻：《监察委员会试点：宪法视野下监察权分配问题研究》，载《河北工业大学学报》（社会科学版）2017 年第 2 期。

〔2〕 吴建雄：《监察委员会的职能定位与实现路径》，载《中国党政干部论坛》2017 年第 2 期。

要接受上级监委的领导,地方各级监委需要接受国家监察委员会的领导。县级以上政权机关设立各级国家监察委员会。[1] 在监察委员会的人员任免方面,监察委员会由主任、副主任、若干委员组成。其中,全国人民代表大会选举产生国家监察委员会主任,其他的副主任以及委员,均由国家监察委员会主任提请全国人大常委会任免。每届主任的任期与人大每届任期是相同的,最多连任两届。参照国家监察委员会的模式,地方监察委员会的人员结构基本相同,由本级人大会议选举产生监察委员会主任,副主任与委员同样是由监察委员会主任提请本级人大常委会确定,任期的规定与国家监察委员会类似。上级监委有权领导下级监委开展工作。

派驻监督是党的自我监督的重要形式。党的十九大修改的党章规定,中央与地方的纪检机构向同级党和国家机关全面派驻纪检组。《中国共产党党内监督条例》更是对党的十八大以来派驻纪检机构改革成功经验予以了制度化,明确了派驻纪检组的主要职能及其领导方式。随着全国范围内各级监察委员会的设立,如何紧密结合党内纪检派驻的既有格局,嵌入监察机关的功能发挥,事关能否建立起巡视、派驻、监察三个全覆盖的统一的权力监督格局。我国《监察法》用专款明确了监察机关派驻机构、监察专员等的职责,提高了该机制的规范化、法治化水平。在该法第12条第1款中,就对各级监察委员会派出监察机构、监察专员的范围以及组织形式进行了明确规定,即可以向本级党和国家机关、法律法规授权或者委托管理公共事务的组织和单位,以及所管辖的行政区域、国有企业等派驻或者派出监察机构、监察专员。在该法第12条第2款中,则对各级监察委员会派出监察机构的领导体制作了明确。监察机构、监察专员不受其所驻部门的指导,由派出监察机构负责领导,因此,这就决定了其在工作中能够保持地位的相对独立性,进而可更好地保证监察机关能够通

---

[1] 李建国:《关于〈中华人民共和国监察法(草案)〉的说明》,载《人民日报》2018年3月14日,第5版。

过派驻或者派出的监察机构、监察专员，及时、准确地掌握各个监察对象的实际情况。同时需要注意的是，各级监察委员会与本级党的纪律检查委员会合署办公，监察委员会派驻或者派出的监察机构、监察专员，与本级纪委派驻或者派出到该单位以及行政区域、国有企业的纪检组，也应当合署办公。

四、监察机构的运行状态

在党的十八届七中全会上，习近平总书记提出，在北京等三个试点地区进行的监察制度改革工作为在全国范围内全面推广提供了非常宝贵的经验，并且有很多可以直接复制、推广。党的十九大报告中提出，为了保持党的纯洁性，使党的自我净化能力能够得到提升、增强，从根本上来看，需要依靠党的自我监督的强化以及群众监督的强化。为了确保权力运行在规范化轨道上，需要通过制度创新，加强对权力运行的有效约束，切实发挥群众监督的作用，将权力运行置于阳光下。

2018 年 7 月 19 日，中纪委国家监委对 2018 年上半年中国的纪检监察机关的工作情况进行了总结汇报，累计受理 168.3 万件次信访，处置 74 万件问题线索，谈话函询 15.4 万件次，立案 30.2 万件，有 24 万人受到处分，处分人员包括省级以上干部以及厅级、县级等多个级别的干部，其中省部级以上干部有 28 人，此外，还有来自农村、企业等的其他人员，合计 14.6 万人受到处分。全国纪检监察机关以监督执纪“四种形态”处理人次为 68.4 万人次，占比最高的为第一种形态，所占比重为 64.6%；其次为第二种形态，对应比重为 27.7%；第三、第四种形态分别占比 4.7%、3%。[1] 这也是地方各级监委与纪委合署办公后向社会公布的第一次半年报，结合本次通报的内容进行分析能够发现，我国在深化国家监察体制改革方面已经取得了一定的阶段性成果，同时，也说明了党和政府还将继

〔1〕《中央纪委国家监委通报二零一八年上半年全国纪检监察机关监督检查、审查调查情况》，载《中国纪检监察报》2018 年 7 月 20 日，第 1 版。

续大力度反腐、保持惩治腐败的高压态势。与以往相比,本次通报有以下明显的特点。

一是从数据变化分析,数据增长是监察体制改革红利的体现。基于某种角度来讲,这次半年报可视为全国纪检监察工作在这半年取得的成绩。对比2017年上半年的统计数据能够发现,大部分数据都有所增长。比如信访办受理案件增幅将近30%,受到处分的厅局级干部增长幅度为50%。此外,从本次半年报中还能够发现,2018年第二季度的数据是高于第一季度的。如立案数的增长幅度为54%,接受信访举报涨幅为24%。这些数据的增长,也从侧面说明了反腐败是党心民心的共同要求。[1]

二是"前后台"分设,将监督挺在前面。通过对通报用语表述进行分析能够发现,本年度第一季度的通报中使用的是"审查调查情况",而在本次通报中则修改为"监督检查、审查调查情况"。从表述的变化中可以看到对各级纪检监察机关正在进行的"前后台"分设,监督挺在前面这项改革的更加真实的反映,该项改革旨在适当加大对监督的力量倾斜。2017年开始实施的党纪律检查机关监督执纪工作规则中明确规定,应当尽快形成执纪监督、执纪审查、案件审理互相协调、制约的工作机制,对于市级以上纪委可就执纪监督与执纪审查分设问题展开积极的安排。与此同时,国家监察体制改革逐渐在全国范围内实施推进,各地开始逐渐落实"分设"要求。对于纪检监察机关而言,应当清楚地认识到其主要职责为监督,应当在合署办公的基础上,改变传统的政绩观,利用"前后台"分设这一措施完善对联系地区或单位的经常性监督,增强问题发现能力,积极建设全方位权力监督格局,这也是本次通报中各项数据都"飘红"的重要原因。结合本次通报我们发现,2017年上半年运用第一种形态对应的比重为56.6%,2018年提高到了64.6%。之所以会出现这一变化,一方面是因为监督检查与审查调查机构对政策的把握和运用能力在不断提升,

[1] 《2018反腐"半年报":14名省部级以上官员被公诉》,载人民网:http://politics.people.com.cn/n1/2018/0701/c1001-30097713.html,2018年7月15日最后访问。

另一方面则是因为把监督挺在前面、更加重视抓早抓小带来的结果。

三是持续保持惩治腐败高压态势。2016 年上半年,全国纪检监察机关首次开始发布“纪律审查情况”的季度通报,到 2018 年上半年共发布了 5 个半年通报。对比分析通报中的数据变化趋势能够发现,我党始终坚持“打虎拍蝇”绝不手软,惩治腐败时刻在路上。直观的数据更具说服力,如果我们分析处置问题线索这项数据的变化情况能够发现,2016 年上半年到 2018 年上半年,其对应的每半年通报的数据为 30.1 万件、43.3 万件、52.1 万件、73 万件和 74 万件,显然该项数据是在不断增长的。呈现出相同变化趋势的还有立案数据,这段期间依次为 19.3 万件、22 万件、25.6 万件、27.1 万件和 30.2 万件,这些数据充分展示了党和政府坚决惩治腐败的决心和态度。而且十分难得的是,目前在反腐败斗争中已经取得压倒性态势后,不仅能够保持“打虎”力度不减,而且还提高了反腐的有序性。这些通报数据,向我们充分展示了我国依旧面临十分严峻的反腐斗争形势,但是我党和政府始终保持巩固压倒性态势、获取最终压倒性胜利的坚定信念。

第五节　我国监察体制之制度优越性

深化国家监察体制改革,是以习近平同志为核心的党中央作出的重大决策部署,是事关全局、影响深远的重大政治体制改革,是新时代健全党和国家监督体系的重大战略举措。我国自秦朝时起就建立了御史制度,专司监察职能,而后经过两千多年的历史发展,形成了一套自上而下独立于行政系统的监察体系,设立权威高效的专门监察机关,是我国政治文化的重要传统,也是中华民族独特的制度传统。如今,我国监察体制改革确立的监察制度深刻蕴含着中华民族的历史文化,是对中国传统监察制度的继承与发展,是对国家权力制约体制的探索与创新。但它们又有本质不同,最根本的就是监察机关是直接由人大产生、对人大负责、受人大监督的,形成的是人民代表大会制度下的国家监察体系。这表明了当今的监察体制绝不是专制主义中央集权统治国家的武器,而是以人民民主专政为依托的、具有社会主义性质的、与党的全面领导、人民当家作主紧密结合的权力监督制度,充分蕴含着人民监察思想。坚定道路自信、理论自信、制度自信、文化自信,就是要从中华民族历史传统中汲取智慧,结合我国具体的时代背景和世情国情,实现监察工作理念思路、体制机制、方式方法的与时俱进,走出一条适合中华民族历史传统和现实国情的道路。

我们党全面执政、长期执政,制度优势已经充分显现,但是依然面临着风险和挑战,其中最严峻的挑战就是对权力的有效监督。做好监督体系的顶层设计,就是既要实现自我监督,又要加强对国家机器的监督,党内监督与国家监督应该是一体两面,相互促进,相得益彰的。历史和现实证明,中国共产党之所以伟大,不是因为其天生完美、不犯错误,而是因为我党从不讳疾忌医,敢于直面一切问题,并进行积极的自我修复。深化国家监察体制改革是确立中国特色监察体系的创制之举,其制度本身的优越性体现在以下几个方面。

第一,党的集中统一领导是最大制度优势。习近平新时代中国特色社会主义思想最重要、最核心的内容就是党的十九大报告中的“八个明确”,其中就明确了中国特色社会主义最本质的特征是中国共产党的领导,中国特色社会主义制度的最大优势是中国共产党的领导。我们最大的国情和党情就是“党是领导一切的”。自党的十八大以来,在中国共产党的领导下,中国反腐败斗争取得了重大突破,深化监察体制改革的重要目的也在于加强党对反腐败工作的统一领导,因为只有党的领导才能成就国家富强、民族复兴、人民幸福。深化国家监察制度改革,监察委员会在党委的统一领导下,进一步加强了党的自我监督,正如习近平总书记所指出的,“党的执政地位决定了党内监督在党和国家各种监督形式中是最基本的、第一位的。只有以党内监督带动其他监督、完善监督体系,才能为全面从严治党提供有力的制度保障”。此外,总书记还提道,“有没有自我革命精神,有没有自我净化的过硬特质,能不能坚持不懈同自身存在的问题和错误作斗争,就成为决定党兴衰成败的关键因素”。可以肯定的是,正是有了敢于自我革命的中国共产党的领导,我国深化监察制度的改革才能纵深发展、落到实处,才能真正将顶层设计转化为治理效能。

第二,建立独立监察机关是重大制度创新。《关于在北京市、山西省、浙江省开展国家监察体制改革试点方案》中强调,深化国家监察体制改革的目标,是建立党统一领导下的国家反腐败工作机构。这一机构就是由本级人民代表大会产生的监察委员会。它与之前的行政监察机关即监察部(厅、局)是完全不同的,在地位、性质、职能等方面有着重大区别。前文提到,在以往的行政监察体制下,监察机关属于政府序列,是政府的职能部门,缺乏独立性和权威性,难以摆脱同体监督的困境。根据2018年《宪法》修改后对于监察委员会地位的认定,其地位与“一府两院”是平行的,从中可以明显看出,作为行使国家监察职能的反腐败专门机构,已“自成一家”、独立运作,这样大刀阔斧的改革是继1954年《宪法》以来从未有过的制度创新。除了地位上的创新外,其体系性构建也有所变化。在此之前,我国已有《行政监察法》《人民法院监察工作条例》《人民检察院监察工作条例》,现在制定了《监察法》,且与《监察法》相关的各种法律法规也在进一步制定中。

第四章　人民监察思想与监察委员会制度建设

以毛泽东同志为核心的党的第一代领导集体，在斗争中积累的革命经验十分丰富。他们一生中大部分的时间都在积极探索如何以法律推动革命、开展建设。董必武同志针对当时的国情进行了系统的思考，提出了许多精辟的理论观点，这些观点不只是体现了党的基本理论、路线、纲领，就无产阶级政党开展自身建设的一般性要求展开了积极的探索，同时，还结合所处时代主题的变化、内外环境的变化，围绕执政党的权力来源、行使、监督等问题展开了自主探索，在其思想中体现了马列主义党内监督思想中国化的基本路径。

第一节　董必武与监察委员会制度

作为人民监察思想的杰出代表人物，董必武同志自从投身中华民族反抗封建主义、帝国主义、官僚主义的革命运动时起，就不断完善、丰富、推动革命新阶段和新要求下的革命法制建设，在经过一系列漫长的实践和对国际共产主义法制建设的学习，以董必武同志为代表的老一辈革命家逐渐形成了人民监察思想。与此同时，作为党内极少数受过正规法律专业教育并从事过相关工作的人，他把一生几乎都奉献给了中国共产党的法制化建设。在他极力推崇的法制体系内，监察委员会占据了重要的地位，他相信只有通过以人民为主力军的监察才能对一些“看不见的”伤害人民的行为进行揭露和惩戒。董必武同志对我国监察制度的建立起到了重要的推动作用，在监察一线上，他坚持本心，不忘初心，通过监察制度使人民的合法权益得到了最大化的保障，有效减少了党内和行政系统内的工作人员利用公权力侵害人民群众的行为。虽然因为历史上的种种因素影响，监察体系的发展在一段时间内遭受重创甚至被废止，但他依旧不忘在原有的监察框架体系内努力寻找新道路，寻找新方法，发展监察体系，重建监察委员会。

一、推动监察委员会制度的发展

早在湖北省政府成立之时，董必武同志就对省政府下达了要严格执行最低纲领，通过立法形式规定省政府各级干部必须遵照执行的条例。北伐期间，随着农民运动的持续深入，地主土豪决定镇压反抗的农民，引发了一连串惨案。在这种情况下，《惩治土豪劣绅暂行条例》《审判土豪劣绅委员会暂行条例》以法律的形式保护了农民运动的发展。这是第一个国民党批准的保护农民权益的法律规范，以人民为主要保护对象的认识逐渐形成。武汉政府时期，由董必武同志亲自主持制定、审查的条例和法律文件多达几十件，包括组织、军事、劳动、行政、民事、经济等各个方面，这些文件本身对当时的北伐战争产生了积极的影响，同时也为日后董必武等同志在革命根据地制定各种法律条文，尤其是对中央监察委员会的相关规定的出台打下了良好的基础，提供了宝贵的经验。

1931 年，董必武同志进入中央苏区工作，担任中央监察委员会书记，自此正式开始领导中国共产党的监察工作。他先后担任了临时最高法庭主席、最高法院院长和中央工农检察委员会代理主任，根据革命地的实际情况，在监察方面开展了大量开创性的工作。1933 年，董必武同志组织制定了《怎样检举贪污浪费》，规定对财政部、总务处、国民经济部及其所属的经济机关、其他各部及前后方军事机关一切经手款项的人员进行检查。[1] 他还组织建立了工农通讯员等群众监察组织，工农通讯员是工农检察机关在各级政府机关、企事业单位、群众团体、街道、村落中设置的不脱离生产的群众性的义务监察人员。1933 年 4 月中央工农检察人民委员部发布第三号训令，要求各级机关、企业、作坊、学校、社会团体、街道、村落中，推选优秀分子为通讯员，其任务是“替工农检察部调查和收集该地区苏维埃和其所属机关在职权上工作上生活上所发现的各种不好的事实和材料报告”。1935 年，董必武同志接受指派对陕北地区进行肃反审查，平反了许多冤假错案，实现了法律面前人人平等的原则，体现了党对人民负责任的态度。这一时期，基于革命的特殊需要，董必武同志领导的监察机关主要是对党内的纪律检查负责，分级设立监察工农检察委员会，标志着革命根据地监察法制的初步形成。[2]

早在中央苏区时期，董必武同志就指出：“党员犯法，加等治罪。”[3] 从严治党的思想开始在他的实践中彰显。晋察冀与晋冀鲁豫两大人民民主政权在 1948 年合并成立了华北人民政府，董必武同志担任主席并设立了华北人民监察院。为联系工农群众，推动人民群众监督与检查人民民主政权，1949 年 6 月华北人民监察院决定：“凡各级职工会会员，农会会员，青年妇女团体团员，报社访员，企业、交通、财经机关中技术人员及其他公正人士，热心公务，愿担任通讯检查员以帮助检查工作者，经团体机关介绍后，由华北人民监察院审慎选聘为通讯检查员。”[4] 同时，华北人民监察院还制定了通讯检查员的相关工作制度与工作要求。新中国成立之前，党内曾围绕要不要创设监察机构产生了巨大的分歧，董必武同志认为国家监察委员会和监察制度是新中国法治建设必不可少的一个组成部

---

〔1〕 金雨：《董必武执法中央苏区亲自主持审理大批大案要案》，载新闻网：http://news.cri.cn/gb/27824/2011/11/03/5551s3424140.htm，2019 年 12 月 10 日最后访问。

〔2〕 张晋藩、焦利主编：《中国近代监察制度与法制研究》，中国法制出版社 2017 年版，第 231～232 页。

〔3〕 《董必武选集》，人民出版社 1985 年版，第 53～60 页。

〔4〕 李永春、罗雄：《20 世纪 50 年代我国人民监察通讯员制度的实践及现实启示》，载《湖湘论坛》2018 年第 1 期。

分,是新中国民主政权的重要保障,人民监察制度和监察委员会要随着新中国政权的建立而建立。在新中国成立之前的新政治协商会议筹备会上,董必武同志领导起草《中华人民共和国中央人民政府组织法(草案)》,明确规定国家组织结构中包括人民监察委员会。与此同时,在第一次全国人民政治协商会议通过的《中国人民政治协商会议共同纲领》中,笼统规定了人民监察机关的层级设置以及任务和职权,成为其他与监察有关的法律文件的依据。这一时期监察机关的监察对象覆盖县(市)以上各级国家机关和各种公务人员,不仅包括行政机关,也包括审判机关、检察机关及其工作人员。这些规定,从立法层面规定了监察体系在国家制度和国家机关中的重要作用,明确了监察体系对新中国法制建设的重要性。所以说董必武同志是新中国人民监察思想的奠基人之一,是创建中国特色监察体系的先驱。

二、监察委员会制度的理想建构

董必武同志自推进中国共产党的法制建设以来,不断提出自己对法制体系的新想法,不断在实践中调整自己的设想,使其更加具体化、系统化。

(一)强调人民性

董必武同志幼年时家乡附近相继发生因遭灾荒百姓抢粮聚众求赈,1907年雇工齐聚衙门要求提高工价无理被拒后打毁公署等事件,让正值少年的他认清了人民群众摧枯拉朽的力量。在投身革命后,他越来越体会到在革命任务中群众力量的伟大。此后,在《更好地领导政府工作》报告中,他就旗帜鲜明地提出:“政府的权威不是建筑在群众的畏惧上,而是建筑在群众的信任上。群众一经信任政府是他们自己政府的时候,政府在当地就有无上的权威。”“我们要相信群众是可以说服的。”“至于那些敌探、汉奸、土匪及专心破坏政府威信、妨害政府威信的坏家伙,政府绝不能放纵他们,但必须在群众中揭穿那些害虫的罪恶,用群众的力量来惩治他们,而不是政府简单的判罪了事。”[1]

1954 年,董必武同志出席第二届全国监察工作会议,他在讲话中强调,“肃清全国违法的现象只靠监察机关是不够的,监察机关首先必须依靠群众、教育群众守法和揭发违法事情”。1963 年,董必武同志与中央监察委员会副书记钱瑛共同视察宁夏回族自治区和内蒙古自治区,在了解过两地的实际情况后,他向自治区的党员干部们提出干部要艰苦朴素和人民群众打成一片,不要脱离群众,提出监察制度是巩固人民民主专政的锐利武器,是便于广大人民群众实现诉求的手段之一。监察工作者要始终站在广大人民群众的立场上,体现人民群众的意志,保护好人民群众的合法权益。监察工作需要人民群众的支持和参与,同时还要接受来自人民群众的监督。这与人民群众路线的基本理论“从群众中来,到群众中去,一切为了群众,一切依靠群众”相契合。

要想真正做到顺应民意、合乎民心、维护民权,监察机关的工作人员就必须要公正中立,依据相关的法律行使自己的监察权,不能越权,更不能怠于行使监察权。董必武同志在党的八大报告修改稿上系统提出“依法办事”和“必须有法可依”“有法必依”,进一步加强人民民主法制的主题思想。这是人民民主法制精神的基本要求,也是人民监察思想和监察委员会制度的内在要求。只有做到这一点,才能认真对待行政系统和党内的玩忽职守、贪污腐败违法分子,才能不辜负人民对党和国家的信任,不损害共产党和政府的公信力,真正实现监察委员会制度的民主性这一基本要求。

(二)有法可依、有法必依

“有法可依、有法必依”是监察委员会制度能够顺利实施的基本遵循。董必武同志早在陕甘宁边区时期,就曾在中共县委书记联席会议上明确指出,党员要服从和遵守国家法律,违法要受党纪制裁还要加等治罪。

---

[1] 《董必武传》撰写组:《董必武传:1886 - 1975》,中央文献出版社 2006 年版,第 53 ~ 60 页。

1949 年,他在中国人民政治协商会议第一次全体会议讨论《中央人民政府组织法》时提出要在政务院下设人民监察委员会,政务院对其有直接指挥权。“人民监察委员会是监察行政人员是否履行其职责的,与检察署不同。”[1]1950 年,第一届全国司法会议上,他在《要重视司法工作》报告中说明:“在政务院的组织中,有司法部、法制委员会、公安部,还要有人民监察委员会,这些都是与法有关的机关。”[2]1954 年,中国共产党第二次全国宣传工作会议上,董必武同志在《关于党在政治法律方面的思想工作》讲话中提道:“中央人民政府对监督国家机关、国家机关工作人员和人民是否守法设有专管机关,如检察署,也还设有专门监察国家机关和国家工作人员违法现象的机关,如监察委员会。”[3]1954 年,在政务院第二百一十九次政务会议上讨论第三次全国监察工作会议报告时,董必武同志提出:“这次会议,对监察工作的任务规定的很清楚,第一是监督国家工作机关执行政策的情况,第二是保障经济建设,第三是处理好人民来信。”“训练监察人员的主要要求是:一、提高政治警惕性;二、学习有关政策法令。”[4]可以看到,董必武同志在新中国成立后历任最高人民法院院长、全国政协副主席、中共中央监察委员会书记等职务,致力于通过完善立法加强新中国的廉政建设。

有法必依的前提是有法可依,因此,在董必武同志进入国家行政系统担任相关领导职务后,做的第一件要事就是对监察委员会制度进行相关的立法,制定一系列法律条文和法律文件,明确监察委员会的重要地位、监察范围、监察机构的设置等,从而让监察工作人员在行使监察权的时候可有相应的法律依据,从而提高办事效率、提高党和政府公信力,使得检察权的行使更加规范、有条理。虽然“文化大革命”使监察委员会制度遭受了灭顶之灾,但也正是由于这次沉重打击,唤醒了人们对于法治的认

[1] 董必武文集编辑组编:《董必武政治法律文集》,法律出版社 1986 年版,第 266 页。
[2] 董必武文集编辑组编:《董必武政治法律文集》,法律出版社 1986 年版,第 99 ~ 104 页。
[3] 董必武文集编辑组编:《董必武政治法律文集》,法律出版社 1986 年版,第 307 ~ 313 页。
[4] 董必武文集编辑组编:《董必武政治法律文集》,法律出版社 1986 年版,第 226 页。

知。监察制度也从“有法可依、有法必依”向“有法可依、有法必依、执法必严、违法必究”发展。

(三)贯彻党建思想

董必武同志高度重视党的组织建设,提出“党的组织最为重要”的思想。他坚决拥护四大关于组织问题的决议,并在国民党湖北省首届代表大会上提出“党的组织最为重要”的看法。党的组织建设问题是党的建设的一个基础性问题,是党进行其他方面建设的基础,也是监察委员会制度建设的基础。

董必武同志特别注重党员的法治思想教育,尤其是人民监察思想教育,要求党员时刻保持着警醒的状态,在行使公权力的时候不能存在侥幸心理。同样地,党员如果从事违法犯罪行为必须加重处罚;反对宗派主义,党员必须加强与群众和党外人士的密切联系,这样才能真正做到贴近民生,才能在此基础上反映民意,代表人民的意志行使公权力。监察人员也要多与人民群众进行沟通,这样才能打开人民检举、投诉的渠道,对党内及政府工作人员和其他行使公权力的人员进行有效的监察。他还提出要处理好党和政府的关系,1938~1940年,在《更好地领导政府工作》报告中科学而辩证地论述了党和政府的正常关系,提出党是领导政府工作的,但是绝不能包办政府工作,要使政府真正有权。“党在政府中实现它的政策,是经过和依靠着在政府内工作的党员和团员。党只能直接命令它的党员和党团在政府中作某种活动,起某种作用,绝不能凌驾于政府之上来直接指挥和命令政府,这是我们同志应当清楚了解的。”各级监察委员会采用“双重领导”制,不能存在除此之外的第三种绝对的领导力量。因此,党要实现它的政策时,只能通过作为监察人员的党员发挥他的模范带头作用来达到目的。

(四)促进制度完善

董必武的人民监察思想和倡导的人民监察委员会制度,都是在不同历史阶段的实践中不断摸索发展起来的。1921年前后,他参加了资产阶级改良性质的湖北自治运动。1933年中华苏维埃人民委员会第三十五次常委会任命董必武同志为中央工农检察委员会委员，1934年，又在中共临时中央召开的六届五中全会上当选为中央党务委员会委员并担任这个委员会的书记，负责党的纪律检查工作。同年，在中华苏维埃第二次全国代表大会上，董必武同志当选为中华苏维埃第二届中央执行委员会委员，并再次当选为中央工农检察委员会委员；与此同时，中华苏维埃第二届中央执委会第一次会议又委任他为临时最高人民法院主席；后又被委任为最高人民法院院长。[1] 自此，董必武同志正式在中国共产党内领导人民监察制度的建设，为日后华北人民政府和新中国成立初期人民监察委员会制度的建立创造了条件，积累了经验，提供了借鉴。1932年以后蒋介石对中央苏区实行严密的经济封锁，在如此严峻的社会环境下，董必武同志公正无私、恪尽职守，严惩党内的刘明镜、熊仙壁等无法无天的贪污干部，一定程度上肃清了当时党内的风气，起到了敲山震虎的效果，提高了动荡时期党的团结性、一致性和人民性。1935年，董必武同志到瓦窑堡执行中共中央关于调查和解决陕北肃反问题的任务，他严格依法处理，查清真相，平反了许多冤假错案。1948年解放战争后期，华北人民政府建立。聂荣臻曾评价“华北人民政府的成立，中央是试图以此作为一个国家的蓝图来试点的”。[2] 董必武同志以华北人民政府为版图开始试行监察委员会制度，设立华北人民监察院为行政监察机关，有检查、检举、决议、处分的权力，同时接受人民群众的控诉，对反映的问题进行有效的审查，及时给予人民反馈。人民监察院的建立标志着革命根据地的人民监察委员会制度得到了崭新的发展。需要注意的是，在董必武同志的领导下，还试行了通讯监察员制度，通讯监察员的选拔要求较低，有利于让广大无产阶级民众成为与监察制度直接相关的通讯监察员，提高大家检举、反映民生问题的积极性和活跃性。这一制度的实施也是对土地革命时期苏维埃政权设立的工农通讯员制度的继承与发展，对新中国建立初期的人民监察通讯员

---

〔1〕《董必武传》撰写组：《董必武传：1886－1975》，中央文献出版社2006年版，第360～361页。

〔2〕聂荣臻：《聂荣臻回忆录》，解放军出版社2007年版，第543页。

制度起到了示范性作用,从一定意义上说,这是新中国成立初期的人民监察通讯员制度的雏形也不为过。[1]

董必武同志在参加革命时期的实践中不断将人民监察制度发展完善,带领苏维埃革命区人民探索完善监察委员会制度,捍卫人民利益,为我党的革命事业添砖加瓦,促进了我党力量在解放战争时期的发展壮大。牢固树立了我党"以人民为主心骨"的理念,加强了与人民群众的联系,并用依法办事、实事求是的工作态度取信于民,获得了人民群众的信任和支持。这是中国共产党取得压倒性优势最终获取政权的关键。

三、对董必武倡导的监察委员会制度的评价

董必武同志积极推行的人民监察委员会制度,对中国特色法制化建设以及现阶段中国人民监察制度的全面深化改革都具有重大意义。美国进步作家埃德加·斯诺的夫人海伦·福斯特·斯诺(尼姆·韦尔斯)曾经对董必武进行采访,她评价董必武是三场革命的老战士,他崇高的革命英雄主义和一往无前、不屈不挠的精神和可歌可泣的革命业绩,值得我们每个人尤其是革命者们学习。

1911 年,董必武同志是孙中山建立的政党,国民党的前身——同盟会的会员,他在 1925 ~ 1927 年的大革命中有突出的表现,并且自从那时候开始一直积极响应共产党的号召,参加共产党领导的革命运动。"他曾经是国民党和共产党之间的主要联络人物之一","我敬重毛泽东、董必武和其他好多人,他们竭力向人们讲授真理标准"。[2] 董必武同志本身的革命品质令人十分尊重,这种品质也被带到了他所倡导的人民监察委员会的制度建设中,对监察委员会制度产生了积极向上的正面影响。

王怀安在《学习董必武民主法制思想的几点体会》中提到,董必武同志从事法律实践时间较长,从 1934 年到新中国成立前一直担任监察机关

---

〔1〕 邬思源:《20 世纪 50 年代人民监察通讯员制度及其实践》,上海人民出版社 2015 年版,第 90 ~ 93 页。

〔2〕 《董必武年谱》编纂组:《董必武年谱》,中央文献出版社 2007 年版,第 114 页。

的重要职位,新中国成立时,党和国家把全面领导政法工作的重任交给了他。经历过“五朝弊政”后,董必武同志认为应当建立一个人民政权,民主的真谛是“人民真正当家作主”,“政府的权源于群众”“人民夺取政权是不依靠法律的,但是掌握了政权以后,必须依靠法律”,“要教育人民守法,首先就要国家工作人员守法”,“群众运动也有‘副作用’”,这些饱含智慧的观点,都是董必武同志倡导的用“正规的革命法制”来逐步代替群众运动的实例,奠定了我国人民民主法制的基础,其中最具代表性的革命法制就是人民监察委员会制度。从民主与法制方面来说,董必武同志的贡献最大,他是新中国民主与法治的先驱和旗手。〔1〕

赵晓耕和时晨在《略论董必武人民监察思想及华北人民政府的实践》中认为,在全面推进依法治国的今天,监督检查是保障政府及其工作人员的行为都合乎法律规范必不可少的措施;而为了充分体现监督监察的效能,以人民群众为主体的人民监察在整个监察工作中尤其应该加以重视。人民监察通讯员制度是董必武人民监察思想与监察工作的具体实践相结合中最为成功的制度设计。〔2〕 薄一波评价董老说:“在群众运动一个接一个的年代,他对法制建设的认识达到这样高的境界,是很可贵的。”〔3〕

董必武同志倡导的人民监察委员会制度,是国家法制建设能够顺利运行,不偏离人民群众路线的重要指路标,相关的研究者也对他本人及其监察委员会建构理论给予了高度评价。但是没有任何制度是完美的,早期人民监察委员会制度并不是没有缺陷的。我们在看到监察委员会制度的制度优势时,也要看到不足,从中吸取经验教训,针对现阶段深化监察体制改革的要求,对监察体系进行完善。

---

〔1〕 刘振宇:《董必武关于政党、人民和法制三者关系思想刍议》,载《云南大学学报》(法学版)2011 年第 4 期。

〔2〕 陈春龙:《董必武法学思想的时代光辉与历史局限——纪念董必武诞辰 126 周年》,载《哈尔滨工业大学学报》(社会科学版)2012 年第 1 期。

〔3〕 薄一波:《若干重大决策与事件的回顾》(上卷),中共中央党校出版社 1991 年版,第 496 页。

四、监察委员会制度存在的缺陷

董必武同志倡导的监察委员会制度是在符合时代要求的前提下,对权力进行合理化配置,立足于特殊时期的实际情况,实行有侧重性的监察监督。从抗日战争时期到解放战争时期再到新中国成立,监察制度已经有很大的进步,但是仍然有很多问题存在。

一是监察的相关立法并不完备。新民主主义革命时期的监察制度缺乏完备性,工农检察制度也只是对苏联监察制度的简单复制,并没有结合中国的实际。在整个阶段,监察制度并没有很好地延续,在抗日战争时期仅仅是由参议院代行监察之职,而到了解放战争后期,明确建立监察制度的只有华北人民政府和陕甘宁边区政府。华北人民政府的监察制度在法律形式上缺少监察的单行法规,在内容上甚至也缺少专门的立法规定。新中国成立后,虽然有了宪法性规定,但是依旧没有独立的法典,也没有独立的组织法对其建制进行规定。在实践中,各级监察机构的设立也不完全,只有很少一部分设立了监察机关,并没有正式建立从上到下的监察体系。

二是监察机关的独立性不强。党政合一的监察体制下,监察机关的独立性并没有被提升到一定高度。华北人民政府时期人民的意见建议主要是通过信件等向上转递,国家机关对人民群众的意见的反馈也主要以信函和派员核查为主,这就为某些官员打击报复群众的批评留下了一定的空间。同时,党内监察与行政监察的结合虽然发挥了党政合一的积极作用,但是也极大地削弱了监察机关的独立地位,监察工作过分围绕党的任务,在事实上成为近乎党的附属机关。并且缺乏对监察机关及其工作人员的监察,极易导致“自己监察自己,自己审查自己”的情况产生。

三是缺乏监察制度的切实施行。1951 年,董必武在政务院政法委员会召集的建政工作座谈会上进一步强调监委的机构建设,提到“监委、检察署只有六分之一的县建立起来”,从上到下系统性的监察制度并没有得到很好的落实。这种情况从中国共产党政权正式建立监察制度开始,一直持续到新中国成立都没有得到解决。没有系统的建制，人民监察就没有渠道，人民监察的作用也没有办法发挥，监察制度只能流于形式，最终因为没有实际的效用而被废止。缺乏相关的监察教育，导致监察储备人才稀缺，这也是监察制度在建立过程中面临的现实性问题。

2018 年 3 月 20 日第十三届全国人民代表大会第一次会议通过《监察法》，这是我国第一部监察法的成文法典，对我国监察制度的发展具有深远意义，也是我国监察工作制度化的关键一步。监察法明确规定了监察权限、监察机关和监察范围、监察程序、监察监督、救济和法律责任等问题，从立法上不断完善监察体系建设，使监察有法可依。自党的十八大以来，监察思想及制度体系越来越受到重视，相关的学术研究也越来越多，各个高校相继开展监察学的本科教育和硕士教育。随着反腐力度的加大，监察制度的建制越来越完善，我国的监察制度正朝着一个崭新的方向发展。

第二节　人民监察思想对监察委员会制度的实践引导

自历史车轮进入近代以来，面对西方列强的欺凌和蚕食，无数有识之士纷纷探寻救亡图存之路，打破桎梏，变法图强，践行法制，富国强民。在新中国还未建立革命根据地时期，老一辈的无产阶级革命家就已经清楚地认识到厉行法治的重要性，并且还在中国共产党局部执政的根据地、解放区付诸实践，尽管经验与教训并存，却也为当下全面推行依法治国提供了重要的经验借鉴。为了保证所有的公务人员都做到依法执法，监督监察制度的确立是十分必要的；为了确保能够充分发挥监督监察的作用，早在新中国诞生之前的华北人民政府试点中，就反复强调人民监察在整个政府工作中的重要作用，并对新中国成立后人民监察机构设置及其工作方式方法产生了深远影响。

党的十八大以来，及时回应人民群众对惩治腐败的殷切期盼，党中央审时度势,紧紧依靠全国人民,掀起了一场又一场反腐斗争攻坚战,一大批位高权重的腐败分子被绳之以法,无数寄生在国家躯体上的蛀虫被扫进历史的垃圾堆,向全党和全国人民宣示了绝没有凌驾于党纪国法之上的"铁帽子王",无论是"老虎"还是"苍蝇",在中国都没有藏身之地,都逃不过法网恢恢。以习近平同志为核心的党中央,开创性推进全面从严治党,在关键时刻挽救了党、挽救了军队、挽救了国家。[1] 这一重大决策背后,一直倡导的坚持法治与依靠人民这两大基本理论,无疑是指导这场伟大斗争背后理论支撑的组成部分。随后,为了将反腐败斗争持续推进,从体制机制上保持惩治腐败的高压态势,国家监察体制改革在全国范围内展开,预示着监察工作即将进入一个新的阶段。这也与从严治党、监督权力的人民监察思想一脉相承,并在新时代新的历史阶段有了新的内涵和发展。

一、国家监察体制改革

党的十九大论证了中国特色社会主义进入了新时代,全面建成小康社会成功在即,以人民为中心的中国共产党将带领全国人民如期完成"两个一百年"的奋斗目标。目前,尽管我国在反腐斗争上已经取得了很大成效,并且已经初步形成了反腐斗争压倒性态势且巩固发展,然而,反腐斗争依旧面临着十分严峻的形式。习近平总书记提出,党的自我净化能力的提高,从根本上来看,还是需要群众监督与党的自我监督同时发挥作用;自我监督是一项困扰世界各国的难题,中国共产党坚定信念建设廉洁政治,面对新形势新任务,党中央应当坚持全面从严治党,在此基础上,围绕全面深化改革展开积极部署。同时,还需将国家监察体制改革纳入其中,总结改革试点已经取得的成就,积极推广改革经验,通过全国人大修改宪法和颁布《监察法》,将改革实践成果以宪法的形式固定下来。这不

---

〔1〕 陈宝林、曹忠义、王坤:《黑龙江省代表团继续讨论十九大报告 不忘初心 牢记使命 豪情满怀走进新时代 为全面建成社会主义现代化强国不懈奋斗》,载《黑龙江日报》2017 年 10 月 20 日,第 1 版。

仅是建立中国特色监察体系的创制之举，在国家政治架构中进行的顶层设计，也是顺应全面从严治党的战略布局而进行的一项改革，适应了党为人民服务的切实需要。

在新时期下，国家的监察体制随着经济、政治的快速发展，正不断地完善和改革，中国监察体制改革也进入了新时代。回顾这一事关全局的重大政治改革，有着其自身的原因。其一，我国的监察体制经过半个多世纪的发展变化，经历了多次的撤销和合并，对许多相关部门职能上的冲突没有进行协调管理，很多问题被边缘化，随着反腐败的深入，现有的监察体制已经无法适应工作的需求，这就产生了现行监察体制的不适应性。其二，此前形成的国家监察体制在结构上存在缺陷，我国的行政监察机关的工作要接受同级政府的直接领导，这就减弱了行政监察机关对同级政府的制约力度，降低了监察工作的实际执行力。其三，此前监察部、监察局等国家监察机关在职能上的作用并不明确，有时不能正确履行法律法规规定的职责，有时则作出了一系列越权的决定，影响了国家行政机关的正常行政活动。基于以上三点，唯有确保国家监察体制始终沿着正确的方向改革、完善，坚持党的领导，建立有效的反腐国家机构，才可保证国家政治的良性发展，也才能够实现国家治理体系和治理能力的现代化。

在当下国家监察体制改革的背景下，如何把人民监察思想运用于具体的监察工作，其实是一个新的挑战。毕竟在任何时期，如何将坚持党的统一领导和以人民群众为监察工作主体结合起来，都是一个不小的难题。这需要在实际的监察工作中寻求解决的办法，一方面要防止党和行政机关的过度干预，另一方面也要规范人民群众在监察工作中的参与方式，只有这样，人民监察思想才能符合国家监察体制改革的发展方向，才能在具体的监察工作中起到正确的指引作用。秉承人民监察思想的精髓，我们党正在依托监察体制改革，致力于加强党员的道德修养，通过持续改进党员干部作风、严肃党风政纪，建立起强有力的监督约束机制和健全的法律制度，以从根本上减少和消除腐败。反映到如今的国家监察体制改革，其重大成果就是诞生了监察委员会制度。该机构的设立意味着新时期在党的统一领导下国家的监察工作将在一个全新的模式下开展，从组织与制度上积极创新，实现对反腐败资源的有效整合，使得监察范围不断扩大、监管方式不断丰富，确保行使公权力的公职人员都置于监察范围中，建立高效权威、集中统一的监察体系，确保其反腐职责充分发挥。可以说，监察委员会制度是新时期国家监察体制改革的产物，这必将推动反腐败斗争深入发展，使人民群众对党的信任得以增强，使党执政的政治基础更加稳固。

（一）传承历史文化

中国监察制度具有两千多年的发展历史，在这漫长的发展过程中已经形成了一套系统完备的监察体系，主要职责为“纠察百官、整饬纪纲，推鞫狱讼、究治不法，匡正君主、谏诤得失，谏决囚徒、查明冤枉”。[1] 进入近代以来，在民主革命、推翻满清政府的过程中，革命先驱孙中山先生结合中国古代的监察制度，提出古今共用、中西结合的思路，建立适合中国的独立监察制度，使监察权能够与立法、行政、司法、考试等并立，这就是孙中山提出的“五权宪法”的主张。[2]

历史文化传统决定道路选择。第十三届全国人大第一次会议审议通过的《监察法》中规定的中国特色监察制度，是对中国优秀历史文化智慧的继承与发扬，也是对以往监察制度的继承、发展，是符合我国现实国情以及历史传统的，也是对“四个自信”的充分体现；是党就新时期如何实现有效的权力制约而进行的积极探索，是社会主义监察工作思路、工作机制与时俱进的体现。习近平总书记深切意识到，各种特权现象、贪污腐败现象是广大人民群众最为痛恨的。党心民心要求严惩贪污腐败分子，人民群众对正义的呼唤也要求我们做出严惩贪污腐败分子的回应，这也是我党切实维护人民群众、为人民服务的要求。老一辈革命家一贯奉行的依法治贪、制度反腐的思想，与当今习近平总书记的反腐倡廉思想是一致

---

〔1〕 陈光中：《中国古代司法制度》，北京大学出版社 2017 年版，第 36～46 页。

〔2〕 陈光中、邵俊：《我国监察体制改革若干问题思考》，载《中国法学》2017 年第 4 期。

的。近年来,党中央的反腐倡廉工作取得了显著成效,实现了取信于民。

(二)借鉴域外经验

分析国外发达国家的反腐机制设计的共同之处可以发现,大部分国家都十分重视制衡性,即设立的监察机构具有非常严密的体系,并且彼此之间不仅可实现互相配合还可互相监督制约,通过这种方式建立了规范的监督机制。由于不同的国家在监察制度的框架设计以及立法设计上有所区别,因此,各国监察制度的实践情况也有所不同。[1] 就监察制度的组织形式来分析,域外国家主要有以下五种类型:一是监察机构由议会领导。在这种形式下,监察职能的发挥主要是依靠议会的权力实现的,议会负责对公务人员、国家机关等进行监察。比如瑞典,采取的就是议会监察专员制度。二是监察机构隶属行政部门。这种组织形式下,监察机构的重点监察对象为行政部门自身,比如美国政府设立了独立监察长办公室。三是监察部门隶属司法部门。主要是通过检察官主导行使职务犯罪的侦查权。如在美国司法部还下设了联邦检察机关以及联邦调查局,可对联邦以下公职人员的犯罪进行侦查,而检察官则主要负责腐败案件的侦查。四是如韩国设立了监察院这种独立的监察机构。总统直接负责监察院的领导,包括院长的任命也掌握在总统手中。监察院的主要职责包括监察与审计,但是对于职务犯罪,该机构没有侦查权。五是权力整合型的监察机构。

在前述这些模式中多数是将职务犯罪侦查权与监察权分开,这对于权威高效反腐工作的开展是不利的。基于这种背景,一些国家提出了权力整合型的监察机构。其中最为典型的是新加坡设立的贪污调查局,其主要特征为:监察机构具有高度独立性,由行政首长直接负责管理;内部职责划分明确,主要负责常规监察、廉政教育等;机构具有侦查权,极大地增强了反腐败工作的高效权威性。同时,新加坡政府为了避免出现监察机构"一家独大"的现象,还制定了十分严格的监督制约机制,明确贪污调

---

[1] 马怀德:《〈国家监察法〉的立法思路与立法重点》,载《环球法律评论》2017 年第 2 期。

查局具有侦查权,但是没有检控权;当这类监察机构需要采取一些特殊的侦查措施时,如限制人身自由、财产权利等,通常还需获得法院许可;在机构内部还设立了专门的监管部门,以实现自我监督等。古巴、越南等国都将反腐败工作作为国家的重要战略,并且始终坚持由共产党统一领导,建立了党、政府、司法、军队等相结合的系统的反腐败体制机制。腐败问题并不是存在于某一个或几个国家的问题,而是一个全球性问题,是一大危害,因此,反腐败体制机制的建设问题也是困扰世界各国的一个共性问题。建立国家监察制度已经成为各国的共识,也是实现民主国家治理的要求。前述我们讨论的这些国家在反腐败体制建设方面取得的成功经验,对于我国国家监察体制改革具有重要的借鉴意义。[1]

(三)经过实践检验

党的十八大为全面依法治国的推进进行了整体部署,突出强调在治国理政中应当始终坚持法治这一基本方式。而后在十八届中央纪委二次全会上,习近平总书记指出,在反腐败斗争中应当巧妙运用法治思维、法治方式,同时,完善反腐败立法,健全党内法制制度建设,以确保法律制度能够实现刚性运行。2015 年,在十八届中央纪委五次全会上,习近平总书记提出对我国《监察法》进行修改。党的十九大上,专门就国家监察体制改革深化问题做出了部署,提出必须坚持党的统一领导,建设全面覆盖、高效权威的监察体系。党的十九届二中全会上提出对《宪法》21 条条文进行修改,其中过半数的条文都与国家监察委员会相关。第十三届全国人民代表大会第一次会议对《宪法修正案》进行了审议,并且于当天开始施行,本次宪法修正案对国家监委的职责、体制机制、产生等进行了详细规定,明确了各级监委的宪法地位。这对于纪检监察工作以法治方式进行反腐工作是有所帮助的,还可进一步使反腐法制化水平得到提升;有助于惩治腐败高压态势的保持,使反腐败效能得到不断提升;有助于提高国家治理能力的现代化水平,并且这些内容的修订也为国家监察委员会相

---

[1] 贺文华:《中外廉政制度比较》,中国政法大学出版社 2016 年版,第 183 页。

关组织体系的设计及其职能的履行、权限的运用等提供了非常重要的法律依据，为国家监察体制的改革深化提供了宪法依据，使《监察法》的制定，以及中央与地方各级监委的设立都有了宪法支撑，也为国家治理体系的建设推进提供了宪法保障。2018 年，第十三届全国人大第一次会议作出了设立国家监察委员会的决定，明确了各级监察委员会的职权范围，中国反腐败法网更加严密，反腐败体制机制得到了进一步完善，已经初步建成党和国家巡视、派驻、监察“三个全覆盖”的权力监督格局，全国反腐工作已经进入了依法反腐、依宪反腐的重要时期。

在党领导建立政权的各个时期，老一辈无产阶级革命家就一直在思考如何建立人民的政权，如何区别于历史上那些压迫人民的政权。这也是董必武同志等革命元老一直把注意力放在法制建设，强调立法必须代表广大人民的利益，并且贯彻执行的立脚点所在。限于当时的历史条件，他们的很多意见和建议并没有付诸实施，但他们的思想闪光点和远见卓识，已经成为我们党的宝贵精神财富。经过 60 多年的发展，我国经济社会发展已经到了一个新阶段，尊崇法治、信仰法治、施行法治逐渐成为全国上下的共识。所以，推进国家监察体制改革作为一项重大政治改革，必须在法治的框架之内，取得法律支撑方才能名正言顺地推进。根据《宪法》制定了《监察法》，并且对相关法规进行了修改完善，这也是贯彻宪法、确保宪法法律权威性的必然要求。新组建的国家监察机关肩负着扫荡贪腐的重任，在国家陆续出台监察立法的背景下，始终坚持以人民为中心，善用法治方式、法治思维开展工作，以全面覆盖所有的行使公权力的公职人员，形成派驻监督、执纪执法监督、巡视巡察监督联动监督机制，以形成合力，提高监督效果，实现监委纪委的有效融合与重塑，使新时期监察工作获得整体性提升。

二、监察委员会的制度设计

《监察法》第 3 条对监察委员会性质和职能的规定，反映了国家监察体制改革的特殊考虑，即监察委员会作为行使国家监察职能的专责机关，是实现党和国家自我监督的政治机关,不是行政机关、司法机关。[1] 这一独特的机构定性,的确有些出人意料,却又在情理之中。毕竟,在中国监察机构史上出现的各种监察机构组织形式,都可以看到监察委员会的影子,却找不到任何一个雷同的"孪生兄弟"。当前我国从中央到地方设置了四级监察委员会,实现了组织系统的全覆盖,但这一新设立的监察机关如何嵌入国家的政治体制,充分发挥职能,依法履行职责,还有很长的路要走,需要从中央监察委员会、华北人民政府人民监察院、政务院人民检察院等既往的历史中汲取养分。

(一)监察机构的性质定位

第十三届全国人大第一次会议通过的《监察法》,释放出清晰的信息:"监察委员会是实现党和国家自我监督的政治机关,其性质和地位不同于行政机关、司法机关。"[2] 牢牢把握监察机关的政治属性,有助于深刻理解人民监察思想的根本要义,全面准确理解国家监察体制改革的科学内涵。综合来看,监察机关的主业查办腐败案件,这是一项政治性很强的工作,政治机关的定位源于监察权的政治属性。作为在党的统一领导下主抓反腐败工作的专责机构,监察委员会无疑是党的意志的执行者,从本质上监察姓党。履行监察职责的过程中,监察机关"必须牢固树立'四个意识',始终把讲政治放在首位,始终站在党和人民的立场上看问题,用政治眼光、政治立场来分析、解决问题"。[3] 这就决定了讲政治是监察机关第一位的要求,坚持和维护党的领导,对党忠诚,这是监察机关讲政治最核心的要求。"监察委员会必须坚持以党的政治建设为统领,把维护习近平在全党的核心地位,维护党中央权威和集中统一领导作为首要,带头执行

---

〔1〕 中央纪律检查委员会、中华人民共和国国家监察委员会法规室编写:《〈中华人民共和国监察法〉释义》,中国方正出版社 2018 年版,第 62 页。

〔2〕 闫鸣:《监察委员会是政治机关》,载《中国纪检监察报》2018 年 3 月 8 日,第 3 版。

〔3〕 贺夏蓉:《准确把握监察机关的政治属性》,载《中国纪检监察报》2018 年 6 月 14 日,第 6 版。

党中央的各项决策部署。”[1]

（二）监察机构的比较分析

回顾人民监察机构的发展历史，值得一提的是，为了迎接新中国成立而在华北人民政府内设立的人民监察院。它承载着自党诞生以来党内监督及政权监督多年来的经验，又开启了全国政权建立后党内监督及人民监察机构建立的试验，在董必武同志的直接领导下，成为承前启后，总结国内革命战争时期政权建设经验，迎接新中国诞生的一大重要试验田。1948 年，华北临时人民代表大会通过的《华北人民政府组织大纲》中就人民监察院的设置进行了规定，董必武同志更是将人民群众的监督提高到了人民政府的基本目标这一高度上来，指出监察机关必须：“第一，对国家机关的政策执行情况进行监督；第二，为经济建设提供保障；第三，确保人民来信能够处理好。”[2] 人民监察通讯员制度，是一项极富特色的制度，在广开言路方面意义显著。[3] 然而，受到当时我国国情的限制，当时中国还未实现全国解放，解放战争还未结束，同时，还受限于我国华北地区的经济发展水平，人民群众可以获得的监察渠道是十分有限的，人民群众对国家机关的意见主要也是以信件的方式逐层传递，国家机关反馈采取的主要方式也是信件与派员核查，整个过程是低效的、需要经过较长的时间，这也为那些违法乱纪官员打击举报的民众提供了机会。[4] 针对这一问题，董必武同志明确提出，这种对批评者的打击报复触犯了国家法规，是坚决不能容忍的。[5] 那么，对待群众来信应当持以什么态度呢？早在中央苏区时期，董必武同志就曾对一封匿名控告信进行了彻查，而这次事件也为监察干部如何对待群众控告树立了榜样，同时也是教育人们控告

---

〔1〕 魏彧、于春洋：《坚决深入推进监察体制改革　切实把制度优势转化为治理效能》，载《天津日报》2018 年 4 月 3 日，第 1 版。

〔2〕 《董必武法学文集》，法律出版社 2001 年版，第 3 页。

〔3〕 纪亚光：《群众监督的制度化尝试：20 世纪 50 年代人民监察通讯员制度探析》，载《理论学刊》2009 年第 10 期。

〔4〕 董必武文集编辑组编：《董必武政治法律文集》，法律出版社 1986 年版，第 190～191 页。

〔5〕 罗国杰：《中国革命道德：规范卷》，中共中央党校出版社 1999 年版，第 280～284 页。

必须建立在有理有据的基础上。

这些来源于实践,又在实践中升华、提炼的思想构成了一个完整的逻辑体系,面对当时的历史条件,人民监察必须做到对人民群众来信的正确处理,为了实现这一目标就要求监察人员深度调查,以保证结果的公正性。从各监察主体的角度来分析,对于人民群众来讲,在积极举报监督的同时,必须保证举报是有理有据的,以避免诬告陷害等现象的发生;对于国家工作人员来讲,面对群众的批判不可以打击报复,也不可搞扩大化;执法者,需要明确监察工作对人民力量的依靠,同时,应当不断完善各种制度规范,以使得人民监察更加规范、高效。这些人民监察思想的闪光点不只体现在华北人民政府的监管实践中,新中国成立初期直至今日,尽管我国的行政监察制度处于反复变化中,国家也多次调整党纪监察以及行政监察的机构设置,但我们党一直坚持依靠人民实施监察,监察以为人民服务为中心,这也体现出人民监察思想具有的强大生命力,在当下也得到了实际的应用。

相比较70年前政权草创阶段建立的人民监察院,如今经过修改后《宪法》确认的国家监察委员会及各级监察委员会,显然政治考量更周全、法律支撑更完善、组织机构更健全、职权配置更有力。各级监委承担的主要任务是维护党章及其他党内法规,对党的路线方针政策以及决议在实际中的执行情况进行检查,监督党员干部公权力的行使,监督监察党员的依法履职、道德操守等情况,对于那些涉嫌职务犯罪的案件、行为有调查权,还可就如何处分作出决定,追责失职失责、履责不力的领导,为党风廉政建设以及反腐宣传发挥组织协调作用等。此外,《监察法》赋予了监察人员的调查案件所需的职权,主要有以下几个。

第一,监督权。不仅可对国家公职人员进行批评教育,还可针对在调查、监管等过程中发现的问题,通过发送监察建议、教育等方式预防违法问题的发生。预防,可以针对某个案也可以针对类案;可以进行事前预防,也可以是事后预防。可运用多元化的预防手段,比如一旦发现问题应及时发送监察建议以强化管理或健全制度,以强化他律;加强对国家机关公务人员自身的教育，以强化自律；加大对社会公众的宣传力度，使社会公众更加理解、支持监察机构的工作，大力宣传廉洁文化，在社会中形成良好的风气。

第二，调查权。调查权指的是监察人员可依法揭露、查证犯罪行为与违法违规行为的权力。这也是监察机构对国家公务人员履职情况进行监督的主要方式。主要包括两种调查，第一种为一般性调查，指的是监察人员针对监管中发现的违规违法行为，按照国家行政法规的相关规定收集相关信息，对该问题是否真实存在进行核实，这也是监察机构行使监察职能的常用手段；第二种为特殊性调查，一旦在监察中发现涉嫌犯罪的问题，此时需要进行特殊性调查，这种调查是具有强制性的，这也是它与一般性调查的主要区别，此外，还具有限制被调查对象人身自由、财产自由等特征。如果证据显示可能有触犯刑律的行为，则需要进行立案调查，这也是监察权最为重要的权能，具有很强的威慑力。

第三，处置权。对于监督中发现的违法违规问题，可依法对其进行审查定性，决定处分的权力。监察委员会的常用处分手段可分为两个层次，即监察处分以及追究刑事责任。在行使处置权时需要注意两点，一是必须严格按照相关法规对违法问题进行定性、决定处分；二是关于调查终结的问题，如果认为超出了党纪约束范围，则移送检察机关起诉进入司法程序。

（三）执政规律的认识差异

从以上两个监察机构的分析，可以归纳出两者之间或者说是早期人民监察机构与监察委员会存在的不同，这固然有所处不同历史时期客观局限性的因素，也反映出党对执政规律认识程度的差异。概括起来，有以下几点。

一是覆盖公权力活动的范围不同。早期人民监察机关或者属于党内监督机关，如中共中央监察委员会，或者属于政府序列的行政机关，如政务院人民监察委员会，两者之间机构属性的泾渭分明，直接决定了覆盖公权力活动的范围或者是党内的干部，或者是政府里的干部，还是存在一些交叉点和空白点。成立的监察委员会,则是与党的纪委合署办公,从而使党的监察机构与国家的监察机构彼此融合、相互补缺,真正做到了对立法、行政、司法、监察、公立学校、公立医院等所有国家公权力活动领域的全面覆盖。

二是覆盖权力运行的阶段不同。早期的人民监察机关,相对于热火朝天的社会主义建设事业,的确属于"清水衙门""冷门部门",自然没有置于显赫和重要的位置,尤其是在国力还不充足的背景下,党和国家在资源配置上难免更倾向于经济、工业、党建、政法、军队等部门,监察机关常常处于"说起来重要、忙起来不要"的尴尬境地。如按照1948年《华北人民政府通令(民政字第三号)》的规定,监察机关并未包括在各行署、直辖市的政府机关体系中。1949年具体到了县一级,按照华北区县区政府编制暂行办法的规定,监察科室并不在四个酌设部门之列,更不要说设立部门了。在这种背景下,监察部门的工作落实情况并不乐观。所以,早期人民监察机关基于部门人力、物力匮乏,政治地位不高的现实,主要从事对公权力行使的事后监督,并没有充分的资源和人力进行事前、事中监督,而且即使是事后监督,也依赖于人民群众的信访举报,自身主动发现和查出案件毕竟不是常态。本次国家及地方监察委员会的成立,是党和国家力挽狂澜作出的重大决策,涉及政治体制和政治资源的大调整,可以说全国上下对监察委员会寄予厚望,在人力、物力、财力上都给予了充分保障,实现了对权力运行过程的全面覆盖,可在事前、事中、事后三个阶段实施监督,形成了"既监察于已然,又监察于未然"的全过程监督体制。

三是覆盖的行使公权力的公职人员的范围有所不用。初期人民监察机关基于其政治定位,有其对应的监督群体。如华北人民政府人民监察院主要是对行政、司法、企业等部门的公务人员进行监督,主要是针对违法乱纪、失职失责、使人民群众利益受损等行为予以监督。在1949年《共同纲领》中规定人民监察机关监督各级国家机关和各种公务人员的职责履行情况,对发现的违法失职人员进行纠正。可以说,不同时期的不同监察机关,或是侧重于对党内干部群体的监督,或是侧重于对政府公务人员的监督,并没有一个特别明确的全面的监督范围,这其实也与早期人民监察机构摇摆不定的功能定位密切相关。监察委员会的成立,是为了加强国家反腐败的集中统一领导,把各方的力量攥成一个拳头,实现对所有行使公权力的群体的全覆盖,不只是国家机关的公务人员,还包括那些经国家授权代为行使公权力的人员,如国企管理者以及如文教卫体等事业单位的管理者等。

第三节　人民监察思想与监察委员会制度的逻辑衔接

一、多维度的关联性

伴随党和国家面临的革命斗争形势的不断变化,回顾我国监察委员会制度的建设历程可发现,中国共产党人结合各个时期社会任务与环境的变化,就如何强化权力监督展开了积极的探索,充分体现了实事求是思想路线和独立自主思想灵魂的有机统一。

(一)人民监察思想与监察委员会制度之间的长度——管党治党没有休止符

早在1955年,董必武同志出任中共中央监察委员会书记之后,主张强化党的纪律,从严治党,对那些违法乱纪的党员,"除受到党纪制裁外,应比群众犯法加等治罪"。他说:"党员犯法,加等治罪。并不是说明党的严酷,凸显的是我党大公无私的执政理念,不会包庇任何坏人,任何的特权阶级也是坚决不容许的。"[1]对人民监察思想发展历程的分析使我们相信,管党治党是不存在完成时的,永远都是进行时。党的十八大以来,党的建设取得了十分突出的成就。与此同时,还需认识到当前的国内外发展形势以及党的历史任务,对我党提出更高的要求,在领导能力、执政水平、组织建设、党员干部素质等方面还存在很大差距。中国共产党的领

---

〔1〕《董必武法学文集》,法律出版社2001年版,第5~7页。

导是我国特色社会主义制度的突出优势,要求我们始终坚持全面从严治党,加大反腐力度,积极推进国家监察体制改革,真正把“权力关进制度的笼子”,以改革创新的精神推进党的建设,才能更好地经受住各种考验。监委与纪委合署办公,是强化党的反腐工作的统一领导、健全党和国家监督体系的重要举措。监察法为监委的职责履行、工作开展提供了重要的法治保障,高效权威的反腐败工作必须实现坚持党的领导、人民当家作主和依法治国的有机统一。

(二)人民监察思想与监察制度之间的广度——覆盖权力行使各方面

早在1949年2月,当时担任华北人民政府主席的董必武同志就提出,科级以上干部每年需要进行两次考核,且还会派遣专门的人员负责于全国各地进行巡视,查处那些违法、失职人员。1950年,在主持政务院会议时董必武同志提出,监察工作应当是覆盖全过程的,不只是侧重于事后处理,包括事前也应当检查,以告诉应当注意的问题。[1] 不仅需要制定惩戒条例,考绩条例也是必须要制定的,做到奖惩并重,即表扬和处分都要有。[2] 董必武同志曾接受中央指令负责华北人民政府的工作,在这期间,他推动制定、颁布了200多条法律法规,这些法律法规的内容涉及财政、经济、教育等诸多领域,对新政权的反腐斗争也具有十分积极的意义。因此,回顾老一辈革命家为人民监察事业作出的丰功伟绩,高度重视法治,推进法制建设,实行依法治国是一条普遍的规律。我们从中可得到启示,监督权力要做到全面,唯有做到了全面才可实现对权力的有效监督,所谓全面,强调的是权力行使的各个领域都应当纳入监督体系中,尤其对领导干部,这些“关键少数”需要重点抓好。我国一直以来对“政府”等定义都是十分宽泛的,但是行政监察机构仅对行政机关及其公职人员进行监督,其监察范围过于狭窄。监委建立后,则是将所有的公权力行使者都

---

〔1〕《董必武年谱》编纂组:《董必武年谱》,中央文献出版社2007年版,第349页。
〔2〕《董必武年谱》编纂组:《董必武年谱》,中央文献出版社2007年版,第349页。

纳入监管体系下,实现了对广义政府公职人员的全面监督。只有对权力行使的全方面“真管真严、敢管敢严、长管长严”,才能实现狠抓作风落实和严厉打击腐败的目的。

(三)人民监察思想与监察委员会制度之间的尺度——国法党纪“高压线”

人民监察事业的拓荒者董必武同志曾经专门赴日本攻读法律,其所接触的近代法学理论对此后酝酿、形成人民监察思想具有一定影响。他凭借自身专业的法律知识以及长期从事司法工作的经验积累,负责过中共政法、纪检等工作,他多次强调治廉必须做到依法依规,充分运用法律武器惩治贪污犯罪、打击腐败问题。董必武同志在中央苏区工作期间,在其倡议下,中央苏区先后制定了多部法律法规,如《工农检察部的组织条例》《惩治反革命条例》《统一会计制度》《关于惩治贪污浪费行为》等。我党提出的“依法治国,建设社会主义法治国家”的治国方针也是基于董必武同志提出的“法制反腐、依法办事”的这一主张发展形成的。党的十八大以来,我国反腐工作取得的成效十分显著,党风政风整体也得到了明显好转。因此,全面推进反腐败事业常抓不懈,要继续一手抓制定完善法律制度,一手抓贯彻执行法律制度。在反腐斗争中应当充分运用法治手段以及法治思维,将经过实践检验确实行之有效的制度和举措,应当以法律形式进行规范。总的要求就是继续深化反腐败制度改革,尽快完善党内法规,同时还需注重党内法规与国家法律之间的有效衔接与两者的协调性,以实现“有法可依”,重视制度执行,做到党纪国法面前不存在任何特权,制度执行没有例外,以维护党纪国法的权威性,使党纪国法成为不可触碰的“高压线”。

(四)人民监察思想与监察委员会之间的效度——人民认可和满意

为人民服务是人民监察思想的出发点和最终归宿。1940 年,董必武同志提出,群众是边区政府的权力来源,政府的管理者也是由群众选举的,作为政府必须尊重群众意见,深入了解群众生活的实际情况,切实保障人民群众的利益。[1] 1948年,华北人民政府成立,他指出,我们这些政府官员都要向人民负责,我们的权力是人民赋予的,响应人民的要求,办事情必须做到守纪律、有制度,如果做不到那么事情肯定办不好。[2] 新形势下推进反腐败斗争,最终目的是使改革成果能够被广大人民群众享受,这是立党为公、执政为民的本质要求,更是党执政的合法性基础。推进国家监察体制改革,需要在制度上从严以增强广大民众对党的信心,体会到党坚持本色的决心。从这个意义上讲,国家监察委员会改革要取得成功,关键在于按照"老事老办法、新事新办法"原则,对那些分散的反腐力量进行有效的整合,以切实解决纪检机构、行政监察机关以及检察机关等存在的职能交叉问题。转隶前检察院反贪、反渎部门已立案、尚未办结的依旧按原程序,转隶后,那些新立案调查的则不需要按照原程序处理,应当遵循新的领导关系办理,确保反腐力度不减、节奏不变,以保证腐败问题能够得到有效的解决,通过实实在在的成效取信于民。

二、相互间的促益性

人民监察思想不是一成不变的,更不是僵化固化的,其主要是由第一代领导集体关于监察工作的论述和实践,但实质上是早期共产党人推进人民监察工作的集体智慧结晶,凝聚了我们党对于党内监督和人民监察工作的思考。经历几十年的发展,新时代人民监察事业迎来了监察委员会的诞生,这是人民监察思想历经传承之后的新发展、新结晶,是共产党人对新的历史条件下人民监察工作认识的新起点、新高峰,必将在人民监察史上留下浓墨重彩的一笔。

(一)科学理论付诸于监察实践的表现

马克思主义基本原理强调:理论来源于实践,并对于实践有指导意

---

〔1〕 沈玮玮、叶开强:《人民司法:司法文明建设的历史实践:1931－1959》,中山大学出版社2016年版,第38～39页。

〔2〕 王宇飞、吴杰华、刘丽、李辉敏:《西柏坡时期政治建设》,河北出版传媒集团、河北人民出版社2014年版,第152页。

义，人民监察思想即是如此。从20世纪30年代党首次尝试监察工作开始，到新中国成立后董必武同志主持监察工作大局，人民监察思想都是产生于党和国家的监察实践，是在不断地改良完善过程中总结出来的经验理论。人民监察思想是长期以来对我党、我国监察工作的总结，是从实践中产生的理论，其对于我国的监察工作有着现实的指导意义。

在当前我国的监察工作中，人民监察思想这一理论需要运用于实践当中。以人民群众为中心开展监察工作，是当前国家监察委员会在监察工作中需要重视的，不论是设立内部机构，还是制定监察工作制度，都需要结合人民监察思想加以考虑，如若偏离了这一基本点，不仅是监察工作脱离了理论基础，也失去了监察工作的现实可靠性。但是理论总归是理论，其之于实践的价值在于如何更好地运用于实践。人民监察思想对于我国当前的国家监察委员会来说，是开展大部分监察工作的理论基础，若将其运用于监察实践，需要结合多个方面的现实情况综合考虑。比如，我国现在处于经济快速发展时期，企业家以及涉及金融方面的公务人员在职务行为中的廉洁性能否得到保障，这需要人民群众的监督，特别是身处该领域的最为普通的工作人员、劳动者，他们对于该领域中处于管理地位的人员的职务行为有着较常人更为细致的关注，往往能够提供真实可靠的信息。这就是以人民群众为监察工作中心的人民监察思想理论的具体应用。同时，人民监察思想中的实事求是精神也需要得到正视，当下监察委员会开展工作必须本着实事求是的精神，既不能"徇私舞弊"，也不能"空穴来风"，一切要以证据和调查先行。只有在实事求是的精神主导下，人民监察思想才能更好地发挥其在监察工作中的作用，国家的监察工作才能跟上时代的步伐。

(二)历史经验供当下实践参考的需要

人民监察思想属于历史的产物，是长期的思想沉淀，有着顽强的生命力。其对于当前深化国家监察体制改革而言，尤其可以应用于监察委员会建设，这就是历史对于当下的价值。中国共产党自成立以来都是以人民群众为核心开展各项活动的，人民监察思想正是随着这样一个过程产生的。也就是说,人民监察思想对于当前国家监察委员会的价值就相当于“为人民服务”的党的宗旨对于当前党开展各项建设国家工作的价值一样,是历史的沉淀对现实的指引。

在历史上,我国自开展监察工作以来,逐渐丰富并形成了人民监察思想。这意味着人民监察思想是历史和人民群众的选择,其在我国的监察工作中运用的正确性毋庸置疑。从土地革命战争时期党开展监察工作以来,至董必武同志退出中国政治舞台的这几十年的时间中,董必武同志把自己的精力奉献于党和国家的法制工作。如此一来,董必武同志对于国家监察工作的发展是具有一定的发言权的,其很多思想和观点都被事业接班者总结并纳入人民监察思想中,增添的是一种历史的沉淀和积累。

前文已经论述:人民监察思想的核心在于以人民为中心开展监察工作。从马克思列宁主义到毛泽东思想,无一不强调人民在历史、社会发展进步中的重要性,其中在毛泽东思想中更是提出“为人民服务”的宗旨。所以说,人民监察思想中的这一核心并非是一种新的开辟,而是一种历史价值的传承,因而也值得当下监察委员会在实际工作中加以运用。此外,前文提到人民监察思想属于毛泽东思想的一部分,继承发展了毛泽东思想中的“实事求是”的理论,这是该理论历史价值的重要部分,从华北人民政府时期监察工作讲求调查核实就可见一斑。由于其指导实践工作的正确性,在当下的国家监察委员会的实际工作中也要做到实事求是,无论是哪一环节的工作都要认真负责、讲求证据,通俗的说就是“不冤枉好人、不放过坏人”。

(三)制度设计应用于工作实践的可能

经前文论述,人民监察思想对监察委员会的作用是现实的,运用于监察工作中是合理的,如何在监察工作中实施则是其合理之于实施的可能性。人民监察思想的合理之处在于其符合国家监察工作的前进方向,能够实际运用到监察工作中。结合当下国家监察体制改革,人民监察思想的作用主要体现在“以人民为中心”以及“实事求是”等几个方面上,立法正是将这些理论从模糊的口号升级载入法律文本，是我国监察理论和实践的一大进步。人民监察思想的实施过程就是其价值的实现过程，因此，可以说人民监察思想对于当前监察委员会的价值就是其能够在当下的监察工作中得到实际的运用。如果对于这样一个正确的、有指引意义的监察理论不加以运用，这无疑是国家监察工作中的一大遗憾。

现如今，经过全国人民代表大会的投票表决通过了《监察法》，该法律是为了推进全面依法治国，实现国家监察全覆盖，深入开展反腐败工作而制定的。在这样一部指导国家监察工作的法律制定中，可以肯定人民监察思想对于其的指导作用。

首先，该法律规定，监察委员会的工作受人民代表大会的监督，不受任何机关、社会团体等的干涉，实际上这就是以人民为核心开展监察工作这一核心思想的持续发展。无论在任何时期，国家的监察工作都要受到人民的监督，这一点是不变的，相对地在国家监察机关的积极领导下，人民群众积极参与到监察工作中，这样一来，监察工作的执行力度更能得到保障。

其次，该法律总则部分以及第四章、第八章等部分明确规定了监察机关、监察工作人员的职责、权限、责任等，强调工作中要本着实事求是的态度，不能越权，更不能违法，这也正是人民监察思想所强调的。华北人民政府时期的监察院，在工作中就强调无证据不能处分，这是董必武同志在工作中强调的。此番出台监察法，就是在此基础上结合当下监察工作的特点进一步拓展制定的。

最后，《监察法》是国家监察工作的指导性法律，其在当下这一时期的监察工作中的指导作用是绝对的。其所体现的是我国正在进行的监察体制改革，最大的特点就是促使监察工作的混乱无章向有组织地进行这一趋势的转变。

第五章　监察委员会制度的未来展望

监察委员会是党中央于2016年提出设立，顺应习近平总书记提出的全面从严治党的战略布局而产生的，其在我国未来的监察工作中将扮演主要监察机构的角色。自《监察法》出台以来，各地区都纷纷建立各级监察委员会，我国的反腐工作踏上新的历史征程。“2018年，国家、省、市、县四级监察委员会完成组建和人员转隶，共划转人员编制6.1万个、转隶干部4.5万人；一年来，全国纪检监察机关共立案63.8万件，处分62.1万人，均创纪律检查机关恢复重建40年来的最高值；一年来，中央纪委国家监委调整派驻机构设置，统一设立46家派驻纪检监察组监督中央一级党和国家机关129家单位；一年来，多个省、区、市完成县级纪委派驻机构全覆盖，监察权延伸覆盖各乡镇（街道）。”[1]另外，在有些地区已经提前建立了党委定期听取工作汇报、分析党风廉政建设以及当前反腐败形势的工作机制，严格推动重要线索处置、请示报告制度等相关制度，并且在全国范围内推广，将党的领导贯彻落实得更加具体，更加规范。

经过一系列的努力，全国各地都在推动监察无死角，全覆盖，让一切都暴露在阳光之下。因此，可以预见监察委员会作为监察工作的主导力量，必将成为开展以人民群众为中心的人民监察工作的绝佳平台。即便

〔1〕 姜洁：《开启党和国家反腐败工作新篇章》，载《人民日报》2019年3月1日，第6版。

监察工作进入了以监察委员会为制度核心的新时期，人民监察思想仍然是我们国家监察工作的指导思想和价值取向。因为我们国家一切的管理活动都必须秉承“为人民服务”的核心思想，监察工作如果脱离了人民就会失去价值评判的标杆，而所谓的监察工作也会失去其真正意义成为空壳。在接下来的发展阶段，监察委员会应当以监督公权为核心价值，开展一系列覆盖党、政、企等各部门的监察工作，从而将“为人民服务”的宗旨落到实处，为新常态下中国特色社会主义的建设与发展提供重要的制度、政治保障。

第一节　监察委员会成立带来的新变化

任何权力都必须接受监督、受到制约。在我国党的机关、行政机关、司法机关等始终在党的领导下行使公权力，为人民服务、为人民负责，同时也接受人民的监督。党内监督与国家监察都属于我国监督体系的重要内容，两者在对权力监察上是高度一致的，这也决定了两者统一的必然性。设立监察委员会，使其与党纪委合署办公，负责行使监督权与纪检权，能够把二者有机统一起来，使党内监督与国家机关监督、民主监督、司法监督、群众监督等有效贯通，有效提升党和国家整体监督效能，为党和国家长治久安的实现提供了一条富有中国特色的监察道路。

一、法律地位转变

以前监察机构属于行政机关，即是隶属政府序列，监察体制改革之后，监察机构转向由人大产生、对人大负责，监察机构的地位得到了极大提升。已废除的《行政监察法》规定我国监察机构采取的是双重从属制，采取这种模式意味着同级人民政府与上级监察机关共同分配监察权。尽管从法律规定来看，发挥主要领导作用的是上级监察部门，但是从实际情况来看，同级人民政府对监察机关的干预、影响是十分突出的，包括监察机构的人员配置、绩效考核等都离不开同级政府的影响。对于那些有关监察机关重要职位的人事任免，上级监察机关往往是执行政府的决定，因此，从表面上看，采取的是双重领导模式，而实际上是由政府单方面领导。唯有发现了重大违法事件，才会需要上级监察部门的介入，其领导权才得以体现。但是，监察委员会的设置与以往监察机构的设置不同，人大选举确定各级监委，由此，使监委的独立性得到了极大的增强，权威性也得到了很好的保障。基于历史维度的分析能够发现，在我国古代，皇权为监察机关的直接权力来源，"职专纠劾，为天子耳目之司"。从监察效能的角度分析，之所以由最高权力直接控制监察机构，主要是为了巩固君主专制，同时，附带着实现了对官吏贪腐行为的约束和制约。与之类似，我国港澳特区也都设立了廉政公署，并且由特区首长直接负责。[1] 在这种模式下，监察机关的独立性得到了充分保障，确保了监察机构在人事任命以及经费预算等方面的独立性，监察效能也随之得到了有效提升。随着我国国家监察体制改革的逐步推进，各级监委由各级人大会议选举产生，为专门负责监察职能的机关。从其产生方式能够发现，此时将监察机构单列了出来，不再隶属于行政机构，而是直接接受人大的监督与领导，如同法院等机构。之所以说这是一项重大政治改革，就是因为今后的人民代表大会制度是人大选举产生"一府一委两院"，说明从法律地位来看，监委与行政机关、司法机关是平等的，与以前相比，监察机构的地位得到了显著提高。这些涉及我国相关的法律法规的修改，尤其是宪法的修改，确立监察委员会作为国家机构的法律地位，彰显了在国家治理中监察委员会的重要地位，并且也为国家监察体制的改革深化、监委监察职责的充分履行提供了根本遵循。

二、监督对象转变

过去，行政监察工作的监督对象主要是国家行政机关人员和党员干部，谁监督监督者？如何监督全国人大常委会成员、执政党的内部成员？

---

〔1〕 聂鑫：《中西之间的民国监察院》，载《清华法学》2009 年第 5 期。

民主党派的一些内部人士也是国家工作人员,谁来监督他们?政协委员等群体也是一个监督缺口。从以上一系列问题中可以发现,过去的反腐工作留下了大量的“监控死角”。《监察法》第15条,将管辖范围由只针对行政系统的公职人员扩大到所有的公职人员,打破了原行政监察部门的监管局限性。从理论层面来分析,以前的行政监察体制在监督范围上存在盲区,即人大、法院、检察院等机构人员并未被监督,以及那些尽管不属于国家的公职人员但是经授权从事公共事务管理的部分人员、部分企事业单位人员,这些都未接受监管。设置的监察委员会在管辖范围上扩大到了所有的公职人员,包括前述并未被行政监察体制监督的人员,使监察工作实现了全覆盖。并且,监委还可对政府机构进行监督,政府的“一把手”也都被纳入了监督范围中,由此,也是对“一把手监督”难题进行的积极探索。此外,监察机构不只是对官员进行日常监察,而且对于那些违法乱纪的行为也进行调查、处理。

三、治理体系完备

一直以来,我国在反腐监督执法主体问题上存在工作职责主体界定不清晰的问题,反腐职责分散在多个部门中,包括纪检组织、审计组织等,这些机构的属性不同,从而导致治理体系呈现出碎片化的特征。如检察机关反贪反渎部门主要是针对涉嫌犯罪的腐败案件进行处理,职务违法违规行为则不属于其职责范围。但是对于其他的执法机关来讲,主要作用是依法惩治违法犯罪,保持社会秩序的稳定性,这是其主业,而反腐败为其派生职责。整体来讲,国家监督职能分散在各个机构中,同时又因为各机构存在职能交叉、职能界定不清晰等问题,而导致无法形成合力。此外,执法法律与执法标准不统一,使各机构之间无法形成高效、稳定的配合衔接机制。对国家监察制度进行改革,调整了司法、行政等部门的相关职能,实现由分散凌乱转向合力有序,对于以往存在的监督权力分散的问题能够很好地解决。具体措施包括整合政府监察、预防部门以及检察机关的侦查、预防部门,组建了专门的反腐机构,由该机构负责监督执法职能的履行，不仅将所有的公务人员都纳入监督范围中，并且还促进实现了对腐败违规、违法以及犯罪行为的一体化治理。通过明确监委的监督执法职能，以及党的纪委监督执纪职能，使两个部门互相配合，有效解决了以往反腐责任主体的分散问题，从而形成了党纪与国法相辅相成、党内与党外“双管齐下”的反腐败治理格局。

四、治理手段多元

行政监察法确定了监察机构的权力包括行政处分权、调查权以及建议权，然而，因为行政监察机构可采取的监察手段相对较少，并且更加注重事后监督，使部分监管方式并未真正发挥作用。经过改革，设立国家监察委员会，将监察权与侦查权统一为监察权，以往的地方部门壁垒问题得到了有效解决，可实现对行政违法与职务犯罪的统一查处，国家反腐败的整体合力得到极大提升，并且还会使案件查办过程更加规范，提高了其程序化与法制化水平。各级监委的权限责任与措施通过国家立法的形式进行了明确规定，将行政监察法在实践中行之有效的措施保留下来，由法律确定监察机关可采取的调查措施包括谈话、讯问、询问、冻结、扣押、留置等。并且还就各项措施的具体程序作出了明确规定，极大地丰富了监察手段，治理手段从有限转向多元，为一直以来困扰我们的法治难题的解决提供了重要思路，也彰显了党和国家坚持依法治国的坚定信念。

第二节　成立监察委员会的深远影响

国家监察体制改革是一项关乎全局的重大政治体制改革举措。虽然国家监察委员会制度的出台、组织体系建构、权力运行模式等均被打上了以习近平同志为核心的党中央从严治党、力行反腐的深深烙印，与党的十八大以来反腐败斗争形势需求息息相关；但这一制度的雏形，并非来自中央决策层的臆想，也非照搬照抄域外反腐败机构制度，而是可以溯源到党的早期出现的中央监察委员会。在当前全面深化改革、全面依法治国的大背景下,我们必须改变目前就事论事,只看当前不溯及既往的思维模式,回过头来从党的历史上寻找支撑监察体制改革的立论点。深入研究人民监察思想,不仅有利于还原党的监察体制演变的脉络,从中汲取营养,而且可以为当前深入推进监察体制改革提供启示。因此,有必要还原以董必武同志为代表的早期监察战线领导者的监察思想,从中探寻人民监察工作创设、受挫、发展的脉络,探索人民监察工作如何与党和国家的工作大局契合,更好地适应人民群众的现实需求,从而促进国家监察事业的发展。

一、保障廉政目标实现

无论是西方国家的监察制度还是中国的监察制度改革,都是以“廉政”为核心目标。唯有做到了廉政,政府才能够形成权威,权威建立了,则公信力随之建立,公信力决定了国家的统治力。故而古语云:政者,正也。因此,“廉政”也可为“廉正”。腐败作为廉政的对立面,其危害在于直接腐蚀执政的合法性和根基,每一个有理性的政权都不会纵容腐败的蔓延和滋生。设立各级监察委员会,就是中国共产党人带领人民建设廉洁、清明政治生态的积极尝试,人民政权的人民性也决定了必须坚持廉洁奉公,才无负于人民的期许和信任,才能有效地提升国家反腐之能力,赢得人民群众的衷心拥护。

一是挖掘文化历史积淀,传承廉政文化脉络。古人说过“廉政而长久,其行何也”?[1] “其行水也。美哉水乎清清,其浊无雩途,其清无不洒除,是以长久也。”[2]其含义为,执政者应当具有泉水般的品质,唯有如此,国家才可能实现长治久安。传统廉政思想文化不仅内容十分独特,而且其体系也非常严密,此外,还有一套可促使其不断完善的学理基础。对我国传统廉政思想文化发展进行梳理,对这一过程取得的积极成果进行

〔1〕 田晓娜:《四库全书精编 · 子部》,国际文化出版公司1996年版,第184页。

〔2〕 郭金平主编:《“四个全面”战略布局与马克思主义中国化》,河北人民出版社2016年版,第103页。

分析能够发现,在我国传统廉政思想文化发展的整个过程中,始终贯穿着“爱民”“节俭”等廉政理念,历朝历代的封建统治者都通过践行这些核心内涵寻求实现兴国安邦、国泰民安。

“爱民”是中国传统廉政文化的核心要义。回顾先秦以来中国历史的发展,我国历代统治阶级对以民为本这一思想都形成了十分深刻的认识。西周时期,周公提出“敬天保民”,他认为“民之所欲,天必从之”,反映了顺应民意的重要性。进入春秋战国时期,孟子提出“民为贵,社稷次之,君为轻”的主张,认为执政之基为爱民。唐太宗则提出“水能载舟,亦能覆舟”。此外,我国古代帝王还就如何践行民本理念展开了探索,比如北魏孝文帝实施的均田制受到了广大百姓的支持。由此可见,“在古代廉政建设中,‘仁政’‘爱民’为核心所在,只要是能够做到君民同心,同舟共济,那么整个社会将会是国泰民安的良好社会生态”。[1]

我国古代先贤始终将“节俭”作为奉行廉治的基本要求。例如,孔子认为为政者应当崇尚节俭而不可侈靡奢华,老子倡导“俭以养德”。此后一些封建统治者也纷纷倡导。又如,明太祖朱元璋秉承了儒家勤政、寡欲的思想主张;清康熙帝主张清心寡欲,禁奢节俭。由此可见,我国传统文化中节俭的主张不只是对先人具有教育意义,也为后人留下了重要的思想启示。

对我国传统廉政思想文化进行分析能够发现,儒家文化、官德思想等对其形成和发展产生了较大影响,即传统文化对传统廉政文化具有非常突出的影响,且廉政思想文化也包含在我国的传统文化范畴中,经过几千年的传承发展,传统的廉政思想文化对治国安邦的各个方面产生了重要影响。新时期,中国廉政建设工作要求我们融入传统廉政思想文化的精髓与积极因素,并在此基础上进行创新。[2] 故此,新时代中国特色社会

---

〔1〕 李丹、孙立军:《论中国传统廉政思想文化的当代价值》,载《思想教育研究》2018 年第 3 期。

〔2〕 毕霞、沙良杰:《习近平党风廉政建设和反腐败思想的渊源与创新》,载《廉政文化研究》2017 年第 1 期。

主义廉政文化建设面临的首要任务,就是创新话语体系,使传统廉政思想文化的先进因素能够在廉政建设中得到充分的体现。

经过几千年的发展,我国的传统廉政思想文化已经形成了富有中国特色的新话语体系,也为该思想的创新发展提供了重要基础。目前,我们进入坚定文化自信、促进文化创新的重要历史阶段,需要回溯我们的文化源头,提升当代话语的感召力。中国传统廉政思想有着深厚的文化土壤,"清官文化""青天情节"在当代依然有深远影响,我们要对其中蕴含的廉政思想进行剖析、解读,激活内外文化交流交融的活力。唯有如此,才能获得传统文化遗产的滋养,同时为现代廉政建设的开展提供重要的智慧支持。

二是崇尚廉政、实现廉政是监察委员会的职责所在。2014 年 9 月 24 日,习近平同志在纪念孔子诞辰 2565 周年国际学术研讨会上指出,"优秀传统文化是一个国家、一个民族传承和发展的根本,如果丢掉了,就割断了精神命脉"。[1] 为了实现中华民族伟大复兴的中国梦,我们要通过对传统廉政思想文化的再度审视,努力实现传统文化的创造性转化、创新性发展,使之与现实文化相融相通,凝聚新的发展理念,以为新时期我党的廉政建设提供智慧支持,为实现中国优秀文化的创新发展提供动力。

首先,汲取中国传统廉政思想文化的优秀思想,加强中国特色社会主义廉政建设。我国优秀文化博大精深,其中蕴含着丰富的人文理念、道德规范,在新时代继承创新这些优秀思想,必须立足于当代具体国情以及时代要求进行探讨,唯有如此,才能使中华文化焕发出时代魅力。具体而言:一是健全廉政制度,加快政治道德的法治化建设。中国古代贤官廉吏辈出,这与很早就建立了严明的官员选拔制度有关。中国共产党人应当从历史经验中进行分析,做到以史为鉴,在选人用人方面始终坚持正确的标准,克服"少数人选少数人"的机制桎梏,在坚持党管干部的原则下,更加注重凸显"德才兼备、以德为先"的用人导向。监察制度早在先秦时期

〔1〕 陈晓霞:《新时代传统文化创新性发展研究》,中国国际广播出版社 2018 年版,第 20 页。

就开始萌芽，具有几千年的发展历史，隋唐时期设立专门的监察机构负责对地方官吏的政绩、廉洁等进行考核、监察，随后的君主在此基础上不断完善监察制度建设，对官员权力的监督力度不断增加。中国共产党应当结合我国古代监察制度的经验，进行分析，批判性继承，同时，结合新的发展时代，新问题、新形势对新时代的党内监督制度不断创新，丰富监督渠道，提高党内监督的全面性与有效性。

二是创新官德文化，潜移默化塑造新时代贤官善吏。古代在官吏选拔与管理时非常重视官员的“德育”，不同的朝代，受到各时期思想潮流的影响，对“德”作出的界定和理解也有所不同。例如，老子提出道德一体、合道即有德，而《周易》对于德的论述则与之不同。总而言之，众人对德的内涵理解并不统一，究其本质来讲，只要行事无私、光明磊落、无愧于心，就是德的核心。领导干部，做到了“廉”而没有做到“能”则为庸官，而只做到了“能”而无法做到“廉”则为贪官。“善吏”则是既“廉”且“能”，是两者的统一。

三是弘扬廉洁风尚，构建清廉高效的新时代政治生态。习近平总书记对传统文化中的家国情怀情有独钟，多次引用“历览前贤国与家，成由勤俭破由奢”等名言警句，[1]号召“要大力弘扬中华民族勤俭节约的优良传统，大力宣传节约光荣、浪费可耻的思想观念，努力使厉行节约、反对浪费在社会蔚然成风”。廉政文化建设的核心内涵为净化政治生态，一是必须净化社会文化环境，二是必须营造风清气正的政治氛围。一段时间以来，人民群众曾经对党内、军内腐败深恶痛绝，近年来对重拳反腐拍手称快，这都反映了民心向背。早在中国古代，就建立了奖惩并重的官吏考核制度，或曰“考核”，或曰“考课”，或曰“考校”，或曰“上计”，遵循“考以四格”“纠以六法”的原则。中国共产党继承古代官员考核中的政绩观以及

〔1〕 2013年1月22日，习近平总书记在第十八届中央纪律检查委员会第二次全体会议上发表重要讲话，他指出：“抓改进工作作风，各项工作都很重要，但最根本的是要坚持和发扬艰苦奋斗精神。唐代诗人李商隐在《咏史》一诗中写道：‘历览前贤国与家，成由勤俭破由奢。’能不能坚守艰苦奋斗精神，是关系党和人民事业兴衰成败的大事。”

德行观,建立了现代官员考核制度以实现对官员德行的制约管理。但是任何制度都不应僵化停滞,而是要与时俱进,根据形势任务的变化进行相应的调整和优化,否则就难以保证制度的持久生命力。

其次,传承中国传统廉政思想文化,实现思想文化的创新性发展与创造性转化。党的十九大报告中提出,对我国优秀传统文化的创新性发展与创造性转化,是当前全党需要坚持的重要方针。创新性发展,指的是需要立足新时代的新发展,不断补充、完善优秀传统文化的内涵,以提升其感召力、增强其影响力。[1] 创造性转化,指的是结合时代发展要求,参考借鉴传统文化中至今依旧具有指导意义的精华,激活文化育人的生命力。

近代以来,我国的社会结构以及社会面貌都发生了巨大变化,党应当从我国的传统文化中汲取那些对现代社会主义廉政建设具有精神养料的精华部分,即实现对传统廉政思想文化的创造性转化和创新性发展。坚持"两创"这一指导思想,从我国传统廉政思想文化中吸收合理成分,建构新时代富有中国特色的廉政文化。只有在符合时代发展特色的科学理论的指导下,社会才能够获得进步、不断发展。同时,关注我国历史上的廉政制度、廉政智慧,并且将新时代廉政建设与文化建设、经济建设等结合起来进行思考,有助于实现与人民诉求、时代发展、党的建设的协调一致、同步共进,使中国传统廉政思想文化具有更加丰富的时代内涵,提升其影响力、感召力以及实效力,创新中国传统廉政思想文化的发展。

二、促进勤政目标实现

"功崇惟志、业广惟勤。"[2] 勤政,指的是具有强烈的社会责任感、敬业精神,能够认真完成其工作,而不消极懈怠,遇事情不推诿拖拉,对待工作能够保持尽职尽责、积极认真的态度,对待工作始终体现苦干实干加巧干的精神,使公权力的职能作用得到最大限度地发挥,成就事业服务

〔1〕 孙立军:《论习近平廉政文化建设思想》,载《马克思主义研究》2017年第5期。
〔2〕《尚书·周书·周官》。

人民。[1] 古语有云："官勤则事成，民受其益；官不勤则事废，民受其害。"强调为官者应当勤勉工作。作为人民政权的公职人员，奉公守法、勤勉敬业、善为能为是一以贯之的要求，在诸多基本品质中廉政、勤政两者是密不可分的，如果有"勤"而无"廉"，则政失之于公；有"廉"无"勤"，政失之于慵。廉与勤如同一枚硬币的正反两面，如果无法做到廉，就是腐败，而没有做到勤，就属于变相腐败。故此，"懒政"本质上也属于一种腐败，这种现象是坚决不允许的，必须进行严厉的惩治。

随着中央"八项规定"的出台和党的十八大的召开，全国反腐斗争呈现出持续高压态势，很多干部采取"四不主义"以消极应对，并且在政府工作中还出现了这样一部分公务员，只想着如何升官，而没有作出任何实事；只想着掌握更大的权力，但是不想承担任何的责任；想着如何获得荣誉，但是并不想为之付出努力；还存在不思进取的工作态度，只愿意做"太平官"。这与"为民、务实、清廉"的要求背道而驰，懒政者抱着"不求有功，但愿无过"的信条，在其位不谋其政，直接影响了公共服务的质量，人民群众对此深恶而痛绝之。对于执政党和政府来讲，必须认真思考采取何种措施才能够有效治理工作不力、为官不为、懒政怠政等问题，这也是当前亟待解决的重要问题。

一是懒政怠政余毒甚重，亟待监察委员会整治。在我国当前的公务员队伍中，仍旧存在一些思想境界不高，精神萎靡，安于守成不思进取的官员，导致整个公务员队伍存在很多不正风气、不良之风。

列举的为官不为、懒政怠政的现象，不仅极大地降低了政府的管理效率，而且也破坏了政府形象。具体分析，这些不良表现的内在原因有以下几个。

第一，理想信念缺失。之所以会出现为官不为这种现象，主要是因为这些公务员忘记了为官的"官念"，即服务群众、报效祖国。这种理想信念

[1] 王彩梅、刘瑞宁、马文波：《服务型政府与勤政建设问题研究》，载《陕西行政学院学报》2009 年第 2 期。

的缺失，导致他们消极懈怠，没有履行自己的岗位职责，也没有为人民服务、为官造福一方的思想，只是将工作作为获取收入的方式，认为只要上班了、干活了就可以了。

第二，责任意识淡薄。这些不良现象说明这些公务员没有承担起勤政务实、干事创业的责任，也没有为国家和人民事业奋斗的责任意识。他们"怕"字当头，什么都怕，害怕干事得罪人，害怕遇到困难无法解决；他们还有"僵"的痼疾，思想僵化没有创新精神，将自己束缚于条条框框中，看到好的机遇也不敢抓，害怕自己丢掉乌纱帽，丢掉了自己的责任意识。

第三，素质能力不高。目前，能力不足的风险，是党执政与治国理政面临的重要风险之一，这种不作为、消极懈怠的现象是因为这些公务员自身素质能力较低，领导能力不足，使他们对党的政策方针不能准确地领会，对于最新的发展形势也不能做出准确的研判。如果干部群体创新能力不足，无法将创新活动与部门工作结合起来，对于现实中遇到的各种问题、矛盾冲突无法做出正确的处理，这样的素质能力如何能够勤政？

第四，用人导向偏差。如果国家用的都是那些敢于干事、勤政务实的人才，那么整个国家将会形成争创事业、勇促发展的良好局面；而如果用的是碌碌无为的人，那么必将影响来之不易的干事创业的大好局面。以往我们在干部选拔上的确存在一些问题，采取"唯票取人""唯分取人"的标准，对那些有缺点但是有本事的干部不敢用，在对干部考核时看重书面汇报的锦绣文章而忽视了工作中的真材实料，这种用人导向偏差对那些勤政务实的干部的积极性造成了消极影响。

第五，制度规定缺陷。健全的制度规定为干部勤政、干事创业提供了重要的制度保障，制度规定存在缺陷，就对勤政务实的实现带来诸多不确定性因素，唯有建立规范的制度，实施严格的管理，确保所有的干部都能够得到公平公正的对待，那些勤政务实的干部才会得到鼓舞、保护。然而，当前的制度规定还不具有这些功能，对干部勤政务实的热情产生了消极影响。

二是勤政担当在"疏于政务"与"扰民"之间寻求平衡。勤政，其首先的含义是要求能够做到勤于政务，而不是懒官。追溯古今，那些在历史上成就贤名的君主、官吏，全部都做到了勤政。诚然，即便是做到了勤政也并不意味着就一定能够取得成绩，但是如果消极懈怠、做个懒官，那么必然是不会有任何成绩的，且疏于政务对服务型政府的构建也是不利的。回顾中国历史能够发现，很多亡国之君的共性在于疏于政务。对于当代公职人员来讲，可不可以懒政呢？答案必然是不可以，因为在国家的行政管理活动中，决策的制定与执行都是由行政人员实现的。在对政策实施效果进行评估时，也并不是单独取决于权威者的独断，还需要民众进行评价，需要民众配合。因此，这就决定了政策出台是不可主观、任意的，对于行政人员来讲，在制定政策时应当明确政策的实施力度与民众能够承受的程度、接受能力，如果对政策执行中可能出现的问题并不了解，或者是并不清晰，会对行政管理效率产生负面影响，导致无效甚至可能是负效。针对这类情况，作为管理者必须心中有数。即管理者应当做到“知”，需要对政策实施过程中可能产生的影响进行全面的分析，在此基础上制定并执行政策。但是，仅靠空谈是无法做到“知”的，只有付诸行动才能做到。因此，要求行政管理者必须行动起来，不可疏于公务而应当做到勤勉工作。故此，对于公职人员来讲，不可疏于公务，这也是勤政的下限。

自古至今，人们对勤政一直都是赞许、倡导的，然而，很多人做到勤政的同时没有考虑到过度履职可能会影响施政实效，甚至引发“扰民”的后果。老子说：治大国如烹小鲜。为了能够煎好小鱼，切忌频繁的翻动。治理国家同样如此，为了保持国家的稳定性，朝令夕改是不可取的。当前，对我国的政府管理活动进行分析能够发现，政策缺乏连续性是一个十分明显的弊端。一些行政人员为了标榜自己的勤政，每天都在忙着制定新的政策、法令，忽视了政策的连续性，最终的结果往往是百姓面对众多的政策无所适从，而且还会对政府公信力、政府权威造成较大的影响，甚至引发信任危机。因此，真正“勤政”的表现就是做到不扰民，使百姓有时间去学习、落实政策，更好地维护政策权威性。

三、推动善政目标实现

改革国家监察体制,设立监察委员会既是善政需要,亦含善治取向。“善政”指的是政治清明、政令良好。“德惟善政,政在养民。”德政是善政的条件,善政是善治的基础,善政也罢,善治也罢,归根结底,在于人民福祉之最优化、最大化。在现实意义上,“善政”可以从静动两个层面解释。所谓“静”,即从静态层面解释,善政可理解为“良好的政治体制”,或优良的治理体系,走向善政即实现国家治理体系的现代化。所谓“动”,即从动态层面解释,善政可理解为“善于施政”,或良好的治理,走向善政即趋向善治,即实现国家治理能力现代化。

一是“静态”层面上的善政离不开“民主立法、科学立法”。人民监察思想对“民主立法、科学立法”有着重要作用,突出开展司法工作要始终坚持群众路线、党的思想路线,这也是监察思想的突出特征。人民监察制度刚刚建立时,在监察工作中坚持“两个路线”是十分重要的,其实质是凸显实事求是思想路线所发挥的重要作用。董必武同志曾经提出,我们是结合各个阶段所面临的革命斗争形势,结合以往的工作经验总结制定法律,而不是主观、生硬地制定法律。法律并不是少数几个人闭门造车制定的,如果是这样制定的法律,必然是脱离群众且与实际脱节的。[1] 董必武同志还就群众路线的重要意义进行了阐述,他提出群众路线不只是我们工作中需要坚持,我们在对任何问题进行分析思考时都需要考虑到权为民所用,都需要基于群众利益进行分析,决策的制定实施也是和群众共同完成的,只要群众认识到我们是全心全意为人民服务的,群众也必然会全力地信任我们、支持我们。[2]

新形势下,监察工作是否能够做好,“两个路线”至关重要。坚持党的思想路线,关键是坚持实事求是的思想,所有的决策制定都必须建立在实

---

〔1〕 朱寅昊:《法律个别化的成因及其实践》,载《政治与法律》2013 年第 12 期。

〔2〕 孙琬钟:《董必武法学思想研究精选文集》(下),人民法院出版社 2015 年版,第 957 页。

际情况的基础上。新中国成立初期,董必武同志对当时我国面临的国内外形势进行了全面分析,同时,结合马克思的相关理论,提出了很多十分重要的观点,而且一些观点直到今天依旧具有十分重要的意义。对董必武同志所处的时代背景进行分析能够发现,在当时,他的法治思想已经达到了非常高的水平。对人民监察思想的研究对于当代依宪治国的实施依旧具有十分重要的意义,也是善政的基础所在。

二是“动态”层面的善政离不开深化依法治国。人民监察思想脱胎于新中国早期的法制思想,对国家监察体制改革有着深远影响。早在新中国成立之前,老一辈革命家就对法律的重要性形成了十分清楚的认识,不论是在政权创建还是在巩固阶段,法律的作用都是不容忽视的。今日,党和国家领导人针对依法治国提出的新“十六字”方针也是立足此前提出的“有法可依”“有法必依”等思想经过发展、完善形成的。

目前,我国正处于全面深化改革的攻坚时期,依法治国理念早已深入人心。面对当前的新形势,党中央提出必须加快依法治国的推进实施,加快法治国家的建设,这体现了现阶段,党和国家对法治社会建设的高度重视,体现了党和国家对社会主义法律体系完善的重点关注。由此可见,新中国成立之初倡导的法律至上的观点还在我国政治生活中发挥着作用。也正是基于该原则,我国历届领导人对社会主义法制建设与完善工作都十分重视,从依法办事到依宪治国,这些理念的提出体现了我国法治社会的发展进程。

三是监察体制改革促进国家权力结构优化。本轮国家监察体制改革,是全面深化改革的一部分,贯彻的是党和国家改革顶层设计,即在党政关系层面,将由“党政分开”转向“党政合体”;关于国家权力结构,转向“五权分隶”架构,实现了对国家治理体系的极大优化。结合以往的历史经验我们能够发现,监察权,就其本质来说属于国家权力结构中独立于立法、行政和司法权的“第四种权力”。虽然我国没有单独的检察权,但是监察部门与党的纪检部门合署的事实表明,我国现实中存在“四权监督”。基于这个层面的分析,本次我国进行的国家监察体制改革为“回应型变革”,即将以往实践中的事实或者成果提高到法律的高度,赋予监察权以法律上的独立性,与其他四权,即立法、行政、审判、检察是相互独立的,也为其他四权的实现提供了重要保障。

从国家治理能力现代化的视角进行分析,国家监察体制改革必将提升国家整体治理能力。在我国现阶段,党的领导、公共服务、发展变革构成了国家治理的“三驾马车”,相应地,党的执政能力、公共服务能力和发展变革能力则构成了国家治理能力的三大核心内容。党的执政能力包括党的统摄力、号召力以及团结力。反腐倡廉、从严治党则是推动国家监察体制改革直接的驱动力,各级监委的设立对党执政能力的提升和改善具有重要意义。目前,社会公共服务的供给方式已经发生了较大变化,向着多元化的方向发展,其包含两个核心命题:政府治理能力的提升和社会参与主体治理能力的提升。未来的国家监察职能必将实现对所有公共服务领域的全面覆盖,因此,要求我们为保证多元供给模式下公共服务的廉洁性和可接受性提供有力支撑。清明的政治环境有助于发展改革能力的不断提升。在当今时代,发展与改革依旧是时代的主旋律。迄今为止的经验表明,腐败是发展的最大障碍,也是变革的最强阻力。为根治腐败而进行的国家监察体制改革,将会推动国家发展改革能力的进一步提升。

第三节　监察委员会成立的重大意义

从2016年11月党中央部署在三省市设立各级监察委员会,在体制机制、制度建设上先行先试开始,国家监察体制改革的序幕正式拉开。经过三年的探索和认真推进国家监察体制改革,试点工作在全国范围内展开,全国31个省、市、区监察委员会全部成立,《监察法》也正式颁布实施。监察委员会的成立,作为国家监察体制改革的重要一环,是关系到党和国家事业成败和中华民族命运的重要政治制度,意义更加重大。

一、明确党对监察工作的领导地位

在党的十九大报告中,习近平总书记指出,党政军民学,东西南北中,党是领导一切的。我们要增强政治意识、大局意识、核心意识和看齐意识,自觉维护党中央的权威和集中统一领导。坚持党的领导是社会主义法治的根本要求和推进全面依法治国的题中应有之义,在宪法中增写监察委员会一节,是对我国政治体制、政治权力、政治关系的重大调整,是对国家监督制度的重大顶层设计,顺应了把全面从严治党向纵深推进的迫切要求,反映了党的十八大以来国家监察体制改革的成果,贯彻了党的十九大关于健全党和国家监督体系的重大部署,有利于坚持和加强党对反腐败工作的统一领导,丰富和完善了全国人民代表大会制度,为制定监察法、设立国家和地方各级监察委员会提供宪法依据,为推进国家治理体系和治理能力现代化提供重要保证。

深化国家监察体制改革,建立监察委员会制度,是加强党和国家自我监督,坚持和加强党的领导的重大决策部署。中国特色社会主义最本质的特点是中国共产党的领导,中国特色社会主义制度的最大优势是中国共产党的领导,党是最高的政治领导力量。打铁还须自身硬,坚持党的领导,必须始终坚持全面从严治党,始终保持党的先进性和纯洁性。我们党的全面领导和长期执政面临的最大挑战,是权力不能得到有效监督,领导干部容易受到腐蚀。加强对权力运行的制约和监督,探索一条在党的长期执政条件下实现自我净化的有效路径,事关党和国家事业的成败,事关能否跳出历史的循环率。习近平总书记指出,增强党的自净能力,有赖于加强党的自我监督和群众监督。自我监督是一个世界性的问题,是国家治理的"哥德巴赫猜想"。中国共产党决心成功地练就"最好的武术",建设廉洁的政治,把党内监督与国家机关监督、民主监督、司法监督、群众监督、舆论监督相结合,形成发现问题、纠正偏差的有效机制。

二、丰富和发展我国人民民主形式

党领导的人民代表大会制度是我国的根本政治制度，是人民民主的体现和实现，是不能动摇和改变的。人民代表大会制度是人民民主的根本体现，但不是唯一的体现。中国可以探索一种新的民主形式，有效地与人民代表大会制度相结合，相互补充优势和避免劣势，从而最大限度地发挥中国社会主义民主制度的优势。为了实现反腐败的目的，广大人民群众对纪检监察机关的一举一动倍加关注，而不是紧盯制定和执行政策法律的部门。地方党委和上级监察机关领导下的监察委员会，直接对同级人民代表大会负责，是一种新的带有直接民主因素的民主形式。我国部分省市设立监察委员会后，对专职反腐败的监察机关的态度，在很大程度上反映了人民群众对地方党委工作甚至对我国政治制度的认可程度和支持程度。把人民群众对监察委员会反腐败工作的总体评价和感受以选票的形式直接表现出来，可以帮助地方党委有针对性地听取社情民意，进一步加强和改善党在这些方面的工作。

更为重要的是，这样一种形式可以让广大人民群众把党的反腐败工作制度与我国的政治制度区别开来。如果人民群众通过投票表达对反腐败工作的不满，党可以与人民群众一起对反腐不力的监察委员会负责人问责，以便改进反腐败工作。有了这种区分，人民群众对党和我国政治制度的认同和支持就会大大增强。由于监察委员会有对人民负责的制度化机制，因此就有充分的压力和动力对其他机构进行监督，并对其违法、违规行为进行纠偏，如此其他机构对人民负责的压力也会大大增加，从而更好地为广大人民群众服务。广大人民群众在行使公民权利的过程中，会发现自己合法、有序参与政治投票的重要性和意义，从而对人大选举的参与积极性就会提高，人大代表在这种情况下就有更多的压力和动力依法监督政府。

三、贡献国家腐败治理新方案

腐败是世界毒瘤，是各国面临的共同挑战。特别是随着经济全球化的深入发展，一些腐败犯罪呈现出有组织、跨国化的特点，这不仅影响了国家政治、经济、文化、社会的健康发展，也损害了各国人民的切身利益。因此，反对腐败是全人类的共同愿望，也是联合国和世界各国政府共同的责任。一直以来，中国的反腐败工作得到了国际社会的支持，中国也为反腐败全球治理提供了中国方案和中国智慧。尤其值得关注的是，近年来，中国通过深化国家监察体制改革，走出了一条基于深厚传统、符合历史逻辑、适应现实国情、保障发展需要的中国特色社会主义监督道路，为各国反腐败工作提供了经验和借鉴。

自从《监察法》颁布以来，中国创新和完善国家监察制度，以法治思维和法治方式开展反腐败工作吸引了全世界的目光，来自美国、俄罗斯、法国、巴基斯坦、韩国、日本以及相关国际组织、知名国际新闻媒体的多位国际人士给予了积极的评价。[1] 监察委员会中“党政合署办公”的模式是人类政治文明建设的一次创新与尝试。

第四节　监察委员会的未来发展趋势

任何新生事物都有其不足，都需要在实践中吸取经验，而后不断进行发展和完善，新成立的监察委员会也不例外。监察委员会的主要职责是对行使公权力的国家工作人员的职务行为进行监督，它的初衷是为了解决现有行政监察覆盖范围过窄、反腐败力量分散等问题，那么我们未来需要的是一个什么样的监察委员会呢？理想中的监察委员会应该是怎样的一个机构？

---

〔1〕 姚文胜：《国家监察体制改革研究》，中国社会科学出版社 2019 年版，第 61 页。

一、监察委员会的高度独立性

美国政治学家亨廷顿认为："腐败是把政治职位当作致富工具，政治目标已经不是实现公共目标，而是促进私利的实现。"从域外行之有效的反腐经验来看，组建一个高度权威的监察机构，赋予其强大的职权，同时辅以严密的制约监督体系，用以对付政客官员的贪婪和狡诈，的确是一条走得通的路径，新加坡的贪污调查局和我国香港特区廉政公署就是成功的范例。[1] 目前，保持监督机关的独立性已成为世界各国的共识，《联合国反腐败公约》中也强调了机构的独立性对行政监督和防止腐败的重要性。我国香港特区廉政公署在机构设置上、成员配置上、财政经费上、办案执行上的独立性，保证了其独立行事，畅通无阻地查处贪污腐败案件。目前，虽然我国以压倒性态势进行反腐败治理，但是仍然出现了腐败现象，原因在于现在的领导干部手握重权，有较强的反监督意识和手段，不会轻易允许对其监督。监察委员会的高度独立性要求其必须独立于其他权力体系，正如孙中山先生所说的，"裁判人民司法权独立，裁判官吏的纠察权反而隶属于其他机关之下，是不恰当的"。[2] 特别是监察权不能受制于行政权，监察委员会也不能受制于所有级别的党委序列，而应该是超脱于被监督对象的一种权力。如果不能保持监察委员会的高度独立性，其就会受到方方面面的干扰，那么建立监察委员会的意义就丧失了。因此监察委员会的高度独立性是其顺利开展工作的基础，也是其能够公平公正行使职权的需要。监察委员会要达到高度独立就需要构建一个崭新的异体监督模式，这个监督监察委员会的主体应该是与其没有密切利害关系的机构或特定的群体。

---

[1] 参见上观网：https://www.shobserver.com/news/detail?id=35378，2019年12月7日最后访问。

[2] 《孙中山全集》（第1卷），中华书局1981年版，第320页。

二、监察权的充分保障性

监察权作为全新的、独立的国家权力监督力量，对国家机关依法履行职责、对维护公民权利具有保障功效，可以进一步强化国家机关之间的分权与制衡，通过权力制约权力的范式，可以更有效地促进职权运行的规范性与受监督性，让行政权、审判权、监督权甚至监察权本身按照既定宗旨运行，以致在实际的运行过程中，让不同的国家权力更具目的性和既定功能。行使监察权的监察委员会从成立之初就区别于行政职能部门，也不是司法机关，而是独立行使监察职权的执法监督机关。按照监察体制改革的预设，监察委员会的权力配置格局足以让监察权形成高效权威与独立的监察效能。具体来讲，监察权的运行具备高效权威的形态，表现出以命令性为主、辅之以协调性。监察权的权威必然要在监督、调查与处置权限方面体现出渗透力，也就是在发现问题、解决问题上体现出高压的命令性。在法律范围内，监察权的权威主要集中在命令性上，接受监察的部门和人员只能无条件地接受监督、调查和处置。因此，在高压反腐的态势下，职业、高效的监察权运行以命令性为主，在监督、调查和处置程序中体现为被监察人员的配合，但这种命令性方式必须具备法律规范性，符合法律程序的要求。当监察权行使超过法律边界时，相对人则可以寻求救济。因此，从法治意义来讲，监察权的权威主要在于规范国家机关权力秩序的合法化，规范国家机关有序接受监督。唯有依靠高效权威的国家监察体制，我国反腐才有望逐步从“不敢腐”到“不能腐”再到“不想腐”的阶段过渡。鉴于监察权的法治化、规范化运行，直接关系到被监督人员的权利保障，所以按照预定目标，监察权需要具备法律授权并应按法律规范行使，集中体现为监察权行使的规范化、制度化。就监察权本身来说，其既是国家权力运行过程中的行为监督，又应具备规范性。在监察体制改革的时代背景下讨论监察规范性，主要聚焦监察行为是否具备程序性，下一步改革的重点就应当是进一步完善监察程序，完善相关制度，强化对监察权的监督制约。比如可借鉴法院、检察院办案全程录音录像的做法，规定监察委员会采取调查措施时应当全程录音录像。这样既有据可查，又便于接受监督。[1]

三、监察官的公正廉洁性

监察官的公正廉洁性建设可以说是监察委员会制度的最大难题。在应然状态下，行使监察权的监察官应该是最为清廉公正的。然而，正如前文所提到的，贪欲是人的本性，拥有权力就注定存在腐败。因此，通过顶层设计保障监察官的公正廉洁性，是未来监察委员会制度健全完善的一大着力点。

《监察法》第14条规定："国家实行监察官制度，依法确定监察官的等级设置、任免、考评和晋升等制度。"但是，目前，有关监察官的考评体系的相关法律法规还并未出台，但监察官的品行一定是考量的重点。《册府元龟·宪官部》里写道："夫宪官之职，大则佐三公统理之业以宣导风化，小则正百官纪纲之事以纠察是非，故汉魏以还，事任尤重，至于选用，必举贤才。"从两汉时候起，担"风宪"之职的监察官员的任命即受到特别的重视，监察官员足够的学识、才干，凛然的风骨、人格，丰富的从政经验、政绩等，都是获得这项任命的必须条件。现代监察官的任命也应从古代吸取经验，公正廉洁性则是基础。监察委员会是国家专门的反腐败机构，其主要工作就是监督行使公权力的国家工作人员是否公正廉洁，那么机构中行使监察权的监察官更应该成为廉洁奉公的表率。如果监察官自身品行存在问题，不堪为公职人员楷模，那么其怎么能够很好地履行职责呢？此外，监察官应该比被监察对象有更高的自我要求，只有自身保持绝对的公正廉洁，才能得到被监察对象以及人民的信任和支持。如果监察官其立身不正、品行不端，那么监察委员会的权威何在？正如古人所云，

---

[1] 马怀德：《国家监察体制改革的重要意义和主要任务》，载《国家行政学院学报》2016年第6期。

“正人必先正己，己不正，焉能正人？”因此，保持绝对、持久的公正廉洁性，是对一个监察官的最低要求，而且这也是一种思想作风，一种人格力量，是监察官的“生命线”，具备了这种品德和人格，才能忠诚于民、取信于民。

第六章 监察委员会制度的现实问题

监察委员会的设立是国家从源头治理和预防腐败的重要手段，也是腐败预防体制机制的制度创新。监察委员会是腐败治理“中国模式”的初步探索，全面整合腐败治理资源，建立更加高效的反腐败治理机构，全面提升国家反腐败治理能力现代化，实现由治标到治本的战略转移，是中共中央所全力推进的一项“重大政治体制改革”。[1]

我国现行监督体制的最大问题是监督主体的多元导致了监督缺乏统一性和有效性。监察委员会的建立、试点、推广正是对此问题的制度改革。监察委员会与党的纪律检查委员会合署办公，符合党的领导的宪法原则，国家监察与党内监督的融合，是基于国情和现实的制度创新，保障了监察的权威性和统一性。监察委员会的建立，也有效化解了针对“双规”“双指”合法性的质疑。当然，监察委员会的权力是有限的，其应该受到严格监督，保障监察权在法治之下良好运行，这样，监察委员会才能有效行使监察权、监督公职人员勤勉履职。监察的实效性是宪法和法律权威的保障。然而，目前在监察委员会的创设与发展中还存在一些亟待解决的问题。

---

〔1〕 李森：《国家监察委员会职权的立法配置与逻辑思考》，载钱小平主编：《创新与发展：监察委员会制度改革研究》，东南大学出版社 2018 年版，第 138 页。

第一节　监察委员会相关法律不健全

一、缺乏对监委会组织管理方面的细化规定

第十三届全国人民代表大会第一次会议分别审议通过了《宪法修正案》《监察法》,使监察委员会的成立和相应权力的行使具备了法律依据。《宪法》是国家的根本大法,有关监察制度的相关规定给予了监察委员会开展工作以法律支撑。但《宪法》中的规定是抽象的、宏观的,在制度执行中不能细致地指导具体规则的实施。同时,尽管《监察法》细化了监察的职责、范围、程序等方面的内容,却仍然存在对组织管理规定上的缺陷。因此,通过制定在监察体制改革过程中亟须的配套法律法规,从而完善监察法律体系有其重要性和必要性。

二、缺乏对监察官制度的相关规定

目前,除了《公务员法》外,针对国家工作人员特别制定的还有《法官法》《检察官法》等专门法律,其共同之处就是区别于普通公务员,建立起单独的职务序列和职业保障制度。鉴于监察委员会工作人员相较于普通公务员,有其执法办案等独特属性,完全套用普通公务员管理模式不是长久之计,应当参照《法官法》和《检察官法》等其他类似法律法规,深入研究在监察委员会内推行监察官制度的可行性和必要性,进而保障整个监察体系的有效运转。

《监察法》第 14 条规定:“国家实行监察官制度,依法确定监察官的等级设置、任免、考评和晋升等制度。”在没有其他配套法律法规的支持下,仅依靠《监察法》的这一条文,监察官制度不能得到有效的执行。不明确的制度规定往往会产生混乱,不利于监察官制度的长效发展。除了深入完善《监察法》中规定的监察官等级、任免、考评和晋升制度外,监察官的工作职责和权利与义务、职业素养和道德规范、进入和退出机制、奖惩制度等都应在将来论证、出台的“监察官法”中予以明确。

三、与其他法律法规的协调性待加强

监察体制改革后，在顶层设计中将监察机关与行政机关、司法机关并列，将监察委员会与政府、法院、检察院并列，由此形成了“一府一委两院”的国家政治格局。监察体制改革是国家重大的政治改革，国家监察机关是区别于其他国家机关的一个全新的国家机关。国家监察机关的运行体系，与检察机关、审判机关的运行体系也存在差异。因此，监察法体系在贯彻实施中与其他国家机构行使权力相关的法律内容的协调衔接极其重要。

目前，我国已经修改了部分法律法规以适应监察体制的改革，力图与《监察法》等法律法规相衔接融合，共同推动这项重大国家政治体制改革的发展进程。但是，仅仅通过其他法律法规的单向修改，是不能彻底解决各个法律体系之间存在的不协调、难融合等问题的。并且，将现有的法律体系全部倾向监察体制的改革也是不科学的，这样专断的体制改革也会造成“超级权力”的形成。因此，监察体制的改革同样需要关注与其他法律法规的融合性，增强在运行过程中与其他国家机关的协调性。

监察委员会的职权行使导向和价值取向，应与法治社会的价值导向相一致，在法律的框架内合理运用监察权力。这就要求监察体制的改革在法律导向和价值取向上，与其他国家机关相同，不能对其权力的行使实行特殊化。在具体的职权实施过程中，监察委员会的权力执行也应该避免同其他国家机关的权力执行产生冲突。特别是在一些权力从检察院转移到监察委员会的情况下，更加需要注意权力转移行使过程中的适应性和衔接性。在《监察法》颁布后，我们注意到监察机关的管辖制度与检察机关、审判机关的管辖制度实施的原则不一致。不可否认的是，这些矛盾的出现极易造成工作效率的降低，资源的浪费等危害，因此，需要努力解决这些困境。

第二节 监察委员会内部权力配置不合理

一、垂直领导机制不彻底

垂直领导机制主要是在人、财、物方面的垂直管理。监察体制改革的导向之一就是增强监察委员会的垂直性。没有这个前提,监察委员会就难免不受到地方的制约,难以发挥其应有的效能。《监察法》规定,监察委员会接受同级人大和上级监察委员会的领导。即在地方上,地方监察委员会由同级人大产生,要对同级人大及其常委会负责,同时,地方监察委员会还对上一级监察委员会负责,这实际上明确了监察委员会要接受双重领导。然而,目前监察委员会人员管理机制在贯彻垂直领导方面还不够彻底,以地方监察委员会的人员任免为例,地方实际上更有决定权,因为地方人大选举产生监察委员会主任,副主任、委员也是由地方人大常委会任免。既然主要负责人的人选由地方决定,那么在政绩考核上也不可避免地要接受地方的考核,必然形成对地方负责的态势。可见,由于地方对监察委员会组成的介入,即使表面上是人大的介入,也难以摆脱地方的桎梏。一般而言,同级对同级的监督是最有效的一种监督模式,同级的监察委员会身处被监察对象的周围,对国家机关的公职人员更为了解和熟悉,并且基本不会有利益或职权上的困扰。上级监察委员会对下级监察委员会的监督,在信息、熟悉程度上远不如处于被监督对象身边的监察委员会。然而,如果监察委员会受同级地方党委的领导,就无法破解对同级党委中公职人员进行有效监督的困境,很难监督同级党委领导下其他部门的国家公职人员。此外,这里还延伸出一个监察委员会与人大之间的关系问题。监察委员会是由权力机关产生的,要对它负责并受它监督,监察委员会作为国家反腐败机构,独立行使监察权,但又无法对权力机关进行监督,这里就会产生一定的悖论。每一级地方人大产生同级地方监察委员会,地方监察委员会要对地方人大负责,实际上变成了地方的监察机关,怎能保证对该辖区内职务犯罪进行严格的监察?其地位实际上还不如现在的检察机关的地位，因为现在检察机关的检察长还要求经过上级人大常委会任命这一关，而监察委员会的主任任命则没有这一要求。双重领导的模式固然好，但实际上往往是谁掌握了人事权，谁就能真正起到领导作用。正如当下的许多行政机关一样，双重领导模式下主要是地方的领导，而上级只是业务指导而已。地方人事的决定权就使监察委员会难以摆脱地方的干预，难以查办同级公职人员职务犯罪的案件。[1] 实际上，我国于2007年就成立了国务院的直属机构——国家预防腐败局，并由监察部的部长兼任局长，接着，各地方也都成立了地方预防腐败局，然而，由于人事体制上的问题，这个机构并没有达到预期的目的，没有实现中央当初希望的反腐效果。这从一个侧面说明，不进行反腐体制上的创新，无论成立什么机构，都难以达到反腐的实际效果。

二、部门职权分配不合理

根据我国对监察体制改革的定位，《监察法》赋予了监察委员会三项具体职权，即调查权、监督权与处置权。这三项职权是否真正能够适应我国反腐败的当前形势？是否能够满足监察权有效行使的需要？是否能够达到权力之间的相互制衡？这三项职权的部门分配是否合理？

监督权是监察委员会的一项基本权能。监察委员会作为专门的国家反腐败机构，也是国家专门的监督机关，应该是全方位、多角度、深层次地履行监督职能，也应该包括事前、事中和事后的监督，它的各项职能都应该是监察权的组成部分。《监察法》第11条第1款规定："……监察委员会对公职人员依法履职、秉公用权、廉洁从政从业以及道德操守进行监督检查……"可以看出，监察委员会行使监督职权的范围被限定在对公职人员的执法合规性、执法廉洁性以及道德操守三个方面。调查权就是按照法律的规定，对行使公权力的人员是否涉嫌违法违规和犯罪行为进行调

---

〔1〕王春业：《我们需要一个什么样的监察委员会》，载钱小平主编：《创新与发展：监察委员会制度改革研究》，东南大学出版社2019年版，第154页。

查和取证,行使调查权是监督公权力主体是否依法履职的有效手段。《监察法》赋予了新设立的监察委员会一定的实施刑事侦查的权力,至少是初步进行刑事侦查的权力。赋予监察委员会刑事侦查权能够在违纪违法与刑事侦查两者之间建立一个有效的衔接,有利于保留案件线索和完整的证据链,符合设立监察委员会的改革宗旨。处置权就是根据法律,对违纪违法问题进行审查定性并作出处分决定的权力。《监察法》第 11 条第 3 项规定:"对违法的公职人员依法作出政务处分决定;对履行职责不力、失职失责的领导人员进行问责;对涉嫌职务犯罪的将调查结果移送人民检察院依法审查、提起公诉;向监督对象所在单位提出监察建议。"其中政务处分包括警告、记过、记大过、降级、免职、开除公职等。对于调查核实未发生违纪的案件,应及时予以撤销。

首先谈一谈这三种职权是否能够适应我国反腐败的斗争形势。目前我国存在的反腐问题,不都是现在才滋生的,有的是长期存在的,目前还没有"露头",这些都是腐败的"存量";还有一些是在反腐败过程中还在滋生的,也就是腐败的"增量"。[1] 对待腐败的"存量",要追查到底,做到有案必查、有腐必惩,绝不让有问题者心存侥幸。对待"增量",要坚决重查,不断压缩腐败空间、减少腐败数量,遏制腐败蔓延势头。监察委员会是我国治理腐败的顶层设计,集合了我国重要的反腐力量,应当说,国家监察委员会在我国廉政体系中具有举足轻重的地位。[2] 反腐事业是一项庞大的系统工程,监察委员会的三个职权监督、调查、处置可以看作是一个系统中的三个子系统。世界反腐专家杰瑞米·波普指出,各国在努力调高政府的治理水准的时候,一直对有可能是所有办法中最管用的一条不够重视,即系统地、有意识地建构本国的"国家廉政体系",体系之间

---

〔1〕 郭兴全:《标本协治:协同论视角下中国反腐败新战略》,载《甘肃社会科学》2015 年第 1 期。

〔2〕 李森:《国家监察委员会职权的立法配置与逻辑思考》,载钱小平主编:《创新与发展:监察委员会制度改革研究》,东南大学出版社 2018 年版,第 142 页。

互相联系,共同服务于国家整体的反腐策略。[1] 美国学者贝塔朗菲也指出,系统之间存在能量、物质和信息的交换,以维持系统自身的发展以及系统之间的“能量守恒”,因此系统具有开放性。系统之间以及系统内部各要素之间存在互相联系与互相作用。[2] 因此,根据系统论的观点,反腐系统之间的子系统之间应该相互联系且具有开放性。如果把调查权、处置权看作是发现违法违纪和犯罪现象后的一种事后监督,那么这里的监督权应包括事前监督和事中监督,可以发现,这三个子系统之间存在一定的连续性与系统性,但是缺乏重要的一环,即最后的反馈机制。监督、调查、处置只是监察委员会内部的封闭式运作内容,尽管《监察法》规定了监察委员会需要依法向社会公开信息,但是一方面依法公开的信息是经过过滤和筛选的信息,另一方面这仅属于社会监督、舆论监督的一部分,无法真正做到对反腐经验的总结与升华,更会导致缺乏反腐策略的顶层设计。

关于监察委员会的三种职权是否能够满足监察权的有效行使问题。监察权的行使有赖于监察措施的实行,同时,在行使监督、调查、处置三项职权时也需要采取相应的监察措施。我国《监察法》规定的监察权限包括:第一,监察机关在调查职务违法和职务犯罪时,可以采取谈话、讯问、询问、查询、冻结、搜查、调取、查封、扣押、勘验检查、鉴定等措施。第二,被调查人涉嫌贪污贿赂、失职渎职等严重职务违法或者职务犯罪,监察机关已经掌握其部分违法犯罪事实及证据,仍有重要问题需要进一步调查,并有涉及案情重大、复杂,可能逃跑、自杀,可能串供或者伪造、隐匿、毁灭证据等情形之一的,经监察机关依法审批,可以将其留置在特定场所;留置场所的设置和管理依照国家有关规定执行。第三,监察机关需要采取技术调查、通缉、限制出境措施的,经过严格的批准手续,按照规定交有关

---

〔1〕[新西兰]杰瑞米·波普:《制约腐败——建构国家廉政体系》,清华大学公共管理学院廉政研究室译,中国方正出版社 2003 年版,第 51 页。

〔2〕[美]冯·贝塔朗菲:《一般系统论:基础 发展和应用》,林康义、魏宏森等译,清华大学出版社 1987 年版,第 36 页。

机关执行。根据监察权限的设定,仅规定监督、调查、处置三项职权无法满足监察权的有效行使。首先,腐败的大多数诱因是金钱,而审计权却并未纳入到监察职权的范围之内,令人不解。赋予监察委审计权,可以对本级政府预算、收支、财务等情况以及受监察对象个人资产和收入情况进行审计监督,该职权将是监察委员会打击贪污腐败的重要武器,应当充分利用。目前,国务院、最高人民法院、最高人民检察院、中央军事委员会等都享有立法提案权,都可以向全国人大及其常委会提出相关法律草案。因此,补充目前监察委员会缺失的审计权与法律提案权,可以促进和满足监察权的有效行使。

关于是否能够达到权力之间的相互制衡问题。监察委员会通过监督权、调查权、处置权的行使履行其反腐职能。国家监察体制改革是一项重大的政治体制改革,监察委员会的设立就是为了在党的领导下监督一切行使公权力的人员。也就是说,监察机关可以对行政机关、司法机关进行监督,这其中就暗含了监察权对行政权、司法权的权力制衡。阿克顿勋爵曾经说过:“权力导致腐败,绝对权力导致绝对腐败。”因此,权力之间的相互制衡是保障公权力合理合法运行的有效手段,也是预防腐败的关键因素。监察委员会被定位为“廉能、善治”的独立权力机构,其职权看似能够支撑独立权力的行使,但细细想来,其毕竟还是新生事物,目前还缺乏与立法权、行政权、司法权抗衡的力量。从“一府一委两院”的权力构架上来看,监察委员会的职权同行政机关、司法机关并不均衡。监察委员会与行政机关、司法机关在职权上的一个显著的不同是:行政机关与司法机关有其各自制定规则的权力,监察委员会在这方面还存在短板。

关于这三项职权的部门分配是否合理问题,监察委员会职能被划分为三个部分:监督、调查和处置,这三种职能应当由各级监察委员会的内设部门负责。第一,监督部门主要负责日常工作、信息公开,具体为日常性、周期性的监督工作,是监察委员会履行职权的基础部门。第二,调查部门主要负责调查工作,调查对象包括违纪行为和涉嫌职务犯罪行为,需要具备一定的保密性,调查的案件在未形成结果前不得透露,否则将会对案件真实性造成威胁。从先行试点的北京市、浙江省、山西省监察体制改革实践呈现的成效来看,未能体现监察机关监督、调查、处置三个职能的分工,这表明现监察委员会职能部门的设置需要在实践中继续探索优化。

三、财物供给支付不独立

经济基础决定上层建筑,鉴于现行体制下没有规定监察委员会在财和物供给方面独立的支付渠道,根据经验,经费来源一定主要是来自地方的,而不太可能来自上级的拨付,这意味着地方监察委员会在经费保障上仰赖于地方的支持。这样的场景令我们觉得似曾相识,当年对法院、检察院进行工作反思时,一直为各界诟病的就是司法机关的财务受制于地方,会阻碍司法权的独立行使,特别是检察机关反贪局在进行职务犯罪案件侦查过程中,由于其财和物与地方政府有着千丝万缕的关系,因此无法真正地做到独立办案,这也是过去检察院反腐力量未能发挥更大更有效作用的重要原因之一。这个缺陷在被诟病多年之后,终于在司法改革的浪潮中予以解决,目前省以下的检察院和法院纳入省级财政统一保障,以摆脱地方政府的不当干预。然而,目前监察委员会的财政支持方面仍然由地方政府负责,这样的体制机制怎么能保证监察委员会监察权的独立有效行使呢?又怎能保证监察机关工作人员可以公正独立地对被监察对象进行有效检查呢?自古以来,谁掌握着财与物的供给权,谁就拥有着较大的控制权。如果仍采取财与物受制于地方的这种管理体制,监察委员会存在重新沦为一个地方监察机关的可能性。

第三节 监察委员会亟待优化监督机制

深化国家监察体制改革的目标,是建立党统一领导下的国家反腐败工作机构,各级监察委员会作为行使国家监察职能的专责机关,不同于行政机关、司法机关的性质和地位,是实现党和国家自我监督的政治机关。因此,监察委员会实质上就是反腐败工作机构,和纪委合署办公,代表党和国家行使监督权。监察委员会监督执法职能的明确,与党的纪律检查委员会监督执纪职能相对应,形成党纪与国法相辅相成、党内与党外双管齐下的腐败治理格局。因此,其本质上是党的工作机构,政治属性是第一属性、根本属性。监察委员会的政治属性的定位是毋庸置疑的,加强党对国家腐败治理体系的统一领导是我国监察制度的特色和设置反腐败机构的基本原则。但是,独立性是反腐败工作能够有效运行的必要条件,它能够保障反腐败机构在调查腐败案件时做到公平公正,不失偏颇。因此,如何从理论上阐释清楚在我国坚持党的领导与保障监察委员会独立行使监察权之间的辩证统一关系,即解决监察委员会自身监督和外部监督问题,是目前深化国家体制改革、努力做到让党中央满意、让人民放心的必然要求。

一、自身监督是难题

在我国,反腐败的实质是加强和改进党的建设,是党自我监督、自我净化的重要形式。习近平总书记指出,"自我监督是世界性难题,是国家治理的'哥德巴赫猜想'","我们要通过行动回答'窑洞之问',练就中国共产党人自我净化的'绝世武功'","要构建党统一指挥、全面覆盖、权威高效的监督体系"。目前,监察委员会采取的内部监督主要有对监察权行使关键环节的监督、内部专职监督以及上级监委(纪委)的监督。

首先,为了防范和减少监委内部的廉政风险,当务之急就是对监委内部的业务流程进行全方位的介入和监控,建立严密而高效的内部监控机制。[1] 2017年1月《中国共产党纪律检查机关监督执纪工作规则(试行)》开始施行,这一规则强调工作流程的规范化、科学化,强化自我约束机制,是党的纪律检察机关自我监督的重要文件。它明确细化了多个工作环节、流程的处理时限。例如,线索处置不得拖延和积压,处置意见应当在收到问题线索之日起30日内提出,并制定处置方案,履行审批手续;

〔1〕 姚文胜:《国家监察体制改革研究》,中国社会科学出版社2019年版,第105页。

又如,在立案审查中,审查谈话、执行审查措施、调查取证等审查事项,必须由 2 名以上执纪人员共同进行;坚持审查与审理分离,审查人员不得参与审理等。严密的程序规范,能够形成内部职能、职责的制衡,能够聚焦关键点和风险点,规范程序,严格监督纪律,有力回应"谁来监督纪委"的社会关切,强化自我监督的"防火墙"。[1] 目前,对于监察委员会监察权行使的自我监督,采取的措施是构建"信访、检察、审理"三个重点环节,这三个环节相对独立,还有许多需要完善的空间。比如,在信访举报中,监察委员会的自由选择空间较大,可能会对一些腐败案件有所遗漏;再如,在案件定量定性环节,审理室人员与办案人员如果没有一个很好的沟通与交流,就会导致对案件的定性量纪缺乏科学性。

其次,是监察委员会内部的专职监督。2014 年 3 月中央纪委成立了干部监督室,这个部门的职责就是"监督自己人",有些类似于我国香港特区廉政公署的"L 小组"。但是,随着监察委员会的设立,2019 年 1 月中央纪委国家监委首次公开了机构改革后最新的组织机构图,与 2014 年公布的组织机构图相比,发生很大变化。机构改革后,中央纪委国家监委共设 16 个室,第一到第十一为监督检查室,第十二到第十六为审查调查室。[2] 其中第十四监督室为针对"灯下黑"问题设置的纪检监察干部监督室,负责监督检查纪检监察系统干部遵守和执行党的章程和其他党内法规,遵守和执行党的路线方针政策和决议、国家法律法规等方面的情况;受理对有关纪检监察领导干部涉嫌违反党纪、职务违法和职务犯罪等问题的举报,提出处置意见并负责问题线索初步核实及立案审查调查工作等。然而,纪委监委干部监督室的工作人员谁来监督?其职权是否应具有特殊性、办公地点是否应具有独立性与保密性?在工作过程中如何保持自身的廉洁性?这些问题都是在今后的实践中需要进一步细化和总结的。

最后,上级监察委员会(纪律检查委员会)的监督。党的十八届三中全

---

〔1〕 李勇、余响铃:《对监察委员会的监督制度设计》,载《国家行政学院学报》2017 年第 2 期。

〔2〕 央广网:https://baijiahao.baidu.com/s?id=1633027081460991117&wfr=spider&for=pc,2019 年 12 月 8 日最后访问。

会提出,推动党的纪律检查工作双重领导体制具体化、程序化、制度化,强化上级纪委对下级纪委的领导。《监察法》第10条规定:“国家监察委员会领导地方各级监察委员会的工作,上级监察委员会领导下级监察委员会的工作。”一般情况下,上级与下级之间不存在密切的利益关系,因此上级监察委员会的监督总体来说比较客观公正。但是,因为上级监察委员会与下级监察委员会在平时的工作中在地理空间上距离较远,工作内容也较少有重叠,因此上级监委可能对于下级监委缺乏必要的了解,在监督过程中会存在漏洞。

二、外部监督应完善

《监察法》第54条规定:“监察机关应当依法公开监察工作信息,接受民主监督、社会监督、舆论监督。”除此之外,事实上还包括党的监督、权力机关的监督和司法机关的监督。首先,权力机关的监督主要是通过在“两会”上听取报告,对监察委员会组成人员的选举、任命、质询、成立专门委员会(办公室)等进行监督;党的监督主要是党委、纪委通过对监察委员会领导干部的监督以及同级党委对同级监察委员会的监督实现;司法机关的监督主要是检察院通过行使审查、起诉等法律监督权力开展监督,对监察委员会作出的决定或采取的措施进行法律监督,法院则主要是进行审判监督,但实际中与监察委员会的联系并不紧密,制约效力较弱;民主监督、社会监督、舆论监督主要是社会公众或其他党派人士,通过媒体、网络等途径,形成有效的社会监督。国家新的监察体制形成之后,对于监察委员会,在党的体系内,中央层级有中共中央及其政治局、政治局常委会和中纪委的监督,地方有本级党委及其常委会和纪委的监督;在国家体系内,有全国人大到地方各级人大及其常委会的监督;同时还有各级政协的监督。但是,上述这些监督形式看似十分全面,但在具体执行中可能过于简单或过于分散,因此需要进一步丰富和完善对监察委员会的外部监督和制约。[1]

---

〔1〕 参见秦强:《监督权力 国家监察委员会的文化传承与制度创新》,人民日报出版社2017年版,第140页。

第七章　监察委员会制度的发展路径

在党的百年征程中萌生发展起来的人民监察思想从实践上升为理论,反过来还会对实践工作进行指导,其不仅在我国的法治建设中发挥着开路先锋的作用,而且进一步充实了权力监督理论体系。同时,我们党一贯注重把马克思主义理论与政权建设实践紧密结合,人民监察思想对当前监察委员会的定位和定性具有重要的指导意义。具体而言,一是客观分析新时期监察工作出现的新问题,为了更好地解决这些问题,要求我国的纪检监察工作做出变革,相关监察人员要积极主动调解适应新岗位新职能,要扩大监督范围,敢于监督,督促领导干部正确行使权力。二是必须扩大党的群众基础,党的工作路线是从群众中来到群众中去,党的一切工作永远离不开群众的支持。习近平总书记强调,应以永远在路上的执着不断推动全面从严治党的不断深入,这为做好新时代纪检监察工作指明了前进方向。

第一节　完善监察法律体系

优化顶层设计,逐步健全监察法律体系,能够为国家监察体制进一步深入改革建立牢固的法律基础,起到保驾护航的作用。监察委员会制度改革至今已经基本完成了各项内容,体制机制完整,功能齐全,在实践操作中运行良好，但由于改革时间紧、任务重，仍留下些许遗憾，其中较为突出的尚未能形成较为完整的监察法律体系。到目前为止，与监察体制改革相关的法律只有屈指可数的几部：《宪法》《监察法》《刑事诉讼法》。当然，制度的构建并非法律越多越好，监察委员会制度改革至今，其权力来源就法源上而言仅有一部《监察法》，既作为监察实体法，也作为监察程序法。完善有关监察委员会的配套制度，细化具体规则，填补法律空白是健全监察法律体系的重要一环。与此同时，监察委员会的职能行使与其他国家机关的权力行使应具有融合性、协调性，既要注重发挥监察委员会的实际作用，又要能够与其他国家机关协调运行。从长远来看，监察法律体系尚未形成，相关配套措施还有待加强，客观上影响制约着监察体制改革的实际效用，尚需在今后继续加以完善。

一、制定国家监察组织法

第十三届全国人民代表大会第一次会议分别审议通过了《宪法修正案》《监察法》，使监察委员会的成立和相应权力的行使具有了法律依据。《宪法》是国家的根本大法，其中有关监察制度的相关规定给予监察委员会开展工作最稳固的法律支持。但《宪法》中的规定是抽象的、宏观的，在制度执行中不能细致地指导具体规则的实施。同时，尽管《监察法》细化了监察的职责、范围、程序等方面的内容，却还是存在对组织管理规定上的缺陷。因此，应当制定在监察体制改革过程中急需的配套法律法规，从而完善监察法律体系有其重要性和必要性。

《监察法》就监察机关及其职责、监察范围和管辖、监察权限、监察程序、法律责任等方面作出了规定，但因其宏观性和抽象性尚不足以为监察委员会开展各项实际工作提供具体的操作规范。监察组织法，是对监察委员会的组织结构和活动原则进行规定的专门法，其内容应囊括监察委员会内部的机构设置及其整体运行规则、与其他国家机关的衔接和配合等方面，能够为监察委员会提供详细、明确的工作指引。按照立法惯例，制定监察委员会组织法旨在明确监察体系自身的运行规则，保证监察权的顺畅和有效行使;厘清与其他国家机关之间的关系,促进国家权力机制的协调运转。监察委员会组织法的立法工作可以参考已经实施多年的《人民法院组织法》《人民检察院组织法》。总结这两部法律在制定内容和立法程序上的优点和不足,积极借鉴其中的优点,避免其中的不足,着力制定一部符合实际、简单清晰、具有可操作性的"监察委员会组织法",使之成为监察制度的支柱性法律是十分必要的。

二、制定国家监察官法

目前,除了《公务员法》外,针对国家工作人员特别制定的还有《法官法》《检察官法》等专门法律,其共同之处就是区别于普通公务员,建立起单独的职务序列和职业保障制度。鉴于监察委员会工作人员相较于普通公务员,有其执法办案的独特属性,完全套用普通公务员管理模式不是长久之计,应当参照《法官法》和《检察官法》等其他类似法律法规,制定专门的国家监察官法。除了深入完善《监察法》中规定的监察官等级、任免、考评和晋升制度外,监察官的工作职责和权利与义务、职业素养和道德规范、进入和退出机制、奖惩制度等都应在国家监察官法中予以明确。《监察官法(草案)》已经由全国人大常委会多次审议,并向社会公开征求意见。

三、增强与其他法律法规的协调性

监察体制改革后,在顶层设计中将监察机关与行政机关、司法机关并列,将监察委员会与政府、法院、检察院并列,由此形成了"一府一委两院"的国家政治格局。监察体制改革是国家重大的政治改革,国家监察机关是区别于其他国家机关的一个全新的国家机关。

目前,我国修改了部分法律法规以适应监察体制的改革,力图与《监察法》等法律法规相衔接融合,共同推动这项重大国家政治体制改革的发展进程。但是,仅通过其他法律法规的单向修改,不能彻底解决各个法律体系之间存在的不协调、难融合等问题。并且,大幅对现有的法律体系进行修改以适应监察体制改革需要也是不科学的，充分地强化监察体制改革也会造成“超级权力”的形成。因此，监察体制的改革同样需要关注与其他法律法规的融合性，增强在运行过程中与其他国家机关的协调性。

监察委员会的职权行使导向和价值取向，应与法治社会的价值导向相一致，在法律的框架内合理运用监察权力。这就要求监察体制的改革在法律导向和价值取向上，与其他国家机关相同，不能因其权力实行特殊化。在具体的职权实施过程中，监察委员会的权力执行也应该避免同其他国家机关的权力执行发生冲突。特别是在一些权力从检察院转移到监察委员会的情况下，更加需要注意权力转移过程中的适应性和衔接性。在《监察法》颁布后，我们注意到监察机关的管辖制度与检察机关、审判机关的管辖制度实施的原则不一致。不可否认的是，这些矛盾的出现极易造成工作效率的降低，资源的浪费等危害，因此，需要努力去解决这些困境。

监察管辖原则是按照被调查、审查对象的行政身份等级进行监察管理的，即为干部管理权限原则，是属人原则。与之不同的是，刑事诉讼制度以属地原则为主。这样一来，监察机关的管辖原则与检察机关、审判机关的管辖原则及管辖范围产生一定程度的不协调。监察权集行政权、司法权于一体，应根据其行使职权的性质，遵循不同的管辖原则进行监察管理。在执纪监察时，采用干部管理权限；在职务犯罪监察时，采用属地原则为主。这样一来，其制度的实施更能与司法职能的实施相融洽。

第二节　畅通监察机关与刑事司法机关相互衔接

《监察法》在国家监察工作中的地位可以说是举足轻重，其在指导监察工作开展中所起的作用是非常重大的，因为它是一部专门针对腐败的立法。从监察法的起草、试点到最终的通过，整个过程都是非常严谨的。《监察法》中明确了在职务犯罪的调查过程中，应当一如既往地遵守正当程序原则、比例原则和人权保障原则。若是案件中涉及公民人身自由、财产被剥夺等基本权利被侵犯的,需要使用更加严格的程序进行规制,更加全面地尊重和保障被调查人基本权益。监察委员会在开展工作时,应当遵守《宪法》和《监察法》的各项规定,做到有法可依和有法必依的高度统一。

一、犯罪线索移送的衔接

由于监察机关在整个监督体系中居于中枢地位,所以需要其他监督主体的协助,只有彼此协作,才能更好地发挥监督职能。鉴于司法机关依法拥有法定的职权,作为打击犯罪的专门机关享有很多便利,在如果获取到职务犯罪线索方面,应当与监察机关对接,依法移送给监察委员会调查处置。

(一)监察委员会与公安机关的协调

根据宪法的规定,公安机关属于行政机关,是政府的一部分,尽管公安机关的工作人员并不是由人大选举产生的,但其在刑事诉讼中具有司法机关的性质。监察委员会拥有对职务犯罪的调查权,这类调查权的行使需要与公安机关进行有效的分工配合,并且在调查中做到相互制约、相互监督。在案件中,移交违法犯罪线索时,若是在侦查过程中发现国家公职人员涉嫌违法犯罪,并且掌握了一定的证据时,公安机关就应当将有关线索移交给监察机关,由监察机关进行调查。如果发现国家公职人员不仅涉嫌了职务犯罪,而且还涉嫌其他犯罪,此类案件仍旧可以交由监察机关负责调查。理由很简单,首先,监察委员会相较于公安机关,在职务犯罪侦查方面拥有更大的职权,因为它们的行为不受行政机关干涉,避免了行政机构包庇公职人员贪污的可能性,受到的行政压力也要小得多。其次,从提高案件效率的层面来看,监察委员会在查办职务犯罪过程中,很多工作(如勘验检察、技术调查、限制出境等)都需要公安机关予以支持和配合,在规范运作的前提下,尽量减少不必要的重复环节,避免出现冗长的"第二次调查、第二次审批"等重复性工作。在实践中,针对同一犯罪人的不同罪名由分属各个办案机关进行调查和审讯,效率非常低下。各个办案机关不仅要在讯问犯罪人的时间和地点上进行协调,还要将犯罪人进行来回移送,最终的案件文书也很难形成固定的格式文本,给后期的案件审理工作带来麻烦。再次,同一犯罪人虽然可能有多个犯罪事实,涉及数个罪名,但是各个罪名之间一定是存在相互关联性的,案件的统一调查对各个罪名的侦破也是有利的,针对不同犯罪事实的集中调查更有利于完整地反映犯罪嫌疑人的情况。最后,一般涉及职务犯罪的人员都是具有一定行政职务的,不然很难进行此类犯罪,他们往往具有一定的人脉关系和影响力,并且大部分都是具有高学历的、反侦查能力较强的一线公职人员,由监察机关调查此类案件,能够运用更加专业的手段,尽快查清案件事实,并且不受干扰。这些优势显然是公安机关在处理此类案件时所不具备的。在《监察法》中,监察委员会被赋予了很多的权限,如扣押、查封、讯问、技术侦查、留置等。其中,在涉及技术侦查和留置措施时,需要公安机关提供一定的帮助。监察委员会中并没有设置专业部门进行这类调查。在缉拿犯罪嫌疑人和发布通缉令等事项上,也离不开公安机关的协助。公安机关是社会治安的管理力量,也是侦查犯罪最重要的机关单位,不仅人力资源充足,而且拥有相对完善的技术手段和物质基础,并且凭借多年的经验,能够高效地运用这些资源。所以,在监察委员会调查案件时,由公安机关配合提供技术支持,并且在案件审理结束之后,由公安机关对犯罪人进行关押,这样相互合作,才能提高办案效率。

(二)监察委员会与检察机关的协调

此次与国家监察体制试点改革关系最为密切的就是检察机关,改革后,检察机关的反贪部门以及渎职部门都归属到监察机关,原有长期形成的业务格局迎来了前所未有的重大调整。根据宪法及法律规定,监察委员会的监督范围是所有行使公权力的人员,职责就是监督他们在日常工作中依法履行职务的情况。检察机关的监督权有别于监察机关的监察权,监察权的监督对象主要是那些行使国家公权力的个人,不仅要求他们遵守法律,还要求他们遵守纪律,要求更加严格。检察机关的监督权针对的对象并不仅仅是个人,其范围更加广泛,不仅包括行政机关,甚至可以对社会团体和个人进行监督,但是监督的内容相对单一,只能监督法律的遵守情况,并且只能通过诉讼的方式进行监督。这样一比较,监察委员会和检察机关的监督有很大差别,但两者之间仍存在一些协作与配合。随着《监察法》的实施,职务犯罪的案件不再由检察院进行侦查,而是由监察委员会接手调查,检察院只负责调查之后的公诉部分。在此之前,针对职务犯罪的侦查权和公诉权都是由检察院承担的。改革前,针对职务犯罪侦查权和公诉权都归属检察机关一个部门的问题也是很多学者一直争议的焦点。《监察法》出台后,实现了职务犯罪的调查权和公诉权的分离。虽然同一案件调查和公诉分属两个部门,在流程上要复杂一些,但是带来的益处是显而易见的。在职务犯罪中,非法取证以及不必要的审前羁押现象经常发生,部分原因是此类案件的调查权和起诉权均属于检察机关。如今这种权力的拆分,不仅能够使职务犯罪与其他犯罪一样,保持一致的侦查诉讼模式,保持法治的统一性,也能够保障犯罪人的基本权利。监察委员会拥有对职务犯罪案件的调查权,但并不意味着检察机关对于此类案件能做的就是起诉,在《监察法》出台前期的试点过程中,文件中规定对于职务犯罪案件,监察委员会调查结束后,确认涉嫌犯罪,应该向检察机关"移送起诉"。出台后的《监察法》在此处进行了修改,将"移送起诉"更改为"移送审查起诉",这一更改意味着检察机关可以对移送的有疑问的案件,再次进行审查,针对事实不清、证据不足的案件,也可以退回监察机关,要求补充调查。这样一来,使检察机关和监察机关在职务犯罪案件中,能够更好地制约彼此、监督彼此,将反腐败的法律网织得更大更密。

(三)监察委员会与审判机关的协调

虽然审判机关和检察机关不存在直接的关系,但是两者在有些方面还是需要相互配合的。在线索移送方面,审判机关具有向监察机关移送职务犯罪人员犯罪线索的义务。首先,对于监察委员会移送起诉的职务犯罪案件,审判机关在审判过程中认为该案件仅涉嫌违法而非犯罪,检察机关应撤回起诉并将案件退回监察委员会,这时案件被调查对象或当事人应该有权利向法院起诉,由法院依法对监察委员会职权行为的合法性进行审查，作出裁判。其次，审判人员在审理案件过程中，发现了除涉案人员以外的其他公职人员涉嫌职务犯罪时，审判机关应及时向监察机关移送调查；监察委员会针对职务犯罪人员，作出党内纪律处分或是其他政务决定时，需要审判机关提供一定的材料。

二、工作配合机制的衔接

监察机关、检察机关、审判机关、公安机关四者之间只有做到各司其职，互相配合，才能更好地处理案件，并且这些协作是建立在平等的基础之上的，并不存在领导与被领导的关系。因为每一个案件都牵涉公民权利的维护和公共利益的实现，只有加强对彼此的监督，才能使监察机关办案处于法律框架之内，经得起司法机关的监督和审查，其根本目的是防止有违司法公正的情形出现。

（一）公安机关对监察机关的协助配合机制

由于公安机关专门的享有一些"特权"，例如技术调查及即时强制等手段，监察机关在调查案件时，时常需要公安机关提供帮助和配合。下面就列举一些需要公安机关予以配合和帮助的情况：首先，监察机关在采取技术性调查措施时，需要公安机关的配合。《人民警察法》和《国家安全法》分别赋予了公安机关与国家安全机关采取技术侦查措施的权力，而监察委员会并没有此项权力，因此需要监察委员会与公安机关的协调配合。此外，《监察法》第28条规定："监察机关调查涉嫌重大贪污贿赂等职务犯罪，根据需要，经过严格的批准手续，可以采取技术调查措施，按照规定交有关机关执行。批准决定应当明确采取技术调查措施的种类和适用对象，自签发之日起三个月以内有效；对于复杂、疑难案件，期限届满仍有必要继续采取技术调查措施的，经过批准，有效期可以延长，每次不得超过三个月。对于不需要继续采取技术调查措施的，应当及时解除。"这里的"有关机关"主要是指公安机关。其次，检察机关针对被调查人境外出逃情况时，若要作出通缉的决定，需要公安机关的配合。职务犯罪一旦被发现，很多身居要职的国家公职人员，第一个想到的就是出逃境外，在这种情况下，就需要公安机关限制犯罪嫌疑人出境，或是在必要时对犯罪嫌疑人进行抓捕。在监察机关向公安机关发出协助请求时，公安机关应当积极配合。当然，若是需要一些必要的程序，如提供一些公函加以证明，或是需要相关领导签字，这些也是监察机关必须要遵守的。若是监察机关在调查某些案件时，涉及的犯罪人已经被公安机关关押，此时应该由公安机关对此类人员进行讯问，并且在完成之后向监察机关提交报告，最后由监察机关统一移送审查起诉。最后，监察机关作出留置的决定也需要公安机关予以配合。“留置”是《人民警察法》中的一种行政强制措施。该法第 9 条规定，对有违法犯罪嫌疑的人员，经公安机关批准，对其继续盘问，对被盘问人的留置时间自带至公安机关之时起不超过 24 小时，在特殊情况下，经县级以上公安机关批准，可以延长至 48 小时。在国家监察体制改革试点中出现的“留置”与公安机关的“留置”在实施的期限、方式和方法上都有很大的区别。监察委语境下的“留置”与《人民警察法》中的“留置”在内容上是不同的，它本质上是一种调查措施，在期限上也要长一些。留置的调查期限可以设为 3 个月，必要的时候可以再延长 3 个月。在制度设计上明确相应的程序和规则保障留置权的实施。除了严格控制期限以外，还要严格控制审批程序。

（二）监察机关与检察机关的衔接配合机制

《监察法》的出台，使绝大多数的职务犯罪调查权和起诉权相互分离，但是无论是调查还是起诉，两者都是对这一犯罪进行追诉的过程。检察机关在公诉之前，如果根据案情需要或者是监察机关商请而提前介入案件调查过程，应当密切与监察机关的沟通，严格按照法律标准梳理案件证据收集、法律适用和强制措施适用等核心问题，逐项核查之后提出初步的审查指导意见，这样可以避免案件正式移送后，因为格式或者是某些文件资料的缺失而被退回，降低工作效率，影响案件的正常办理。针对需要移送起诉的职务犯罪案件，监察机关应该告知检察机关，协商移送事宜，检察机关接到书面通知后，应当根据刑事诉讼法的要求，对被调查人采取强制措施，即予以刑事拘留。修改后的《刑事诉讼法》规定“监察留置措施先行转为刑事拘留措施，刑事拘留之后如有必要再行采取其他刑事强制措施”的程序规则。从这项规定中不难看出，控制犯罪嫌疑人是最主要的，在此基础上再兼顾监察留置措施与刑事强制措施的有效衔接。但是《监察法》并没有明确规定，在监察留置措施与刑事强制措施之间应该如何协调，反映到办案实践中，监察留置措施与刑事拘留措施之间在时间上如何衔接，仍需要更为具体的规定。同时，监察委员会设立案件审理部门对所调查的职务犯罪案件进行统一审核，在案件审查终结后，统一移送至检察院的职务犯罪检察部门，能够有效地建立统一的职务犯罪案件处置标准，便于监察委员会与检察机关的协作配合。

（三）审判机关与监察机关的协作配合机制

监察机关在办理某些案件和送达处分决定时，需要讯问或是会见被告人，或需要针对某些案情向人民法院征询意见，在这种条件下，各级人民法院应当根据监察机关的要求给予一定的配合。从当前的反腐实践来看，许多地方依旧设有党委反腐败协调小组，这一协调性机构虽不是常设机构，却在政治架构中有着特殊地位，监察机关有着党政合设的特殊体制，但也不能等同于各级地方党委反腐败协调小组，两者之间不存在隶属关系。

三、审查起诉中的程序衔接

《监察法》规定，针对职务犯罪案件，由监察机关实施调查权，在案件调查结束后，需要移送至检察机关，进行审查起诉。但是，检察机关对案件依然是具有审查权的，可以针对具体的案件情况作出起诉或者不起诉的决定。这种相互制约监督的工作方法，可以更好地衔接两大机关间的工作。

（一）监察机关的移送起诉

监察机关在调查结束之后，针对事实清楚，证据确实充分的案件，可以进行移送。这里的移送主要包括被调查人强制措施的转换、涉案款物的移送和案件材料的移送。对法律和对纪律的遵守情况都是监察机关监督的范围,所以随着案件调查的结束,监察机关会分别形成执纪审查、职务违法犯罪调查两份报告,这两份报告对应的就是党纪处分和政务处分。在案件移送时,并不需要向检察机关提供违纪报告,但为防止检察机关在接收移送后,准备起诉的环节,发现案件事实不够清楚,反复调查或是退回重新调查的现象发生,建议监察机关在移送之前,将违纪报告分开整理,分为文书程序和证据两个部分。如此一来,既能够提高工作效率,又能够实现监察程序和司法程序的有效衔接,将反对腐败的工作落实到底,彻底肃清职务犯罪。

(二)检察机关的审查起诉

在监察机关完成对职务犯罪案件的调查后,移送至检察部门时,应当针对以下几个问题做好衔接工作:(1)有关于是否起诉的决定。检察机关在审理移送的案件时,针对一些情节轻微的案件,或是补充侦查之后依旧证据不足的,经过上级检察院核实相关情况后,有权作出不起诉的决定。若是监察机关对此有异议,可以提请复议。(2)补充调查的案件,《监察法》第47条针对此类案件作了规定,《刑事诉讼法》也对此作了一些规定。监察机关要充分落实案件要退回重新调查的理由,仔细核实、认真地进行补充调查。这也是对检察机关严格要求的表现,要求其在接收移送案件时,进行实质性地审查,以往那些走马观花式的审查务必严格杜绝。为了确保案件的效力,“退回”的案件需要在一个月之内再次补充调查完毕,并且每一宗案件只可退回调查两次。(3)针对案件争议较大,或是案件当事人提出非法证据排除,不宜在退回重新调查时,可以由检察机关自行侦查。(4)关于没收违法所得的问题。监察机关在作出此项决定时,应当根据“犯罪事实清楚,证据确实充分”的规定,审查全案之后依法作出,检察机关在收到监察机关提请没收违法所得的建议书之后,应当针对案卷材料进行审查,综合全案的犯罪事实,考虑案件的法律效果和社会效果,最终决定是否向审判机关提交此项申请。

第三节 理顺职务犯罪监检衔接办案机制

前监察体制改革时代,职务犯罪追诉具有完整的刑事司法属性,从侦查到审查起诉到审判均是在刑事司法框架下,以《刑事诉讼法》和《刑法》为依据。因此在当时,虽然案件在刑事诉讼各阶段间流转,但是具有内部性,不存在追诉行为属性的差异,亦不会出现程序衔接的问题。监察体制改革将人民检察院查处贪污贿赂、失职渎职以及预防职务犯罪等部门的相关职能整合至监察委员会,大多数职务犯罪案件的调查由监察委员会负责。依据改革者的设计,监察委员会是政治机关,其履职行为具有政治属性,与刑事司法并不属于同一范畴。在否定司法属性的基本立场下,立法者通过《监察法》构建了独立监察程序,以规范和指引监察行为。"构建独立监察程序更加符合改革的需求,也更有利于改革目标的实现。"[1]但是不同于违纪与职务违法的查处,职务犯罪追诉并非监察程序的内部循环,其最终结果呈现于刑事审判,这就形成了不同属性的职权与程序的衔接问题。实践中重点体现于,检察介入衔接、强制措施衔接和证据衔接三个方面。可以说,理顺监检衔接中存在的理论与实践障碍是推动改革深化实现国家腐败治理目标的关键。

一、监检办案"提前介入"的衔接问题

检察提前介入调查是弥合权力属性差异,理顺监检衔接障碍的有效手段。但是囿于缺乏法律的明确规定,导致其实践运行存在障碍,具体表现为介入案件类型与范围的不明确性、介入时间的多元化以及介入职责的模糊性。

(一)关于提前介入的案件类型与范围

当下检察院介入案件类型和范围不甚明确。2018 年 4 月颁发的《国

[1] 叶青、程衍:《关于独立监察程序的若干问题思考》,载《法学论坛》2019 年第 1 期。

家监察委员会与最高人民检察院办理职务犯罪案件工作衔接办法》(以下简称《衔接办法》)第二章对检察提前介入监察进行了规定,其中第12条规定了检察机关介入监察机关的案件范围为“重大、疑难、复杂案件”。2019年新修订的《检察院刑事诉讼规则》第256条第2款亦规定了“商请介入”的原则。上述法律规范为提前介入制度化提供了依据,但由于规定过于原则,使司法实践中在理解和适用上存在一定的出入。如由于介入的案件需“重大、疑难、复杂”缺乏统一的标准,使该规定“可操作性”极强。有学者指出,由于监察机关和检察机关职责的牵连性以及两者人员的天然亲密性,使司法实践中,检察提前介入的适用率极高。[1] 其实,职责的牵连以及人员的亲密仅仅是影响提前介入极高适用率的次要因素,其关键因素仍然是对“疑难、重大、复杂”的解释差异所致,标准的模糊为主观上的利己解释提供了有利条件。不能绝对排除的情形是,监察机关基于寻求人手帮忙分析案情、指导取证、分担压力乃至“助力”起诉等目的而“商请”检察机关提前介入。从现行的地方监察机关的办案实践来看,亦有地方遵循刑期标准(如10年以上)、案件影响力标准(犯罪行为恶劣或较大影响力)、证据收集难易程度标准等不同的标准依据,介入标准可谓各有差异。

提前介入的案件范围宜坚持规范与灵活相结合的原则,“规范”即对介入案件标准予以必要的成文规定,“灵活”则是指赋予检察机关更大的介入主动权。从目前地方的办案实践来看,有的地方参照以往检察机关介入公安机关办案的相关办法和规则。例如关于重大疑难案件之范畴,包括影响力重大,如社会和媒体普遍关注的案件;对社会稳定可能造成较大影响的案件;上级督办的案件等。就这个角度而言,笔者认为,检察机关提前介入监察案件(程序)可以从以下几方面把握:一是并非每一个案件都需要介入,介入的案件需具有一定的选择性;二是案件介入与否需要从职务犯罪案件的特点以及检察院资源配置的情况进行综合考量。就前

---

〔1〕 吕晓刚:《监察调查提前介入实践完善研究》,载《法学杂志》2020年第1期。

者而言,仍需重点考虑的是“案情重大、疑难、复杂”程度,这是检察提前介入功能发挥的意义与价值所在,否则“凡案必介入”既是检察资源的浪费,也是对监察办案的不利干扰。就“重大、疑难、复杂”的标准而言,可以从涉案金额、涉案人员的级别及其所造成的损失等情况综合判断。这一点可以参考以往检察机关办理“特别重大贿赂案件”的相关规定。以上多从案件影响力的角度着眼,就案件办理的难易程度以及监察和检察资源配置和办案经验融合的角度而言,适宜介入的情况还包括案件本身办理的难易程度。比如取证的难度较大,导致案件事实认定困难;案件涉及的法律关系复杂,定罪量刑等方面法律适用争议大等。当然,由于职务犯罪案件介入的主动权并不为检察院掌握,所以具体介入的案件范围及介入程度仍然需要与监察委协商确定。可见在提前介入的问题上检察院相对被动,为保障检察院监督地位和引导功能的切实发挥,宜参考以往检察介入侦查之规定,赋予检察机关必要的介入监察的主动权。

(二)关于提前介入的时间选择

在检察院提前介入监察办案的时间选择上,各地监察机关更是多元化。依据《衔接办法》之规定,检察院提前介入的时间应该在“案件进入审理阶段后”,也就是根据前期案件调查部门的调查,在确定“犯罪事实清楚、证据确实充分,需要追究刑事责任”,且履行相关的手续后,检察机关方得介入其中。但这一规定并未得到地方监察委较好的遵照执行。例如,上海市检察院即将介入的时间提前至监察委案件调查阶段,北京市检察院将介入的时间提前至监察委案件初核阶段,而深圳市则规定得更为模糊,将检察机关提前介入的时间规定为正式移送案件之前,从而赋予了检察机关在案件介入时间上更大的选择自由。

事实上,提前介入的时间选择应以案件的疑难复杂程度为依据。如果案情较为复杂,则应当在调查阶段介入,如果案情相对简单,则可以不介入和稍缓介入。除此之外,还可以依据不同的证据种类,取证方式等不同而采取不同的介入时间。总体而言,检察机关提前介入时间的确定应具体案件具体分析、具体取证具体对待,不宜作统一规定。[1] 此外,因在职务犯罪案件办理中,口供占据着重要的地位,其主要获取方式是讯问,所以结合案件的疑难复杂情况,可从监察委第一次讯问被调查人员时开始介入;如果采取了相应的勘查措施,则应从勘查手段实施时开始介入等。在介入方式上,应结合当下监察工作的实际情况,一方面,在功能上应偏重于"引导",即引导监察机关调查取证;另一方面,由于监察调查较以往的刑事侦查时限相对受限,所以为确保提前介入效果,宜进一步明确监察机关商请检察机关介入程序。例如,在时限紧急时,监察机关可先行电话等与检察机关沟通介入事宜,后续再补充相关手续等。

(三)介入后的工作职能定位

监察制度改革之前,检察机关与纪检监察机关之间的合作模式主要包括四种方式,即流水线模式、提前介入模式、同时立案模式和协商应急模式。[2] 其中提前介入模式较为普遍,在该模式之下,首先由纪检监察机关对违纪对象进行"双规",其次由具有证据收集处理意识较强的检察机关介入其中,为后续的司法程序奠定基础。但多样态合作模式的另一面也意味着合作的规范性和制度化有所不足,突出表现在协作意识、介入程度以及协作深度等方面,而且,这些问题延伸至监察体制改革之后的监检衔接之中。以检察介入的工作内容为例,因缺乏明确的规定和统一的操作规范,各地检察机关介入的工作内容和深度皆有所差异。有的地方监察机关以"案情汇报"的形式向检察机关介绍案情,此种方式在一定程度上限制了检察机关对案情全貌的把握;有的地方则允许检察院进行较为全面的介入,包括前期调查方向的确定以及后期案件意见的提出。由此带来的问题是有的地方检察院过多地介入监察委案件办理之中,过多的"亲历性"使得检察权有"侵入"监察权之嫌疑;但如介入的不足,又使得检察院事后的监督和指导难以发挥应有的介入效果。

---

[1] 朱全宝:《论检察机关的提前介入:法理、限度与程序》,载《法学杂志》2019 年第 9 期。
[2] 梁莉:《完善检察机关与纪检监察机关协调配合机制》,载《人民检察》2019 年第 10 期。

检察提前介入侦查是在20世纪80年代“严打”背景下，“依法从重从快”刑事政策在检察工作中的具体体现。[1] 目前，提前介入仍然是检察机关发挥引导乃至法律监督作用的重要途径之一。[2] 一般来说，检察机关提前介入监察调查的主要功能与此前介入公安机关侦查的主要功能并无二致，是相互依存的两个方面，一方面是发挥引导作用，通过自身的证据运用优势以及法律专业素养和诉讼经验引导监察机关收集、固定、审查和运用证据；另一方面是发挥宪法所规定的监督职能，尽管监察体制改革对传统的法律监督格局造成了很大的冲击，但检察机关的法律监督地位并未发生改变，反而还有所增强。从当前检察提前介入监察调查的实践来看，应当侧重于“引导”而兼顾“监督”，引导调查取证，提升调查效率，减少补充调查的适用情形，为后序诉讼程序包括逮捕等强制措施的适用奠定坚实的基础。所以，在引导优先、兼顾监督的基础上，在检察提前介入监察的初期宜注重强化两机关之间的合作，提升监察案件办理的质量，使监察机关能够意识到检察提前介入的切实功效，为后期检察提前介入的制度化和规范化提供经验样本，也可以积累潜在的态度支持，以降低协调成本，提升整合效率和反腐合力。

当然，检察院应当在职权范围内提前介入。有学者指出，检察机关在提前介入中存在公诉准备和协助调查两种矛盾与冲突的角色定位。在现行的法律规定之下，检察机关仍应当尊重监察机关调查的主体性权力，即监察调查为主，以检察建议为辅；以案件审阅为主，以亲历调查为辅。此举的目的在于突出监察机关职务犯罪调查的主体性地位和权力，避免喧宾夺主，混淆检察引导与监察调查的职能。所以，一般而言，检察机关的提前介入更宜作为一种事后的引导和监督，尽可能减少案件调查阶段的介入，以案件审理阶段为介入的时间节点，以参加审理会议、查阅相关案件材料，接受相关咨询，提出相关建议等方式介入到案件之中，确保监察

---

〔1〕 冯仁强、张海峰：《检察机关提前介入刑事侦查的思考》，载《公安学刊》（浙江警察学院学报）2011年第3期。

〔2〕 李奋飞：《职务犯罪调查中的检察引导问题研究》，载《比较法研究》2019年第1期。

机关独立行使监察权,做到监检的配合与制约相结合。

二、监检办案强制措施的衔接问题

《监察法》构建了独立的程序规则体系,但该体系中缺失了与刑事诉讼相对应的强制措施制度。“监察留置具有羁押属性,却被立法者定性为调查取证手段,实则违背了诉讼基本原理。”[1]这也导致了监检办案在“人的衔接”上的理论与实践困境,其中既涉及不同权力属性的兼容与协调又涉及具体衔接规则的设计。

(一)强制措施衔接问题的主要表现

其一是监察调查措施(留置)与侦查强制措施之衔接问题。《监察法》第34条第2款规定,被调查人既涉及职务犯罪,同时又涉嫌其他违法犯罪的,一般应当由监察机关为主调查,其他机关予以协助。以此确立了监察管辖为主,其他机关管辖为辅的基本思路。其合理性在于,基于被调查对象的职务身份,及案件具有的隐蔽性和涉密性等特征,交由监察委管辖具有专事专办的特征,也符合反腐力量整合性和专业化的要求。但可能的问题是,在互涉管辖案件之中,尽管其他机关可以(应当)提供必要的协助,但在案件事实尚未清晰之前,案件的侦查(调查)初期案件的性质不甚明了,或是案件事实并未全部查清,可能带来强制措施的错位。例如,某地在办理一起行贿案件过程中,嫌疑人此前已因为涉嫌诈骗被公安机关逮捕,但是在案件的侦查过程中,嫌疑人检举了他人职务犯罪线索,而后办案机关即因为互涉管辖关系,将案件交由监察机关办理,监察机关即对其采取了留置措施。在该案例之中,犯罪嫌疑人先后经历了逮捕和留置两大措施,即先逮捕后留置,在逮捕转留置过程中,相关的衔接程序并无相应的操作性规范。

其二是新增的刑事诉讼“先行拘留”条款与既有的“拘留”条款之间

[1] 魏昌东:《〈监察法〉监察强制措施体系的结构性缺失与重构》,载《南京师大学报》(社会科学版)2020年第1期。

相互矛盾。刑事诉讼中的拘留本应是一种临时性的到案措施,但《刑事诉讼法》第170条第2款关于留置转先行拘留的规定,显然并非“到案措施”。从监察法与刑事诉讼法的衔接来看,该条款发挥了两大程序衔接功能,即将犯罪嫌疑人由监察调查转为刑事诉讼程序。但问题在于监察留置与刑事拘留存在适用条件的差异,尽管从《监察法》的具体条文来看,两者似乎有“形的相似”,但由于适用主体以及适用对象的差异,两者衔接仍然存在一定的障碍,比如上文所述的“目的障碍”。拘留是一种到案措施,而留置更偏向于传统的“双规”措施。再如,由于监检分置,对于同一职务违法犯罪案件,监察委可能认为需要留置,但检察院对于是否需要留置以及后续的先行拘留存有异议。可见留置与先行拘留之间的衔接并不顺畅,而先行拘留与刑事拘留之基本功能也有所不同。

(二)对强制措施衔接的思考

“一旦监察机关调查犯罪程序终结,并将案件移送检察机关进行审查起诉,就存在监察程序和刑事司法程序的衔接问题,此时监察机关所采取的留置等措施如何解除是一个重要的程序问题。”[1]其一,将强制措施作为不同程序转化衔接的主要标志。上文中主要涉及强制措施在两种程序之间的转换,一种是监察留置程序向检察机关的强制措施转换,另一种是侦查强制措施向监察留置程序的转换。由于监察法与刑事诉讼法在职务犯罪控制上的分野,程序转换之后即适用不同的法律规范,此后的调查(侦查)程序亦需在不同的规范体系中展开,因而有必要确立不同程序转换之间的标志。强制措施作为不同办案机关之间的关联环节,理应成为监察程序和刑事诉讼程序之间区分的标志。这一方面是基于程序衔接便宜上的考虑,另一方面也是更为重要的方面是基于对立法精神的贯彻。现行《刑事诉讼法》规定了留置转先行拘留之后,留置措施自动解除的衔接办法,实际上也是一种立法的精神,也即后一强制措施作出之时,即意味着前一强制措施自动解除,避免了手续上的复杂。以前述案例中的逮

---

〔1〕 叶青:《监察机构调查犯罪程序的流转与衔接》,载《华东政法大学学报》2018年第3期。

捕转留置为例，侦查机关逮捕需要经由检察机关批准，意即此种强制措施已经法律监督机关审查，具备合法性，就强制性的程度而言，逮捕转留置自然有"降档"的意味，也有利于保障犯罪嫌疑人的权益。

其二，协调留置转先行拘留之条款与现行拘留条件之间的不畅之处。留置转先行拘留成为监察程序转为刑事诉讼程序的关键所在，也回答了留置结束之后，被调查人（犯罪嫌疑人）人身自由限制的问题。但仍有所不足的是，由留置转至的先行拘留与《刑事诉讼法》中现有的拘留条款之间存在不甚协调之处。可以发现，上述适用条件存在一定的解释空间，为其"灵活"适用创造了可能，所以也引发了学者的担忧，"很容易成为留置措施适用的'口袋条款'，造成留置措施的滥用"。[1] 此外，根据全国人大常委会法工委有关人员的解释，先行拘留是一种临时性、过渡性的强制措施，目的是将犯罪嫌疑人从监察调查转入刑事诉讼程序。[2] 这样一来则进一步混淆了拘留的本来面目，即"紧急的、临时的到案措施"，生硬地将其作为留置调查措施向刑事羁押措施转化的举措并不妥当。较为可行的方式是，增设被留置人员转入刑事强制措施的适用性条款，使之呈现出一定的层次性，由轻到重呈现出一定的阶位性。既保证了检察机关在强制措施选择上的主动性，使之能够对留置转拘留或是逮捕措施进行审查，也有利于保障被调查人、犯罪嫌疑人的合法权益。否则，一定程度上，检察机关在此过程中难以对留置措施及其转化进行必要的外部审查，[3] 丧失了必要的监督与决定权。

其三，疏解留置转先行拘留中的执行衔接问题，即对被调查人的羁押地点转换和程序转化过程中的在途风险把控。《监察法》对留置地点的规定并不明确，以"依照国家有关规定执行"概括。实践中，各地监察委留置地点各异，呈现出以往的"两规"场所与看守所羁押并存的局面。在留置

---

〔1〕 江国华主编：《中国监察法学》，中国政法大学出版社 2018 年版，第 113 页。

〔2〕 王爱立主编：《中华人民共和国刑事诉讼法修改条文解读》，中国法制出版社 2018 年版，第 86 页。

〔3〕 汪海燕：《监察制度与〈刑事诉讼法〉的衔接》，载《政法论坛》2017 年第 6 期。

转拘留前,检察机关宜建议监察委对被调查人员进行必要的身体检查,以确定被留置对象是否适宜拘留,如合适则办理交接手续,如不合适则及时办理强制措施变更手续,同时注意避免出现在途风险。

留置作为一种监察调查措施,其在监察改革试点时期即因为较强的人身自由限制属性而受到关注。就其象征和法律意义上而言,有学者指出,监察留置制度的建立,标志着曾经在反腐败中广泛适用的"两规"退出历史舞台,标志着我国决心以法治思维和法治方式应对腐败。[1] 尽管如此,作为"两规"以及留置盘查等相关措施的替代性制度,其强制性并未发生改变,从《监察法》的相关规定来看,留置期限一般不超过3个月,且在特殊情形下可以延长。也正因如此,学者认为该措施的强调超过拘留而接近于逮捕。留置对于人身自由的限制强度相当于羁押,其发生的法律效果是,如果法院宣判有罪,并判处管制、拘役或者有期徒刑,留置就可以折抵刑期。

三、监检办案的证据衔接问题

不论是"监察—检察"程序还是原有的"侦查—检察"程序,证据始终是案件办理过程中的核心。我国证据立法具有分散性和封闭性两大特征。"立法者采用了刑事证据体系借用的方式,在监察程序中明确了证据概念。"[2] 对此《监察法》第33条也对之予以了确认,即监察证据和刑事审判证据"要求和标准相一致"的原则。但由于《监察法》关于证据的规定之原则性,以及原有的刑事证据体系和内容的体系性和复杂性,使得两者的衔接存在一定的缝隙。

(一)立案前阶段获取证据的资格问题

"不同法律程序在程序目的、程序性质、程序保障、程序严格性等方面存在不同,上述差异影响和塑造了不同性质的证据,进而产生了证据衔接

---

[1] 胡铭:《职务犯罪留置措施衔接刑事诉讼的基本逻辑》,载《北方法学》2019年第4期。

[2] 程衍:《中国特色独立监察程序下非法证据排除规则的制度建构》,载《南京大学学报》(哲学·人文科学·社会科学)2019年第2期。

的问题。"[1]初查是部分潜在案件形成的起点,初查阶段掌握的证据材料很大程度上构成了后续立案调查的基础。《监察法》第38条、第39条虽然对初核程序进行了规范,但对初查阶段所掌握的证据材料的证据资格问题并未明确。就理论上而言,立案前收集的线索材料以及立案后收集的证据材料是否具备同等的证据资格,是否都可以依据《监察法》第33条之规定进行刑事诉讼证据转化,尚存疑问。如监察实践中初查阶段形成的谈话笔录可否在立案调查之后经监察委移送至检察院,进入刑事诉讼程序,以及谈话过程并未进行"全过程录音录像",是否会影响其"证据"属性等。

随着改革的不断深入,应进一步明确初步核查阶收集的线索以及证据材料的证据资格。从《监察法》关于初查制度的规定来看,显然是对原有刑事诉讼中初查制度的借鉴。所谓的初查,往往被定位为"立案前的审查",指为了判断是否达到立案条件,侦查机关需要对案件的线索进行初步筛选和过滤而进行的一项调查活动。[2] 以往在职务犯罪案件中初查制度广为适用有其特定的原因,一方面是由于我国立案条件较高的缘故,另一方面也是由职务犯罪案件的特殊性所决定。[3] 此类案件证据多表现为言词证据,缺乏必要的被害人和证人证言,而且犯罪对象多具有一定的反侦查能力。所以办案机关多通过初步核实以获取更多的犯罪信息,进而才予以立案侦查,这也就是初查制度确立的原生基础。[4]

从初查制度的设立初衷来看,其能够帮助办案单位在立案前更好地收集相关违法犯罪信息,但从以往的办案实践来看,同样存在一些问题,比如由于缺乏明确的操作规程,导致各地方各办案部门对于初查手段的运用存差异,如线索管理、法律文书以及机制启动等方面都有不同。初查

---

〔1〕 冯俊伟:《〈监察法〉实施中的证据衔接问题》,载《行政法学研究》2019年第6期。

〔2〕 金璐:《职务犯罪初查制度改革:"以审判为中心"视野》,载《学习与实践》2016年第9期。

〔3〕 韩成军:《检察机关职务犯罪初查工作机制的完善》,载《贵州社会科学》2016年第2期。

〔4〕 [德]罗科信:《德国刑事诉讼法》,吴丽琪译,法律出版社2003年版,第357页。

的证据转化问题同样存在争议，为了避免这种争议，促进初查证据向诉讼证据的转化只能够开展大量的重复性调查取证工作。所以为避免监察程序初核过程重蹈覆辙，应尽可能通过规范性解释文件对之予以明确，对初步核实的手段、初步核实过程中被核实人权利保障、初步核实的证据能力问题予以规定。传统诉讼中规定的立案环节仅作为案件阶段性划分，以立案作为证据收集合法性的必要条件并无实际意义，即使在刑事诉讼中，学者们关于立案程序的存废已多有争议。证据的合法性与取证手段的合法与否联系密切，所以，监察委依据《监察法》的相关规定收集的证据，无论是在初步核查阶段的线索摸排获取的证据材料还是在立案后取证的证据材料，只要符合收集证据的程序性规定，就可以转化为刑事证据，至于证明力问题则需经过后续的审查质证。

（二）监察调查录音录像的移送问题

录音录像制度具有自我监督和过程证据的基本特性。[1] 在我国，其最先由检察机关采用，且直接适用于规范职务犯罪案件的侦查讯问行为，以确保惩罚犯罪、保障人员和提升办案质量。这种对办案过程的监督制约，在强化侦查权力的同步监督、促进司法公正和提升诉讼效率方面具有重要的意义。现行《刑事诉讼法》和《刑事诉讼规则》对公安机关为提供其讯问犯罪嫌疑人的录音录像的，以及“检察院对于直接受理侦查的案件，应当将讯问录音录像连同案件材料一并移送审查”作了明确的规定。但与现行刑事诉讼法律规范不同的是，《监察法》在第41条第2款中规定了不随案移送的原则，而是“留存备查”。显然就监察以及诉讼中录音录像最大的意义和价值可能就在于固定取证方式，保护被调查人和犯罪嫌疑人的合法权益，为后续诉讼程序的顺利开展，如犯罪嫌疑人和辩护人申请非法证据排除之应对做准备，如为犯罪嫌疑人和辩护人申请非法证据排除之应对做准备，但备查后如何调取，调取的范围以及允许查阅人员的

---

〔1〕 卞建林、陶加培：《论监察法与刑事诉讼法衔接中录音录像制度》，载《中国刑事法杂志》2019年第3期。

范围如何等,我国《监察法》并未明晰。

为解决上述问题,应完善监察录音录像移送制度,给予被调查人及其辩护人切实的"质证"权利,促进该制度的落地生根。一方面是适用范围的拓展,不再局限于讯问等言词证据的收集过程,而是包括了除讯问之外的"搜查、查封、扣押等重要取证工作",使其涵盖范围更加广泛;另一方面其并未如《刑事诉讼法》规定了区分强制性措施和任意性措施两种标准,而是统一采取强制性标准,"应当对全过程进行录音录像"。即有学者所述的"全部全程的录音录像制度"。以上是《监察法》关于录音录像制度的重要进步。但需要注意的是,监察法规定全程同步录音录像的作用是留存备查,而且,即使检察机关认为有需要进行调取,也应当和监察机关沟通协商。[1]

监察过程中录音录像"留存备查"以及协商后是否决定移送的规定,与监察机关的政治属性,[2]及其所监察对象、案件影响力等都有重要的关系。监察内容具有广泛性,其既包括违法、违纪还包括道德监督等。这实际上与纪检和监察合署办公的模式具有一定的关系,纪律审查和监察调查对违法乃至公职人员的道德操守一并审查,而且程序上趋于一体,并没有十分明确的阶段或是内容上的区分,实为一体调查。所以调查过程中录音录像即包含了以上诸多内容,按照《监察法》和刑事诉讼法律规范的相关规定,各办案机关之间相互独立,相互制约,检察院对监察案件的介入或是监督应限定于其职务犯罪的范围之内,所以,一方面有调取录音录像的需要,另一方又受制于调取范围的限制。但是就被调查人、犯罪嫌疑人的权益保护而言,其对监察证据的收集过程产生质疑,申请排除非法证据,则检察机关应向监察机关申请调取录音录像并予以审查。所以,宜逐步完善现行检察机关调取录音录像过于被动的局面,理想状态应当是一方面强化检察机关前期介入监察的功效。另一方面也可以有步骤、分

---

〔1〕 中共中央纪律检查委员会、中华人民共和国国家监察委员会法规室编:《〈中华人民共和国监察法〉释义》,中国方正出版社 2018 年版,第 194 页。

〔2〕 闫鸣:《监察委员会是政治机关》,载《中国纪检监察报》2018 年 3 月 8 日,第 3 版。

阶段地逐步允许律师介入监察调查的过程,以强化监察公开的信心。为此,建议规定人民检察院在审查起诉、出庭公诉过程中,为了证实相关证据的真实性,排除非法证据,确需调取与指控犯罪有关并且与证据合法性审查相关的同步录音录像,监察机关应积极配合检察机关工作。

(三)调查人员出庭作证的问题

在《监察法》颁布之前,侦查人员根据其作证的内容不同,可能具有三种不同的身份,即目击证人、程序证人和辨认鉴真人。[1] 还有学者指出,侦查人员承担程序证人身份时,是就其履行的国家侦查职能出庭提供证言,具有公共证人的身份。[2] 不论其以何种身份出庭,首先需要解决的是落实侦查人员出庭的规定。毕竟学者的实证研究显示,目前司法实践中警察出庭作证的情况并不多见,且绝大多数情况下,警察出庭作证是为了说明证据收集的合法性。[3] 但从现行《监察法》以及刑事诉讼法律规范来看,调查人员出庭作证问题仍未予以明确,一方面,不利于"自证清白",证明证据收集的合法性;另一方面,也不利于在监察调查和后续诉讼程序中落实直接言词原则。由于监察调查对象主要是职务违法和犯罪行为的公职人员,其违法犯罪行为本身具有一定的封闭性和较高的智能性。如上文所述,监察调查过程中的录音录像亦仅是留存备查,而非随案移送,所以导致办案机关后续的举证特别是庭审质证存在一定短板。如辩护律师在庭审中提出合理怀疑,对被调查人在调查阶段供述的自愿性等产生质疑,那么此种情形下,法庭该如何回应辩护律师的怀疑,则在很大程度上影响案件办理整体质量以及息诉服判程度。

实践中应当参考现行刑事诉讼法关于侦查人员等出庭说明情况的规定,构建和完善调查人员出庭作证制度。建立调查人员出庭作证制度,由调查人员出庭说明情况,既是发挥其程序性亲历之"见证者"身份而"证

---

〔1〕 张保生:《非法证据排除与侦查办案人员出庭作证规则》,载《中国刑事法杂志》2017 年第 4 期。

〔2〕 孔凡洲:《论公共证人及其质证规则》,载《河北法学》2018 年第 8 期。

〔3〕 李玉华:《侦查制度改革实证研究》,载《中国刑事法杂志》2018 年第 6 期。

明”调查(职务犯罪)事实的需要,也是履行其程序性被告身份,[1]满足其必要的“辩护权利”实现需要,既是回应犯罪嫌疑人及其辩护人“质疑”的需要,同时也是辅助庭审查清案件事实的需要。具体来说,可以参照《刑事诉讼法》之规定,要求负责案件调查阶段的监察人员出庭说明情况。尽管在现行《刑事诉讼法》中并无相关直接性规定,但就法律解释的角度而言,从《刑事诉讼法》第 59 条第 2 款之规定来看,检察院可以提请法院通知“其他人员出庭说明情况”,可以依据该条款申请调查人员出庭。在调查人员认为有必要的情况下,也可以主动要求出庭说明情况。当然,由于监察机关的政治属性及其特殊的定位,其自身也应当摒弃“权威性”地位,主动出庭,自证清白,并减少“情况说明”的使用频率。[2]

四、监检办案中的辩护权利保障问题

“将监察机关强大的权力限制在宪法法律范围内,运用其他公权力对其进行制约固然重要,然而,公民运用和维护相应的基本权利同样重要,甚至往往更为重要。”[3]鉴于被调查人员的辩护权利保障问题是理论和实践中热议的问题,就宏观角度而言,实现辩护律师全覆盖也是司法体制改革的基本内容和要求,既然职务犯罪追诉属于刑事追诉体系的有机组成部分,那么被调查人员的辩护权利保障即是其应有的核心权益之一。有学者表达了被调查人监察阶段权利保障的担忧,如指出,由于《监察法》赋予监察机关更大的调查权限,加上无法受到普通刑事案件中来自检察机关、辩护律师的监督和制约,不难预见的是,被调查人的权利保障问题或将成为更大的难题。[4]

---

〔1〕 程衍:《论非法证据排除程序中侦查人员的程序性被告身份》,载《当代法学》2019 年第 3 期。

〔2〕 董坤:《侦查人员出庭说明情况问题研究——从〈刑事诉讼法〉第 57 条第 2 款切入》,载《法学》2017 年第 3 期。

〔3〕 童之伟:《对监察委员会自身的监督制约何以强化》,载《法学评论》2017 年第 1 期。

〔4〕 李奋飞:《“调查——公诉”模式研究》,载《法学杂志》2018 年第 6 期。

(一)辩护权利保障问题的主要类型

一是管辖冲突带来的辩护权利保障问题。监察体制改革将原属于检察机关负责的职务犯罪案件办理权限转隶至监察委,此后相关管辖及辩护权利保障问题即显现出来。有学者指出,应允许被调查人在被留置后聘请律师,以确保他具备必要的防御能力,这是程序公正和人权保障的基本要求。[1] 依据《监察法》的规定,监察委对88个罪名具有管辖权。同时根据《刑事诉讼法》的规定,司法机关工作人员相关侵权类案既可能由检察院管辖,同时也可能由监察委管辖。但由此带来的则是被调查人或犯罪嫌疑人的辩护权利非平等对待问题,如归监察委管辖,则在案件处于监察委调查或审理阶段时,辩护律师无权介入其中。如归属于检察院自行侦查,则辩护律师可以接受委托行使相应的辩护权利。所以,此时留置期间被调查人的法律帮助即留有法律上的空白。[2] 虽然《刑事诉讼规则》第17条对检察院办理直接受理侦查的案件发现同时涉嫌职务犯罪线索的情形规定了"沟通"的解决思路,但上述问题仍然没有得到解决。如实地调研的案例显示,当案件在审查起诉阶段转换至监察程序后,此前的犯罪嫌疑人转换为被调查人,而此前可以获得辩护律师帮助,转换后则无法获得。

二是案件转入审查起诉阶段后辩护人委托起始时间及阅卷权行使问题。《监察法》并未规定被调查人获得律师帮助相关问题,唯有将案件由监察程序转化为刑事司法程序之后,也就是被调查人身份转化为犯罪嫌疑人时,其才能获得律师的帮助。由此产生的问题是,程序转化后何时可以获得律师的帮助仍不甚清楚。如依据《刑事诉讼法》在留置转化为先行拘留之后,嫌疑人可以委托辩护人,但如果此前嫌疑人并未被采取留置措施,那么其具体何时可以委托辩护人呢?

---

〔1〕 陈光中:《制定〈监察法〉应贯彻人权保障原则》,载 http://china.caixin.com/2017-08-17/101131939.html,2020年4月10日最后访问。

〔2〕 王秀梅、黄玲林:《监察法与刑事诉讼法衔接若干问题研究》,载《法学论坛》2019年第2期。

案件转入刑事诉讼程序之后，犯罪嫌疑人即有权委托辩护律师，但仍存在的法律障碍是，检察院此时需要考虑是否需要对嫌疑人变更强制措施，如将先行的拘留措施变更为逮捕等，那么此时辩护律师是否享有阅卷权。因为依据《刑事诉讼法》第44条之规定，律师自检察院审查起诉之日起，可以阅卷，但现在的情形是，检察院审查逮捕程序包含于审查起诉之中，那么在审查逮捕过程中，律师可否阅卷即不甚明了。实地调研发现，被调查人在移送检察院之后，检察院在对其采取先行拘留措施之后，审查判断是否对其采取逮捕措施，在此判断过程中并未允许律师阅卷，而是在决定逮捕之后，律师才得以阅卷。

（二）被调查人辩护权利保障的基本思路

辩护权利的保障是最大限度地维护被调查人和犯罪嫌疑人合法权益的基础。根据现行《监察法》的相关规定，被调查人并不享有获得律师帮助的权利，无法委托律师为其提供法律帮助。“从刑事法治的视角来说，在监察委员会对被调查人采取留置措施时，被调查人应有权委托律师，有权获得律师的法律帮助。”[1]显然作为被调查人、犯罪嫌疑人一项较为基础的权利，获得律师的帮助仍然具有理论和现实意义。

其一，逐步放开律师介入监察程序，并进一步明确律师的身份。一方面是基于宪法之“国家尊重和保障人权”之基本原则的规定，另一方面也是由于《监察法》赋予监察机关的广泛监督调查权力，特别是如留置等具有“侦查”属性的权力。监察机关调查措施本身具有较强的人身自由限制属性，而且从发生效力期限规定来看，特殊情况下可以达到6个月，对个体影响强度无异于审前羁押措施。且监察机关对被调查人的财产亦拥有较大的处置权限。所以不论是从基本的宪法原则来看还是从其本身所具有的强制性来看，都应当允许律师介入，为被调查人和犯罪嫌疑人提供法律帮助。除此之外，就法律体系解释的角度而言，我国刑事诉讼法规定，

---

〔1〕 刘计划：《监察委员会职务犯罪调查的性质及其法治化》，载《比较法研究》2020年第3期。

所有的案件都可以委托辩护人,而且只有在特定的案件(如危害国家安全犯罪、恐怖活动犯罪等)中,律师会见犯罪嫌疑人才需要以办案机关之许可为前提。就法益角度而言,一律排除被调查人委托辩护的权利,显然有违法律面前人人平等的原则。所以,从这个角度出发也应当允许律师介入监察程序。

在监察程序中,如允许律师介入其中,那么律师的身份将如何界定更为合适?综合权衡来看,仍然应当遵循逐步放开,由浅入深的原则。这既符合我国律师功能的拓展过程,也符合当前我国反腐的客观形势。就前者而言,我国律师对刑事案件的介入逐步升华,由帮助人的身份向辩护人的身份拓展;就后者而言,我国当下反腐形势仍然比较严峻,而且监察体制改革本身即承载着一定的政治功能,在反腐与保障被调查人合法权益之间,理想状态下具有一定的平衡性,但监察体制改革初期,迫切需要产生反腐的良好效果。所以,为了既巩固当前反腐败工作的效果,同时又能够保护被调查人的合法权益,在允许律师介入监察程序的同时,可以对律师身份以及来源予以必要限制。如可以将其身份设定为法律帮助者,将其来源限制为公职律师,且对提供法律帮助的范围也做一定的限制,如代理申诉控告权、提供法律咨询、申请变更或解除留置措施、表达意见等。总而言之,尽可能降低该阶段律师介入的针对性,减少对抗性,在维护被调查人合法权益的同时更好地提升反腐效能。

其二,从具体的介入阶段来看,无论是就理论自洽还是就实践操作的便利性而言,允许被调查人获得律师帮助的监察阶段为案件进入监察之审理阶段。由于监察范围十分广泛,违法违纪乃至道德修养都纳入其中。依据基本的法理,律师的法律帮助乃为被调查人的犯罪行为提供法律帮助,而非违纪违法行为。但由于监察程序的一元性和一体化,很难将违纪违法与犯罪调查行为作绝对的区分,所以较为合适的是案件进入审理阶段后,即案件性质已经基本查清,证据也基本收集齐全,相关的监察法律文书亦已完备,案件监察的实质性工作已经完成,也基本能够判定被调查人是否涉嫌职务犯罪,则应该允许被调查人获得法律帮助,为后续案件移送、程序转换以及检察院的介入提供必要的准备，也有利于后续刑事诉讼效率的提升。此时律师的身份是为被调查人提供法律帮助的人。就刑事诉讼法理而言，被调查人尽早地获得律师帮助则是最大限度地保护其合法权益，是“衡量一个国家刑事诉讼文明程度的重要标准之一”，这也是促进被调查人“辩护权”横向扩充和纵向拓展的必然要求。〔1〕

其三，强化案件移送审查起诉之后，即程序发生转换之时犯罪嫌疑人权利的保障。根据诉讼法的相关规定，刑事诉讼审查起诉阶段自然应当允许律师介入其中。如前所述，依据《刑事诉讼法》之规定，监察转刑事诉讼后，留置措施即自行转化为先行拘留，此时被调查人发生身份转化的同时，其自身的措施亦由监察措施转化为刑事强制措施，此时自然应当允许律师介入。律师介入的时间宜根据被调查人在监察阶段是否被采取留置措施予以区分：若在监察阶段已被采取留置措施，则在转拘留之日起三日之内，告知其有权利委托辩护人；若在监察阶段未被采取留置措施，则宜在程序发生转换之时即应当允许嫌疑人委托辩护律师，因为此种情形下嫌疑人所犯罪行应较为轻微，犯罪事实可能也较为简单，律师的介入可以最大限度地保护其合法权益；需要补充调查的，则应当允许其委托的律师享有必要的会见和阅卷权利。

“监察体制改革以创立‘一体化’、独立性反腐败机构、重构国家腐败治理体制与机制系统为首要使命，力求实现腐败治理体制‘中国模式’的自我完善与系统升级。”〔2〕监检衔接是职务犯罪追诉的“咽喉”之处，其是否有序进行关乎国家腐败治理效能，是监察体制改革成功与否的重要标志之一。由于监察与诉讼两领域间的属性差异，实践中监检衔接存在不畅之处，突出表现为：职务犯罪追诉中的检察提前介入问题；监察留置与刑事强制措施的前后转换问题；证据在监察与诉讼程序间的流转与认定问题，以及被追诉人辩护权保障问题。对上述问题，需要找寻有效的解决

〔1〕　张中：《论侦查阶段的有效辩护》，载《当代法学》2017年第6期。

〔2〕　魏昌东：《〈监察法〉与中国特色腐败治理体制更新的理论逻辑》，载《华东政法大学学报》2018年第3期。

方案，从而推动监察体制改革的进一步发展。但是上述问题并非衔接困境的全部，相信随着改革的深入实践中会有更多问题暴露，应对之策应当是就监检衔接形成一套完整的理论体系，对监检关系进行宏观的调控，以解决实践中的纷杂问题。要实现理论的突破首先需要监察机关对理论研究持开放的态度，并且转变其强硬的主导思维，毕竟完全封闭和审前主导的程序规则不符合现代诉讼原理。

第四节　优化监察机关的内部权力配置

“打铁还需自身硬”，监察委员会自身的组织结构、权力配置方式决定了其发挥职能的实际效益，以及监察委员会运行的长效性。在当前形势下，纪检监察部门的工作任务不仅在于查处案件，更要在查处案件的基础上总结出这些案件的一般规律，更进一步推导出这些案件的分布特点，构建纪检监察办案系统，案件分析网络。这样在新的案件发生时，就能够准确地从已经构建的网络图中，推导出案件的来龙去脉，以便更好地进行审讯。这就要求纪检监察机构拥有独立的职权，这样才能有实力、有胆量进行全面的工作检查监督，只有把握好每一处工作细节才能构建完整的案件脉络。如此一来，纪检监察机构必然要有更加专业的人员配备，如同公安机关内部分为刑侦、经侦等部门；检察院内部有公诉等部门；法院内部有刑庭、民庭。逐步完善监察委员会的内部权力配置，不仅需要关注监察委员会内部机构的职能配置结构，也要优化与其他国家机关的权力配置关系。

一、优化党政协同治理体系

1993 年，党中央依据当时的形势，决定中央纪委和监察部合署办公，但历经 20 多年的演变，其结果是行政监察部门被逐渐边缘化。在 2016 年启动国家监察体制改革后，学界和实务界提出的监察委员会设立方案就是与纪委合署办公。纪委、监委合署办公，是深化国家监察体制改革的重要制度安排,汇聚了反腐败斗争的强大合力。[1] 纪委和监委合署办公的形式,是顺应形势发展的必然选择,找准了此前反腐败斗争体制不畅、力量分散的痛点,但要真正发挥作用,还需要处理好两者之间的关系。

首先,在两个机构都拥有相同监察职能的情况下,分开执行权力显然是不科学的,更是一种浪费国家资源的做法。合署办公使资源力量更加集中统一,决策指挥体系更加有效一致,强化了反腐败工作的力度。

其次,将纪委、监委积累的反腐经验聚合在一起,能够丰富监察实践中的调查方式、手段,为进行反腐败斗争提供强大力量。纪委和监察委员会都应该在宪法和法律的框架内行使自身职权,不能突破法律的限制擅自越权。在法律制度层面应严格规定监察职权的范围,给予权力明确的限制,任何一个国家机关都不能凌驾于法律之上。纪委在其职能范围内履行权力,超出权限范围的工作应由监察委员会进行。监察委员会应当厘清与纪委之间的关系。

二、加强上下级之间的垂直领导

《宪法》第 125 条规定了监察委员会的领导机制,即各级监察机关遵循垂直领导制度。[2] 同时,《宪法》第 126 条规定了监察委员会的工作机制:监察委员会对人民代表大会及人大常务委员会、上一级监察委员会负责。[3] 但在目前的制度设计中,纪委和监察委员会合署办公,监察委员会在领导机制和工作机制方面受到纪委相关制度的影响。纪委受同级党委和上级纪委的双重领导,监察委员会在行使监察权时在一定程度上就不免会受同级党委的影响。在新一轮的监察体制改革中,在“监察法实现

---

[1] 《如何理解纪委、监委合署办公的意义》,载新华网:http://www.xinhuanet.com/politics/2018-01/04/c_1122210975.htm,2019 年 4 月 2 日最后访问。

[2] 《宪法》第 125 条规定:“中华人民共和国国家监察委员会是最高监察机关。国家监察委员会领导地方各级监察委员会的工作,上级监察委员会领导下级监察委员会的工作。”

[3] 《宪法》第 126 条规定:“国家监察委员会对全国人民代表大会和全国人民代表大会常务委员会负责。地方各级监察委员会对产生它的国家权力机关和上一级监察委员会负责。”

对所有行使公权力公职人员监察全覆盖”的目标指引下，纪委监委派驻机构应运而生。[1] 纪委监委派驻机构由派出机关统一管理，突破了双重领导制度，反映了垂直领导逐渐加强的趋势。《关于深化中央纪委国家监委派驻机构改革的意见》进一步推进了纪委监委派驻机构改革，完善了派驻监察体制机制，为派驻机构开展工作提供了具体指导。仍需注意的是，尽管在制度层面已经为派驻机构行使职权提供了法律基础，但在实践中，派驻监察机构仍然缺乏独立性，受到驻地党政机关的牵制。与此同时，派驻机构监察工作人员因其获取信息的便利性，很难规避权力滥用的问题。因此，在深化改革的基础之上，还需要进一步加强上下级之间的垂直领导，架构科学合理的权力运行和监督结构，以促进监察委员会的发展。

具体来说，强化上级监察委员会对下级监察委员会的垂直领导，需要形成各级监察委员会之间科学的工作运行机制，保持监察委员会的整体监察权执行的顺畅性，避免其他国家机关对其职权履行的干扰，特别是谨防同级其他国家机关的权力介入。在对纪委监委派驻机构直接领导、统一管理方面，应贯彻上级纪委掌握下级纪委书记提名权制度，强化纪委对派驻干部的提名权和任免权。该项制度避免了派驻机构与地方纪委监委、政府党政机关形成关系链，有助于增强派驻机构的独立性和权威性。在此基础上，针对纪委监委任职制度，应强化地方纪委、派驻机构负责人异地交流任职制度。因监察委员会的特殊职能性质，增强监察委员会制度设计中的职能行使独立性，强化上下级之间的领导，有利于保障其职权实施的廉洁性、有效性。

三、明确内设部门的职权内容

《监察法》第 36 条第 1 款规定：“监察机关应当严格按照程序开展工

---

〔1〕 本报记者：《实现对所有行使公权力公职人员监察全覆盖》，载《法制日报》2018 年 3 月 14 日，第 1 版。

作，建立问题线索处置、调查、审理各部门相互协调、相互制约的工作机制。”[1]内设机构职能的合理划分、有序配合是实现反腐败、监察职能的必要基础。自国家监察体制改革以来，各地各级监察委员会着力探索内设机构的科学设置，分设了执纪监督和执纪审查部门，努力实现监察工作各个环节的相互配合、相互制约的运行机制。当前，监察委员会的内设部门组织结构、运行方式已初步形成，能够按照不同部门的职能设置分配不同的执行任务，但仍存在不少深层次的问题需要解决。

首先，应当根据不同层级监察委员会的工作需要设立不同的内部机构，形成能够实际发挥作用的组织结构。机械地、复制粘贴式地设置内设部门，对于实际需求不同的各级监察委员会可能会产生某些部门资源紧张而某些部门资源浪费的现象。对于省市级监察委员会，应依据各地区不同的实际情况，积极探索建立适合本地区发展需要的内部机构，优化和完善内部机构的设置和运行机制。针对基层监察委员会，不能死板地要求基层监察委员会照搬照抄上级委员会的机构设置。由于基层监察委员会的工作范围比较集中，监察对象与其他上级监察委员会相较而言数量较少，因此基层监察委员的内设机构可实行“大部制”模式，避免资源力量的分散化，也可以合并一些职能相近、工作量不大的部门，集中力量实施重要监察工作，为其提供保障。

其次，在细化各个内设部门职责的同时，不能忽略各个部门之间的合作配合，应当构建起有效的监察委员会内部机构横向联系。一方面，内设部门之间需设立联络员，完成信息传递与流程衔接的任务。基于不同部门之间职能的差异性，其获得的信息资料也是有所区别的，单个部门分散孤立地完成案件监察几乎不可能，必须实现信息共享与交流配合，切实使反腐败、监察工作深入人心。另一方面，针对重大案件或疑难复杂案件，组建负责这类案件的专门小组集中各部门力量，构建跨部门、跨环节的协

---

[1] 《监察法》第36条规定：“监察机关应当严格按照程序开展工作，建立问题线索处置、调查、审理各部门相互协调、相互制约的工作机制。监察机关应当加强对调查、处置工作全过程的监督管理，设立相应的工作部门履行线索管理、监督检查、督促办理、统计分析等管理协调职能。”

同机制。各种资源力量的聚合无疑能够为破解复杂问题提供技术、经验等各方面的支持，有力地推进反腐败工作，易于形成监察委员会的权威。

最后，在全力打击反腐败态势下，也应当重视监察委员会对于腐败的预防职责。执纪监督部门长期工作在反腐败工作一线，熟悉实践中滋生腐败的环境、进行腐败的方式、易腐败的权力等具体情况。在履行腐败预防职责时，可以突出执纪监督部门的力量，强化执纪监督部门的预防功能，充分利用执纪监督部门在工作中积累的经验，发挥其在预防腐败中的优势，有针对性地提出预防腐败的意见建议。在此基础上，完善和制定反腐败对策，发现和弥补反腐败漏洞。同时，在源头上提出预防腐败的措施，根据现实需要推动修改相应的法律法规，预防腐败的发生。所以，监察委会员可以督促执纪监督部门深入进行反腐败工作，着力发挥其实践经验助力营造廉洁环境。

综合而言，立足于监察机关精干高效、职能清晰、分工明确的机构定位，参考早期人民监察机构的发展历史，兼顾域外反腐败机构的设置，在现阶段各级监察委员会成立到位的前提下，下一步可以参照司法体制改革中法院、检察院内设机构整合改革的经验，大力推进扁平化管理改革，大量合并一些职能接近的内设机构，在确保执纪、调查部门做强的前提下，重点整合成立若干业务职能部门，以进一步提高工作成效。

一是监督部门（监督部、局、处、科）。其主要职能为负责对党员的党纪遵守情况以及公职人员法律法规的执行情况实施有效的监督，即主动组织检查以及被动受理举报检查。反腐败的力量来源于人民群众的广泛参与，绝不仅仅是专门机关的工作，必须打破监察机关“神秘主义”的倾向，打开大门让更多的人民群众认识、了解监察工作。具体而言，就是要在监督部门下设举报部门，密切与人民群众的联系，发挥信访举报渠道的功能。考虑到信息时代、人工智能大数据时代的到来，人民群众越来越习惯于运用信息技术手段沟通联系，可以考虑内设专门的信息监察部门，主动对接社会公众交互习惯和时代趋势，借助网上信访、微信举报、大数据碰撞、涉案线索深度智能比对等新技术手段拓展工作领域。如果收到或发现了有价值的违纪违法问题线索,需要及时移交至案件监督管理部门,由该部门转交至相应调查部门展开调查。

二是调查部门(调查部、局、处、科)。主要职能为调查党员违纪以及公职人员违法问题。考虑到实际工作的需要还可设立若干工作团队。因为在实际的调查工作中,随着调查深度、范围等的变化,案件性质可能会随之发生变化。为了应对不可预知的案情变化,提高调查效率,内设工作团队应当人员齐备、具备相对独立和有特色的办案能力,能够承担全过程的调查任务,从而尽量减少案件在不同办案部门移送的沟通成本。凡是调查部门立案调查终结的案件,应当及时移交案件监督管理部门,由后者统一交由审查部门负责审查。

三是审查部门(审查部、局、处、科)。主要负责审查调查部门调查终结移送的案件,要求按照党纪、《监察法》及我国《刑事诉讼法》等法规决定处以何种处分。如果对案件进行审查之后,认为不构成违法违纪事实的,则由审查部门提出撤案建议,交由监察机关讨论决定。如果对案件进行审查之后,认为已经构成违规违纪,但尚未达到违法犯罪的程度,则转交纪律处分部门处理,由纪律处分部门提出处理建议,报请具有管辖权的纪检机关给予党纪政纪处分。如果案件涉嫌刑事犯罪,审查部门应将该案件移送检察机关审查起诉。

四是预防部门(预防部、局、处、科)。该部门的主要工作是结合监督、调查、审查等部门所发现的问题,发出纪检建议,完善"不能腐"的机制;该部门需要结合前述几个部门的工作情况,针对党组织、党员等进行有针对性的党纪教育、法律教育,切实增强公职人员遵纪守法的自律意识;结合党的纪委以及监委的职责履行情况,面向公众宣传纪委、监察委的工作实绩,以使整个社会上能够形成崇廉拒腐的良好氛围。

五是案件监督管理部门(案件监督管理部、厅、室、科)。主要职能是负责监察委员会办案线索与受理案件的管理,包括线索、案件的移转与交办,协调监察委员会与其他公检法机关之间的协作;对监察委员会工作人员、羁押场所等进行管理,以确保调查部门调查工作的顺利开展。同时,还需借助内部办案信息网络实时监测等手段,监督调查工作的全过程,一旦发现案件工作程序出现错误或即将超限,则需要及时给出纠正意见,或者对办案人员予以提醒;对本级监委的线索与案件的情况进行统计分析,以为制定反腐败决策提供参考。结合实际工作,还可在该部门下设监察保障部门、监察技术部门、赃物证物管理部门、羁押场所管理部门等。

第五节　建立健全有效的监督机制

监察委员会设立之后,处于与政府、法院、检察院权力并列的位置,是一个位高权重的国家机关。国家监察体制的改革赋予监察委员会一系列的权力,《监察法》的颁布出台使监察机关的调查权纳入国家法律体系之中,监察范围也实现对行使公权力公职人员的全覆盖。监察委员会的监察权力必然会促进其监察职能的实施,也正因如此,这种权力如果得不到限制,便极易造成因权力的滥用而妨碍法治建设、危害建设成果的局面。

一、严格执行内部监督

"治人者必先自治,责人者必先自责,成人者必先自成。"监察委员会自身必须实现自律、自警,只有这样,监察权行使的结果才能让人信服。监察委员会需要进行自我监督、平衡权力建设,包括内部监督的程序规则、监督对象、监督方式、后果惩罚等内容,形成有效的内部监督体系。

目前,监察委员会根据《监察法》的要求及其增加自身执行能力的需求,内部监督体系已经初步形成。在内部监督机构存在的基础上,应真正切实地发挥其作用,而不是将内部监督机构作为一道摆设用来装点门面。首先,内部监督应具有完整流畅的运行机制,拥有一套有效的监督工作流程,使针对监察委员会内部的监督具有现实可操作性。可以制定内部规定对监察官的工作态度、工作行为进行监督,明确相应的奖惩制度,督促监察官约束自己的行为、认真谨慎地完成监察工作。其次,内部监督机构应保持其独立性,不应受其他内部机构的影响和干扰。基于行政组织结构的影响,监察委员会内部各个部门之间往往存在密切的联系,内部监督部门也不例外。在这样的状态下,内部监督机构开展针对内部的监督工作常常受到各种关系的牵绊,难以发挥真正实效。因此,监察委员会在设置内部监督机构职能时需要考虑监督机构的特殊性,应与其他内部机构保持一定的距离,少一些职能交叉和信息传递等方面的交流沟通,在最大限度上保证其职能实施的独立性,避免其在行使职能时与其他内部机构产生利益联系导致内部监督机制失效。内部监督机构行使监督权可以分为随机监督和专门监督。随机监督旨在使内部机构及其工作人员保持廉洁工作,警惕腐败行为,通过不定期、不定项地监督方式,增加监督的即时性,有效制止工作人员抱有侥幸心理。专门监督针对极易发生腐败行为的事项,着重抓住反腐败工作的重点难点,着力抑制权力滥用行为的发生。最后,内部监督应将重点放在各个部门工作环节交接处。尽管监察委员会已经细化不同部门之间的职能并设置了内部监督机构,这在一定程度上避免了因职能混乱带来的权力滥用,但值得重视的是,监察委员会内部各个部门在工作环节交接上客观存在利益交换空间。除了由内部监督机构进行监察委员会自身的全面监督外,还可以由下一环节的内部工作机构对上一环节的工作进行监督,以避免工作交接处产生的腐败现象。这样一来,既能够在交接的第一时间发现问题并及时解决,避免解决问题的滞后性,又能够防止接下来的工作无用功从而导致资源浪费现象的发生。因此,制定清晰的权力运行规则,明确各个环节工作人员的相关职责,切实压实岗位职责至关重要。在各个环节都做好监督工作,特别是环节交接处的监督,才能提高监察委员会整体权力运行的廉洁性、有效性。

二、积极接受外部监督

仅依靠监察委员会内部监督的力量不足以实现权力制约的理想效果。即使监察体制改革之后纪检监察机构与其他国家机构能够在工作上保持一定的距离,社会生活中产生的人情关系也必然增加监督权行使的困难,所以必须依靠外部监督力量对监察委员会的权力运行状况进行监督。

《宪法》《监察法》都规定了监察委员会由人民代表大会产生、对人民代表大会负责,《监察法》还进一步规定了各级人民代表大会常务委员会听取和审议本级监察委员会的专项工作报告。[1] 如此一来,人民代表大会对监察委员会的监督制约起到极其关键的作用。监察体制改革之后,形成了"一府一委两院"的政治格局,国家应当明确监察委员会对人民代表大会做工作报告的相关细节和制度安排,毕竟加强人民代表大会对监察委员会的监督,是监察权的行使始终在法制轨道内的重要保障。

民主监督、社会监督、舆论监督在监督监察委员会权力合理合法行使方面发挥着重要作用,虽然法律规定监察机关应该公开监察信息,但由于其工作保密性的需要,往往不能及时将相关信息公开化。长期在不透明的状态下工作,往往会造成监察机关权力"暗箱操作"的局面。监察委员会应该逐步推进内部运作的透明化、公开化,通过发布监察工作报告、公开案件信息、监察工作流程等形式回应社会关注的问题,便于公众更加便捷、深入监督监察权力运作。随着社会的不断进步和发展,社会监督和舆论监督的力量不容小觑,但应当注意的是,舆论力量因其不可控性,在实施监督过程中极易造成社会秩序混乱的问题。因此,应当有条件、稳步地公开监察委员会的有关工作信息,合理利用舆论监督的力量,促进监察委员会的法治建设和廉洁建设。

"我国现有的监督制约其他国家机关依法行使职权的路径,几乎都可以用来监督制约监察委员会,但需要加以充实和革新"。[2] 在借鉴我国已经发展成熟的监督机制的基础上,根据监察委员会自身的特殊性,逐步

---

〔1〕《监察法》第 53 条规定:"各级监察委会员应当接受本级人民代表大会及其常务委员会的监督。各级人民代表大会常务委员会听取和审议本级监察委员会的专项工作报告,组织执法检查。县级以上各级人民代表大会及其常务委员会举行会议时,人民代表大会代表或者常务委员会组成人员可以依照法律规定的程序,就监察工作中的有关问题提出询问或者质询。"

〔2〕童之伟:《对监察委员会自身的监督制约何以强化》,载《法学评论》2017 年第 1 期。

形成内外合力的监督机制对推动监察体制改革具有十分重要的意义。

第六节　加强监察官队伍建设

“善禁者,先禁其身而后人;不善禁者,先禁人而后身。”[1]根据监察法的规定,监察机关实行监察官制度,通过确定监察官的等级设置、任免、考评和晋升等制度,打造一支高素质的监察官队伍,更好地发挥监察委员会的作用。面对犯罪形式多变、犯罪手段升级的新情况、新问题,监察官队伍唯有内强素质、外塑形象,不断提升综合能力和政治素质,才能担起反腐败的重任。作为执行监察权的工作人员,首先应该要求自己做到其他国家机关和公职人员应当做到的,克己慎行、严于律己。同时,监察委员会也应通过一系列的制度措施保障监察官的自我约束性、廉洁性,促进监察工作的有效进行。

一、严格监察官准入制度

一直以来,纪检监察部门的人员选任标准模糊不清,大部分是从内部选任,从外部招录的人员普遍较少,专业性缺乏。长此以往,纪检监察机关会存在人员素质不高、专业能力参差不齐等问题。特别是新时期面临各种新型案件,纪检监察机关的任务更加繁重,急需更多专业化人才的加入,汇聚不同领域的人才。为了切实提高监察队伍的综合能力,必须明确担任监察官的条件和资格,严格规定选拔和任免程序,以保证监察队伍的高质量。对于监察官的准入标准,首先,应制定全国统一的制度,根据监察任务的实际需要,明确监察官担任职务的具体要求,畅通符合条件的人员进入监察队伍渠道,实行优中选优的原则,兼顾被选拔人员的工作素养和道德素养。其次,根据监察委员会内部机构的设置情况,依据不同职位和工作的实际需要招录专业人员,做到资源利用的最优化。监察委员会

[1] (东汉)荀悦:《申鉴·政体》。

内部机构的设置势必涉及多种专业和多种学科，对于工作岗位的人员选拔，不能只注重行政性质而忽视了其他职位的重要性。尤其是在新时代科技全速发展的今天，应时刻注意提升监察官的综合素质和专业能力，局限于过去的工作模式和方式是远远不足以满足新形势要求的。因此，在选拔监察官时，需要考核监察官在新形势要求下的技术和知识储备，注重引进高新技术人才。

在选拔方式和选拔程序上，注重整体选任过程的公正性和专业性。遵循具体规则，防止权力介入选拔过程中导致选拔结果的不合理、不合法。因此，制定科学合理的规则、流程十分重要。同时，需要专门的机构负责、监督选拔任职的整个过程，以此保障程序的公正性。在当前司法改革中，建立了中立管三方的法官、检察官遴选委员会，通过专业把关来选拔优秀的法官、检察官进入员额制，规范统一法官、检察官准入门槛。监察官准入制度的发展进步可以借鉴已有法官、检察官择优遴选的模式，取其精华，努力形成一套适合监察官制度需要，能够真正选拔人才的制度。

二、培养监察官的职业能力

监察官能力的提升主要通过自身努力和外界推动两种形式完成。一般来说，在长期的监察工作实践中，监察官的职业能力会有所提升，形成宝贵的工作经验。但个人的自我提升往往需要依靠自身的自觉性来支撑，并不能如制度一般在整体队伍素质提升中发挥作用。通过制定和实施相关的制度则可以推动监察官进行自身能力的提升，促进个体在制度框架内有计划地自我深造、学习、发展。例如，定期对监察官进行统一的职业培训，是监察官提升职业能力的一种方式。培训内容应涉及监察权行使的方方面面，培训方式和内容应紧跟新的形势变化。但近年来，有关的职业培训尽管数量繁多，但总体质量堪忧，许多工作人员不重视其作用，甚至很多时候抱有无所谓的态度。这样一来，统一培训就不能达到应有的目的和效果。根据时代的变化和反腐败的新形势，培训内容应该摒弃传统的理论说教，加大实际应用技术培训比重，转型专业化培训。因此,对于监察官的培训应有针对性,培训内容应多样化,并制定相关的规则检测培训成果,以此真正达到促进监察官能力提升的目的。

"兵贵精而不贵多",监察委员会内部人员之间的交流学习机制可以相互帮助提高能力。一是各级监察委员会之间可以建立相互交流的机制,由能力突出的监察官与其他层级的监察委员会进行交流。在此过程中,监察官之间不仅能够学习借鉴有效的做法,也可以发现其他层级监察委员会的不足以促进其改进。二是鼓励有经验、有能力的检察官以"一对一"或"多对一"、"一对多"等方式培养新生骨干力量。在"一老一新"的相互交流沟通中,可以进行专业能力的传授和更新,共同促进能力的提升。三是在内部建立选拔评审机制,达者为先,有能力有品德有才干的人员优先被提拔,人尽其才物尽其用。四是开展学习交流活动,每隔一段时间组织纪检工作人员在不违反保密原则的情况下交流工作经验,介绍工作方法。通过这些方式能够积极调动优秀力量,发挥其宝贵的经验和能力,在此过程中完成监察官队伍综合能力和整体素质的优化。

三、凸显监察官思想建设

治理腐败是一项非常浩大的工程,需要一步一个脚印踏踏实实地做好每一项工作。治理初期,国家加强监督,完善立法,构建廉洁的社会环境和工作环境,将腐败的萌芽扼杀在初期。随着立法的完善和对国家公职人员思想建设的加强,应该彻底从根源肃清贪污腐败的想法,达到治本的最终目标。

要取得反腐斗争的彻底胜利,离不开一支精干、廉洁的监察官队伍。毕竟,国家监察体制改革的直接结果,就是赋予监察机关更大的职权,能否如人民所愿用好人民赋予的权力,时刻考验着监察机关的工作人员。对于广大公职人员而言,加强党员干部的党性教育和党内制度学习,必将为"不想腐"创造积极有利条件。虽然做到这一步并不可能一蹴而就,甚至需要多方共同努力,长期打造清廉政治生态。对于挺在执纪肃贪第一线的监察人员,更要以身作则,加强自身的思想建设,坚持教育为先、制度为本、监督为上的理念,扎实推进党风廉政建设。只有在内部抓好思想建设,才能有底气监督他人。监察干部要自觉执行党的规章制度,让心有所畏,言有所戒,行有所止,立场坚定,才能保持警觉性,不被世风左右,不犯糊涂。在办案途中会遇到各种各样的诱惑,要在心底划出"界线",明确什么事情可以做,什么事情不可以做,时刻严守纪律规矩的"底线",远离违法乱纪的"红线"。

参考文献

一、期刊

[1]韩大元:《论国家监察体制改革中的若干宪法问题》,载《法学评论》2017年第3期。

[2]徐连达、马长林:《唐代监察制度述论》,载《历史研究》1981年第5期。

[3]文世芳:《五大党章:首创中央纪律检查机构》,载《中国纪检监察》2016年第4期。

[4]孙立坤:《关于纪检监察制度创新的若干思考》,载《河南社会科学》2003年第3期。

[5]陈光中、邵俊:《我国监察体制改革若干问题思考》,载《中国法学》2017年第4期。

[6]马怀德:《〈国家监察法〉的立法思路与立法重点》,载《环球法律评论》2017年第2期。

[7]纪亚光:《群众监督的制度化尝试:20世纪50年代人民监察通讯员制度探析》,载《理论学刊》2009年第10期。

[8]谢超:《〈监察法〉对中国特色的反腐败工作的法治影响》,载《法学杂志》2018年第5期。

[9]徐理响:《现代国家治理中的合署办公体制探析——以纪检监察

合署办公为例》,载《求索》2015 年第 8 期。

[10]孟子寻:《监察委员会试点:宪法视野下监察权分配问题研究》,载《河北工业大学学报》(社会科学版)2017 年第 2 期。

[11]吴建雄:《监察委员会的职能定位与实现路径》,载《中国党政干部论坛》2017 年第 2 期。

[12]聂鑫:《中西之间的民国监察院》,载《清华法学》2009 年第 5 期。

[13]焦洪昌、叶远涛:《监察委员会的宪法定位》,载《国家行政学院学报》2017 年第 2 期。

[14]李丹、孙立军:《论中国传统廉政思想文化的当代价值》,载《思想教育研究》2018 年第 3 期。

[15]潘宇峰、雷园园:《中国传统文化的内涵及启示研究——以刘基廉政文化为例》,载《中央浙江省委党校学报》2016 年第 3 期。

[16]孙立军:《论习近平廉政文化建设思想》,载《马克思主义研究》2017 年第 5 期。

[17]王艺霖:《习近平对中国传统文化的创造性转化和创新性发展——以知行关系为例》,载《党的文献》2016 年第 1 期。

[18]黄晓辉:《党内监督工作领导体制的历史演变与新发展》,载《福建师范大学学报》(哲学社会科学版)2014 年第 6 期。

[19]曾建平:《党内监督机制的历史演化及其启示》,载《江西师范大学学报》1996 年第 1 期。

[20]秦前红:《监察体制改革的逻辑与方法》,载《环球法律评论》2017 年第 2 期。

[21]焦洪昌、古龙元:《从全国人大常委会授权看监察体制改革》,载《行政法学研究》2017 年第 4 期。

[22]闫东:《党的代表大会常任制理论的发展轨迹探究:政党结构功能的视角》,载《江苏社会科学》2005 年第 5 期。

[23]公丕祥:《董必武司法思想述要》,载《法制与社会发展》2006 年第 1 期。

[24]张国栋:《报告传递出的六个信号》,载《中国纪检监察》2016 年第 2 期。

[25]王晓建:《“甘为民仆耻为官”的董必武》,载《中国监察》2006 年第 5 期。

[26]叶青、王小光:《检察机关监督与监察委员会监督比较分析》,载《中共中央党校学报》2017 年第 3 期。

[27]魏昌东:《国家监察委员会改革方案之辨正:属性、职能与职责定位》,载《法学》2017 年第 3 期。

[28]李永忠:《制度监督与设立监察委员会》,载《中国党政干部论坛》2017 年第 2 期。

[29]陈光中:《关于我国监察体制改革的几点看法》,载《环球法律评论》2017 年第 2 期。

[30]秦前红、叶海波:《董必武法治思想初探》,载《武汉大学学报(社会科学版)》2002 年第 4 期。

[31]胡云腾、袁春湘:《论董必武法治思想的历史地位》,载《中国会议报告》2014 年第 10 期。

二、学位论文

[1]陆毅:《苏共党内监督制度研究及启示》,海南师范大学 2013 年硕士学位论文。

[2]史克诚:《瑞典议会监察专员制度运行机制研究》,西南政法大学 2016 年硕士学位论文。

[3]王欢:《香港廉政公署制度研究》,山东大学 2009 年硕士学位论文。

[4]柳开军:《中国共产党党内监督制度建设研究》,湖南大学 2011 年硕士学位论文。

[5]田立军:《新时期中国共产党党内监督的历史考察(1978—2012)》,中共中央党校 2013 年博士学位论文。

[6]戴芳:《香港廉政公署制度研究及对内地反腐倡廉建设的启示》,南京师范大学2014年硕士学位论文。

[7]王军转:《董必武“人民司法”思想研究》,浙江师范大学2012年硕士学位论文。

[8]常佳峰:《董必武民主法制思想与中国特色社会主义法制建设研究》,佳木斯大学2012年硕士学位论文。

[9]张文:《董必武法制思想研究》,河南科技大学2014年硕士学位论文。

[10]晏礼鑫:《论董必武人民司法理论》,西南政法大学2007年硕士学位论文。

三、网络资源

[1]《2017年全球“清廉指数”》,载搜狐网:https://www.sohu.com/a/224705772_550244html,2018年7月18日最后访问。

[2]《监察委第一案!山西监察委对国企高管采取留置措施》,载新浪网:http://news.sina.com.cn/c/2017-04-14/doc-ifyeimzx6383052.shtml,2018年7月18日最后访问。

[3]《2018反腐“半年报”:14名省部级以上官员被公诉》,载人民网:http://politics.people.com.cn/n1/2018/0701/c1001-30097713.html,2018年7月15日最后访问。

[4]www.chinalawinfo.com.cn(中国法律信息网)。

四、著作

[1][法]孟德斯鸠:《论法的精神》,彭盛译,当代世界出版社2008年版。

[2]中共中央马克思恩格斯列宁斯大林著作编译局编译:《列宁全集》(第4卷),人民出版社1995年版。

[3]中共中央马克思恩格斯列宁斯大林著作编译局编译:《斯大林全

集》(第12卷),人民出版社1995年版。

[4]中共中央马克思恩格斯列宁斯大林著作编译局编译:《斯大林选集》(上卷),人民出版社1979年版。

[5]中共中央马克思恩格斯列宁斯大林著作编译局编译:《列宁全集》(第32卷),人民出版社1985年版。

[6]《邓小平文集》(中卷)(1949－1974年),人民出版社2014年版。

[7]《邓小平文选》(第2卷),人民出版社1994年版。

[8]《习近平谈治国理政》(第2卷),外文出版社2017年版。

[9]中央档案馆编:《中共中央文件选集》(第3册·1927),中共中央党校出版社1983年版。

[10]《中国共产党章程汇编》编写组:《中国共产党章程汇编——从一大到十七大》,中共党史出版社2007年版。

[11]中国革命博物馆编:《中国共产党党章汇编》,人民出版社1979年版。

[12]中共中央党史研究室、中央档案馆、中共中央组织部编:《中国共产党组织史资料》(第8卷),中共党史出版社2000年版。

[13]中共中央党史研究室、中央档案馆、中共中央组织部编:《中国共产党组织史资料》(第9卷),中共党史出版社2000年版。

[14]《建国以来重要文献选编》(第6册),中共中央文献出版社1993年版。

[15]中共中央党史研究室、中央档案馆、中共中央组织部编:《中共中央文件选集》(第3册·1927),中共中央党校出版社1989年版。

[16]中共中央党史研究室、中央档案馆、中共中央组织部编:《中共中央文件选集》(第9册·1933),中共中央党校出版社1991年版。

[17]中共中央党史研究室、中央档案馆、中共中央组织部编:《中共中央文件选集》(第11册·1936－1938),中共中央党校出版社1991年版。

[18]周尚文:《苏共执政模式研究》,上海世纪出版集团2010年版。

［19］李秀峰：《廉政体系的国际比较》，社会科学文献出版社 2007 年版。

［20］沈玮玮、叶开强：《人民司法：司法文明建设的历史实践：1931－1959》，中山大学出版社 2016 年版。

［21］刘政等主编：《人民代表大会工作全书》，中国法制出版社 1999 年版。

［22］李芬主编：《新中国成立初期中国共产党执政研究》，河北人民出版社 2015 年版。

［23］李义凡：《20 世纪 50 年代党风廉政建设问题研究——制度分析的视角》，中央文献出版社 2010 年版。

［24］王振川：《中国改革开放新时期年鉴 · 1978 年》，中国民主法制出版社 2015 年版。

［25］谢方意：《党的现代化研究》，浙江工商大学出版社 2012 年版。

［26］于建荣：《群众路线箴言》，红旗出版社 2013 年版。

［27］中共中央政策研究室党建研究局：《老一辈革命家论党的建设》（第 1 卷），党建读物出版社 2001 年版。

［28］中共上海市纪律检查委员会等：《党性作风 100 典》，中国方正出版社 2013 年版。

［29］梁妍慧：《党的群众路线教育实践活动案例》，中共中央党校出版社 2013 年版。

［30］陈光中：《中国古代司法制度》，北京大学出版社 2017 年版。

［31］贺文华：《中外廉政制度比较》，中国政法大学出版社 2016 年版。

［32］罗国杰：《中国革命道德：规范卷》，中共中央党校出版社 1999 年版。

［33］王宇飞、吴杰华、刘丽、李辉敏：《西柏坡时期政治建设》，河北出版传媒集团、河北人民出版社 2014 年版。

［34］王同君等：《中国历代廉政思想教育读本》，中国方正出版社 2007 年版。

[35]王石:《中华廉政文化读本》,人民出版社 2007 年版。

[36]人民日报社理论部:《人民日报理论著述年编 2015》,人民日报社 2016 年版。

[37]贾玉英:《宋代监察制度》,河南大学出版社 1996 年版。

[38]邱永明:《中国封建监察制度运作研究》,上海社会科学院出版社 1998 年版。

[39]中央纪委监察部宣教室:《中国行政监察简论》,中国方正出版社 2002 年版。

[40]莫吉武:《当代中国政治监督体制研究》,中国社会科学出版社 2002 年版。

[41]本书编写组:《中华人民共和国行政监察大事记:1949 – 2011》,中国方正出版社 2012 年版。

[42]张晋藩:《中国古代监察法制史》(修订版),江苏人民出版社 2017 年版。

[43]本书编写组:《国家监察体制改革试点工作学习参考》,中国方正出版社 2017 年版。

[44]秦强:《监督权力 国家监察委员会的文化传承与制度创新》,人民日报出版社 2017 年版。

[45]秦前红、叶海波等:《国家监察制度改革研究》,法律出版社 2018 年版。

[46]本书编写组:《监察机关 15 项调查措施学习指南》,中国方正出版社 2018 年版。

[47]尤光付等:《监察的理论和体制机制研究》,中国社会科学出版社 2018 年版。

[48]江国花:《中国监察法学》,中国政法大学出版社 2018 年版。

[49]胡传章、哈经雄:《董必武传记》,湖北人民出版社 2006 年版。

[50]《董必武传》撰写组:《董必武传 1886 – 1975 · 上下册》,中央文献出版社 2006 年版。

[51]《董必武年谱》编纂组:《董必武年谱》,中央文献出版社 2007 年版。

[52]《董必武选集》,人民出版社 1985 年版。

[53]董必武文集编辑组编:《董必武政治法律文集》,法律出版社 1986 年版。

[54]《董必武法学文集》,法律出版社 2001 年版。

[55]董德文:《董必武研究文集》,湖北人民出版社 2013 年版。

[56]徐方平、王智:《董必武思想与实践研究文集》(第 3 集),湖北人民出版社 2012 年版。

[57]孙琬钟:《董必武法学思想研究精选文集》(上、下),人民法院出版社 2015 年版。

[58]陈冀平、王其江主编:《董必武法学思想研究文集》(第 15 辑),人民法院出版社 2016 年版。

[59]钟家伟主编,中共瑞金市委、瑞金市人民政府编:《从瑞金走出的共和国元勋》,江西人民出版社 2001 年版。

[60]何增科:《腐败防治与治理改革》,吉林人民出版社 2009 年版。

五、报纸

[1]张保权:《中国特色国家监察体制已经形成,进一步深化改革要牢牢抓住这个关键》,载《上观新闻》2018 年 5 月 21 日。

[2]梅河清:《深刻认识监察体制改革后的变与不变》,载《中国纪检监察报》2018 年 5 月 24 日。

[3]戴芳:《国家监察体制改革的法治推进》,载《学习时报》2018 年 4 月 16 日。

[4]陈宝林、曹忠义、王坤:《黑龙江省代表团继续讨论十九大报告 不忘初心 牢记使命 豪情满怀走进新时代 为全面建成社会主义现代化强国不懈奋斗》,载《黑龙江日报》2017 年 10 月 20 日。

[5]李建国:《关于〈中华人民共和国监察法(草案)〉的说明》,载《人

民日报》2018 年 3 月 14 日。

[6]《中央纪委国家监委通报二零一八年上半年全国纪检监察机关监督检查、审查调查情况》,载《中国纪检监察报》2018 年 7 月 20 日。

六、会议论文集

[1]陆南泉、黄宗良、郑异凡、马龙闪、左凤荣:《苏联真相:对 101 个重要问题的思考》,新华出版社 2010 年版。

[2]《苏共决议汇编》(第 2 分册),人民出版社 1964 年版。

[3]《漆侠先生纪念文集》,河北大学出版社 2002 年版。

[4]陈冀平、王其江:《董必武法学思想研究文集》(第 15 辑),人民法院出版社 2016 年版。

[5]孙琬钟、杨瑞广:《董必武法学思想研究文集》(第 14 辑),人民法院出版社 2015 年版。

[6]于雨晴:《浅析董必武的"人民司法"思想》,载孙琬钟、杨瑞广主编:《董必武法学思想研究文集》(第 14 辑),人民法院出版社 2015 年版。

[7]庞晓燕、杨铭:《董必武人民检察法律思想述论》,载孙琬钟、杨瑞广主编:《董必武法学思想研究文集》(第 11 辑)(上册),人民法院出版社 2011 年版。

[8]赵刚:《董必武检察思想初探》,载孙琬钟、钱锋主编:《董必武法学思想研究文集》(第 8 辑),人民法院出版社 2009 年版。

后　　记

本书是在我的博士后出站报告的基础上修改而成的。可能是出于从小所受教育和家庭熏陶,渴望学习、不畏惧学习已经成为融入身心的长久惯性,特别是历经十余年机关生活磨砺之后,"能干事时多干事、不干事时多读书"的观念更是贯通在上海这些年的生活。回想在华东政法学院读研究生期间,刑事司法学院杨正鸣院长、金其高副院长就曾提出让我担任兼职辅导员,提前参与学院各项教学管理事务,铺就了一条毕业留校工作、在职读博士、转为专业教师的清晰职业路径。老师们如此的关心厚爱,让我无比感动,深深感受到母校对学生的关怀,但彼时年轻气盛,从内心深处就是觉得不甘心,原因有三:一是从报考华政之初,我就没有想到过将来在学校任教,而是满心期冀着毕业后走进政法机关,以我所学来与犯罪分子作斗争,似乎这就是我们政法大学生应走的路途;二是入学即在苏州河畔,七年光阴见证了中山公园商圈的崛起、轻轨明珠线的贯通,感受到上海这座伟大城市日新月异的强劲脉动,反观华政因为 2003 年开启两校区办学模式,整体重心已在向 40 公里之外的松江新校区转移,青年教师出于工作便利普遍安家在松江新城区,这的确与我初到上海震撼于外滩璀璨灯火时的想法有差距;三是受益于上海市综治办与华政合办《综治研究》月刊,我自创刊以来担任责任编辑,经常的工作联系使得上海市委政法委的领导对我熟悉起来,向我抛出了留下来工作的橄榄枝。种种机缘巧合之下，在时任上海市委政法委副书记林化宾的同意下，在时任上海市社会治安综合治理委员会办公室主任乐伟中的推荐下，在时任上海市委政法委政治部主任李和平的协调下，我最终很幸运成为该单位自1999年以来唯一从应届生中招录的公务员。不过没想到的是报到之后没有入职熟悉的市综治办，那也是我比较喜欢的拳打脚踢、攻坚克难的实务部门，而是被安排去研究室，成为整天看材料、编材料、写材料的写手，这并不是我所期望的。在党政机关工作的11年，是自己成长的11年，从初入职场的懵懂小伙，到成家立业组成三口之家，再到完成博士学业，直至重新回到母校工作，开启全新的职业生涯，其中最大的收获，就是始终不忘学习，学而不倦，学有所得。

自从决定离开党政机关，转行到高校之后，一直萦绕于心的牵挂就是想读书，想静静地读书。尽管我已经获得了法学博士学位，在学位学历上不再有什么追求，但努力寻找学习的兴奋点，弥补自身学习经历上的短板，也是值得考虑的问题。适逢2015年11月30日国务院办公厅印发《关于改革完善博士后制度的意见》，其中首先是明确了博士后研究人员定位，即作为国家有计划、有目的培养的高层次创新型青年人才，其次是完善了招收办法，明确博士后申请者一般应为新近毕业的博士毕业生，年龄应在35周岁以下。对照自身的条件，是不是能去读博士后研究？选择哪所大学？这成为那段日子我经常思考的问题，翻来覆去纠结权衡的结果是我决定去尝试一下，并且选择中国政法大学作为我的目标。

2016年3月24日，中国政法大学网站公布《2016年度博士后研究人员招收简章》，4月7日又公布《关于做好2016年度博士后招收工作的通知》，对照着上述要求，我按时提交了《中国政法大学博士后申请表》、两份《专家推荐信》，并于5月9日在学院路校区科研楼如愿参加了中国政法大学宪法学与行政法学博士后进站申请，接受了我国行政法学泰斗应松年教授，以及王敬波教授、刘莘教授组成的专家组的面试。非常幸运的是，整个申请过程受到了多位老师、学友的关心帮助，我也有幸最终如愿进入中国政法大学博士后流动站，跟随合作导师、中国法治政府研究院院长王敬波教授从事宪法学与行政法学专业研究,从而补齐了未曾在京城求学的一大短板,从此来京学习成为一种常态,与老师、同学的交流更趋于频繁和常态。

难忘 2016 年 9 月 13 日下午,中国政法大学 2016 年度博士后入站仪式在学院路校区科研楼 B209 举行。时任副校长的马怀德教授、研究生院院长李曙光、人事处处长吴平、研究生院副院长王振峰、博士后合作导师代表李永军教授以及 2016 级博士后参加了本次仪式。副校长马怀德代表学校欢迎博士后加入中国政法大学,对我们这批法大新人提出几点希望:一是希望珍惜入站进行科研的机会。二是应对相关的规章制度进行了解并能严格遵守,如期完成工作任务。三是应善于充分利用校内资源,除了与合作导师密切合作之外,应能利用学校其他资源。他指出学校会利用这两年的时间对博士后在合作精神、学术规范、师德师风、科研能力等方面进行全面考察,选拔出优秀的人才,成为法大正式的一员。在这次入站仪式上,我们 2016 级新入站博士后分别对自己的学术背景、专业方向、合作导师和拟研究的课题情况进行了介绍。我们从天南地北而来,汇聚在京城的蓟门桥,共同开启一段博士后研究之旅、学术探索之旅。

正常的两年博士后学习,我在 2017 年 11 月 14 日顺利完成中期考核之后,却非常遗憾没有能如期出站,不得不延期一年。究其原因,还是因为没想到回到高校之后,日常工作是如此繁忙:有教学任务,先后面向本科生开设《形势与政策》《犯罪学》必修课、《社会治安综合治理实务》限选课,面向研究生开设《上海司法体制改革实证研究》选修课,每学期都要给本科生授课,每年还带 1 ~ 2 个硕士研究生。此外,还受邀在复旦大学管理学院、上海市委党校第二分校、华东政法大学继续教育学院、上海司法警官学校等各类学校开设讲座课,课讲得也不算少。有科研任务,每年都要完成一定数量的论文或撰写专著,每年不落地轮番申报国家社科基金课题、司法部课题、教育部课题、中国法学会课题、上海哲社基金课题、上海决策咨询课题等学校认可的纵向课题,每年还要承接不少来自党政机关的横向委托课题,撰写一定数量的决策咨询专报,的确也没闲着。有管理任务，先后担任《青少年犯罪问题》杂志副主编、《综治研究》杂志常务副主编、刑事司法学院副院长、犯罪学教研室副主任、上海市法学会社会治理研究会秘书长、上海市犯罪学学会秘书长、中国犯罪学学会副秘书长等职责。初回到高校这一崭新的工作环境，自己也想做出点成绩，难免贪多嚼不烂，常常犯上“拖延症”，许多列入议程的工作任务不得不延后完成。幸好受益于博士后合作导师王敬波教授的宽容与指导，让我得以咬着牙坚持了下来。在此期间，应松年教授、王敬波教授多次莅临华东政法大学参与学术活动，我也有幸每次陪同，近距离聆听老师们的观点，汇报自己的想法，使得博士后报告的框架渐趋成熟、内容愈加充实。唯一遗憾的是，曾经给予我指导的刘莘教授不幸因病于 2018 年 12 月 25 日溘然长逝，学界殇恸，我也因为再没有机会向这位值得尊敬的老师请教而黯然神伤。

2019 年 3 月 20 日，中国政法大学网站挂出《关于做好 2019 年博士后人员出站工作的通知》，我随即花了不少时间，按照要求逐项落实：登录全国博士后交互网上办公系统填写《博士后研究人员工作期满登记表》《博士后研究人员工作期满审核表》《博士后研究人员工作期满业务考核表》，在线提交《博士后研究报告》，并经中国政法大学博士后管理办公室王云娜老师审核盖章《中国政法大学博士后研究人员出站评审表》。在通过审核符合出站考核条件之后，法学院即安排于 5 月 29 日下午在学院路校区三号楼 211 会议室召开“博士后出站报告会”，聘请中国法学会法治研究所副所长王伟国研究员、中国人民大学法学院副院长张翔教授、中国政法大学副校长常保国、比较法学研究院院长解志勇教授、诉讼法学研究院王万华教授组成博士后出站考核专家组，经过提问与答辩，通过了我的出站报告。非常幸运的是，当天下午马怀德校长正巧在三号楼 2 楼办公室，我也正好向他汇报了答辩情况，聆听了他对于今后监察法学发展的意见。由于法大博管办在第一时间即完成了网上出站备案审批手续，使得几天后的 6 月 4 日，我就获得由全国博士后管理委员会主任汤涛签发的《博士后证书》。这里特别值得一提的是当年同期参加中国政法大学博士后出站考核的同仁还有不少。祝福他们都能顺利地通过出站答辩，相信正因为有法大博士后的学习经历，各位同仁的事业会走上坦途，学术必将更加精进。

2018 年 3 月 23 日，位于北京市西城区平安里西大街 41 号的中央纪委机关大院迎来国家监委正式揭牌的时刻，党和国家反腐败工作掀开新的一页。站在新的历史起点上持续深化纪检监察体制改革，离不开理论界的探索和争鸣。因此，我一直在思考着如何让既有的研究成果更好地服务了监察法治实践，为此对博士后出站报告进行了持续的修改完善，目的就在于汲取人民监察事业发展的经验和启示，为新时代监察体制改革提供有益的参考和借鉴。不过，由于纪检监察法学还是一个新兴的学科，此前的理论研究还滞后于实践发展，更由于纪检监察工作的相对神秘性，使理论研究引领实践发展显得尤为困难。本书仅是迈出了小小的一步，努力作出一些探索，其中肯定还有很多不足之处，恳请广大学界同仁批评指正。

值得高兴的是，中央越来越注重持续深化党的纪律检查体制和国家监察体制改革，促进执纪执法贯通，有效衔接司法，推进反腐败工作法治化、规范化。华东政法大学作为新中国成立的第一批政法院校之一，作为立足上海、辐射华东、面向全国、望眼世界的“法学教育的东方明珠”，一直以来在支持新兴学科建设发展上不遗余力，舍得投入，这从我亲身经历的组建纪检监察法学研究院、开设监察法学硕士点等重大布局安排上就能看出来。我相信，众人拾柴火焰高，在理论界与实务界的携手推进之下，纪检监察法学即将迎来更大的发展，监察权运行机制必将更加完善。

虞 浔

2021 年 7 月 30 日